DESIGN 5.0

O lugar dos criativos na indústria digital

DESIGN 5.0

O lugar dos criativos na indústria digital

Organizadores

Júlio Monteiro Teixeira
Israel Braglia

ALTA BOOKS
GRUPO EDITORIAL
Rio de Janeiro, 2025

Design 5.0

ALTA BOOKS é uma empresa do Grupo Editorial Alta Books (Starlin Alta Editora e Consultoria LTDA.).

ISBN:978-85-508-2504-5

Impresso no Brasil — 1ª Edição, 2025 — Edição revisada conforme o Acordo Ortográfico da Língua Portuguesa de 2009.

Dados Internacionais de Catalogação na Publicação (CIP)
(BENITEZ Catalogação Ass. Editorial, MS, Brasil)

T266d
1.ed. Teixeira, Júlio Monteiro
Design 5.0 : o lugar dos criativos na indústria digital / Júlio Monteiro Teixeira, Israel de Alcântara Braglia. – 1.ed. – Rio de Janeiro : Editora Alta Books, 2025.
256 p.; 15,7 x 23 cm.

ISBN 978-85-508-2504-5

1. Criatividade. 2. Design. 3. Indústria digital. 4. Marketing. 5. Marketing digital. 6. Serviços digitais. 7. Vendas. I. Braglia, Israel de Alcântara. II. Título.

07-2024/40 CDD 745.40981

Índice para catálogo sistemático:
1. Design : Artes 745.40981
Aline Graziele Benitez – Bibliotecária – CRB-1/3129

Grupo Editorial Alta Books

Produção Editorial: Grupo Editorial Alta Books
Diretor Editorial: Anderson Vieira
Editora da Obra: Rosana Arruda
Vendas Governamentais: Cristiane Mutüs
Gerência Comercial: Claudio Lima

Produtora Editorial: Ana Clara Tambasco
Revisão: Karina Pedron
Diagramação: Juliana Krupahtz
Capa: Gabriel Albrecht
Ilustrações: Giuliano Benedet

ALTA BOOKS
GRUPO EDITORIAL

Rua Viúva Cláudio, 291 — Bairro Industrial do Jacaré
CEP: 20.970-031 — Rio de Janeiro (RJ)
Tels.: (21) 3278-8069 / 3278-8419
www.altabooks.com.br — altabooks@altabooks.com.br
Ouvidoria: ouvidoria@altabooks.com.br

Editora
afiliada à:

"O verdadeiro potencial da Indústria 5.0 está em projetar soluções tecnológicas que não substituam os humanos, mas que os empoderem e ampliem suas capacidades criativas e emocionais."

— DANIELA RUS

QUEM SOMOS

QUEM SOMOS

Somos profissionais da indústria criativa com diferentes formações e backgrounds. Somos designers, publicitários, analistas de negócios, gestores de projetos, profissionais da tecnologia da informação e da comunicação visual.

Mas também somos professores universitários, mestres ou mestrandos, doutores ou doutorandos. Somos graduados, alunos de graduação e voluntários. Somos pesquisadores.

Somos colegas realizando pesquisa interdisciplinar focada em ciência prática e aplicada, sem detrimento de rigor teórico ou metodológico, sob a coordenação dos professores Júlio e Israel, autores deste livro.

Juntos, participamos de centenas de consultorias, ora atuando na coordenação das atividades, ora como integrantes de equipes com parceiros. Somando a essa experiência, participamos de projetos e ações de extensão que resultaram em artigos científicos, dissertações, teses e registros de propriedade intelectual.

Somos o Lemme[i], um laboratório e grupo de pesquisa sem fins lucrativos, formado em 2018, que é vinculado à Universidade Federal de Santa Catarina — UFSC. Nós acreditamos na pesquisa científica interdisciplinar e priorizamos a ciência prática e aplicada. Por isso, costumamos direcionar nosso trabalho ao mercado, principalmente, às áreas de inovação digital e gestão empresarial. Dessa forma, buscamos realizar investigações que conjuguem rigor teórico-metodológico e utilidade prática, tanto para o mercado quanto para a sociedade.

i lemme.ufsc.br. LEMME – Inovação digital é certificado e registrado no diretório do CNPq desde 20 de agosto de 2018.

AUTORES E ORGANIZADORES DO LIVRO E LÍDERES DO LEMME:

Júlio Monteiro Teixeira

Coautor de todos os capítulos

Doutor em Engenharia de Produção pela UFSC, realizou parte da sua pesquisa por meio de um doutorado sanduíche na University of Wuppertal. É Mestre em Design e Expressão Gráfica pela UFSC e tem graduação em Design Gráfico pela UDESC. Realizou seu estágio pós-doutoral na Academy of Art University, na School of Industrial Design em San Francisco, Califórnia. Por mais de 20 anos atuou como sócio e gestor em escritórios de projetos, exercendo funções de diretor de marketing e design e consultor em projetos nacionais e internacionais. Atualmente, representa a universidade como membro do Conselho Municipal de Inovação de Florianópolis. É sócio-investidor de aplicativo para comércio eletrônico.

PRINCIPAIS ATUAÇÕES NA UFSC:

- Professor permanente do Programa de Pós-Graduação em Design – Pós-Design.
- Professor permanente do Programa de Pós-Graduação em Engenharia e Gestão do Conhecimento – EGC.
- Professor de graduação no curso de Design.

Além de ter sido coordenador do curso livre de Marketing Digital na UFSC, juntamente com o professor Israel, também atua como professor convidado em diferentes cursos de especialização e MBAs no país.

Israel de Alcântara Braglia

Coautor dos capítulos 4 e 5

Doutor em Engenharia e Gestão do Conhecimento pela UFSC. Também é Mestre em Design e Expressão Gráfica pela UFSC e possui graduação em Design Gráfico pela UDESC. Suas pesquisas possuem foco em conteúdo e na relação do Design com a EAD no Brasil. Professor de Design de Conteúdo, no Módulo de Projeto de Inovação Digital do curso de graduação na UFSC, juntamente com o professor Júlio Teixeira, os projetos contam com a participação de organizações de diferentes portes, desde microempresas até multinacionais. O professor Israel atuou como especialista em Educação à Distância e designer instrucional em instituições de ensino de abrangência nacional.

PRINCIPAIS ATUAÇÕES NA UFSC:

- Professor de graduação no curso de Design.
- Professor do Comitê Local de Acompanhamento e Avaliação – MEC.
- Subcoordenador do Laboratório de Hipermídia (Hiperlab/UFSC).

Além de ter sido coordenador do curso livre de Marketing Digital na UFSC, juntamente com o professor Júlio, atuou como professor em cursos de especialização e foi autor de conteúdos para cursos EaD de diferentes instituições brasileiras.

COAUTORES DO LIVRO E PESQUISADORES DO LEMME:

Leandro Werner Ribeiro

Coautor do capítulo 1

Doutor e mestre em Design pela UFSC. Publicitário pela FURB e pesquisador nas áreas de Inovação Aberta, Criatividade e Branding. Atualmente é professor na área de publicidade da FURB.

Juliana da Silva Krupahtz

Coautora do capítulo 2

Doutoranda em Design pela UFRGS, mestra pela UFSC e Desenhista Industrial pela UFSM. Atualmente leciona, pesquisa e atua nas áreas de usabilidade, design de experiência, tecnologia e DesignOps.

Patrick Martinelli Veiga

Coautor dos capítulos 3 e 4

Doutorando e mestre em Design pela UFSC. Designer pela UFSC e pesquisador nas áreas de Experiência do Usuário, Jornada do Cliente e Branding. Cofundador do Mood Lab Design, atua também como professor e design *lead* em empresas de tecnologia.

Helouíse Hellen de Godoi Viola

Coautora dos capítulos 4 e 5

Doutoranda em Ciência da Informação pela UFSC. Mestra em Gestão da Unidades de Informação pela UDESC. Bacharel em Biblioteconomia pela UFG, pesquisa sobre Gerenciamento de projetos, Sustentabilidade Informacional e Design de Conteúdo.

Jefferson Lewis Velasco

Coautor dos capítulos 5 e 6

Mestrando em Design. Graduado em Relações Internacionais na UNISUL, trabalhou como Analista de Negócios em projetos em tecnologia e inovação até se vincular ao Centro de Informática e Automação do Estado de Santa Catarina — CIASC, onde atua como Coordenador de Inteligência de Dados e Serviços Corporativos.

Gabriel Alberto Albrecht de Jesus

Coautor do capítulo 7

Bacharel em Design pela UFSC e técnico em Comunicação Visual pelo IFSC. Já trabalhou com branding, marketing e produtos digitais. Hoje, atua como UX/UI Designer na Atom6 Studio.

Agradecimentos

É com grande satisfação que expressamos os nossos agradecimentos a todos os que se esforçaram para a realização deste livro, fruto do trabalho, dedicação e colaboração do nosso grupo de pesquisa, juntamente com o apoio de parceiros de todo o ecossistema de inovação de Santa Catarina.

Primeiramente, queremos expressar nossa gratidão aos membros do grupo, cujo comprometimento e paixão pela pesquisa foram fundamentais para o sucesso deste projeto, desempenhando um papel crucial na coleta e análise de dados, na redação e revisão e na superação dos desafios que surgiram ao longo do caminho.

Enquanto grupo, precisamos reconhecer o esforço inestimável de nossos orientadores e mentores, especialmente aos professores, Dr. Júlio Monteiro Teixeira e Dr. Israel de Alcântara Braglia, cuja persistência e experiência foram fundamentais para a condução deste trabalho.

Gostaríamos de estender nossos agradecimentos aos Programas de Pós-Graduação em: Design, Engenharia do Conhecimento e Ciência da Informação da Universidade Federal de Santa Catarina, que nos forneceram a infraestrutura e os recursos humanos para a realização deste projeto, bem como à CAPES e ao CNPQ. Sem o apoio dessas instituições que fomentam a pesquisa no Brasil, não teríamos sido capazes de realizar as investigações necessárias para aprofundar os conhecimentos que apresentamos aqui.

Agradecemos também a todos os colaboradores internos e externos à nossa universidade. Professores, profissionais de mercado e empresas que compartilham seus conhecimentos e insights, enriquecendo, assim, nosso trabalho.

Além disso, expressamos nossa gratidão aos nossos familiares e amigos, que nos apoiaram ao longo deste processo. O encorajamento de vocês foi fundamental para nossa perseverança.

Finalmente, queremos agradecer aos leitores deste livro. Esperamos genuinamente que este trabalho contribua para o avanço do conhecimento em nossa área e inspire novas pesquisas, trabalhos e descobertas.

Com sinceros agradecimentos,

Toda a equipe do grupo de pesquisa Lemme

SUMÁRIO

Caro leitor,

É com grande entusiasmo que me dirijo a você para compartilhar as reflexões e experiências que tornam este livro sobre design tão significativo. Ao ser convidado pelo Julio e pelo Israel, juntamente com toda a equipe do Lemme, para contribuir com este prefácio, senti-me profundamente honrado por fazer parte deste projeto dedicado a um tema tão relevante e transformador para a humanidade.

Meu próprio mergulho no universo do design iniciou-se numa manhã amena de outono, em 2014, na Coreia do Sul. Nessa ocasião, visitei o Korea Advanced Institute of Science and Technology – Kaist, um epicentro de inovação em design que moldou produtos presentes em nossas casas, como televisores, celulares, máquinas de lavar roupa, carros. Foi lá que ouvi pela primeira vez a frase que ecoa em minha mente até hoje: "O design pode ser responsável por aumentar em mais de 30% as vendas de um produto." Esse momento foi um divisor de águas, revelando-me a profunda influência do design em nossas vidas e no sucesso dos negócios.

Minha jornada subsequente trouxe-me a uma compreensão mais ampla da importância do design em produtos digitais, reconhecendo sua influência nas interações do usuário e na envolvente experiência do cliente. Mais recentemente, em Medellín, explorei a simbologia do design urbano e seu impacto na autoestima de comunidades, compreendendo como as coisas ao nosso redor moldam nossas percepções e sentimento de pertencimento.

Neste livro, Julio e Israel, acompanhados pela equipe do Lemme, compartilham suas vastas experiências profissionais e acadêmicas, proporcionando um conteúdo que vai além da teoria. Eles nos conduzem por uma jornada profunda na construção de um design orientado a resultados, aprofundando conceitos e práticas cruciais para a construção de produtos digitais bem-sucedidos.

Reforço aqui a importância de mergulhar neste assunto, seja você um empresário, colaborador de uma startup ou um apreciador do design. Convido a todos para aproveitarem esta leitura e testemunharem o impacto transformador que este conteúdo pode ter em suas vidas.

Um forte abraço,

Daniel Leipnitz
Diretor Corporativo e de Relações Humanas na Visto Sistemas e
Presidente do Conselho da Associação Catarinense de Tecnologia - ACATE.

1

O DESIGN NO CENÁRIO 5.0

O DESIGN NO CENÁRIO 5.0

Um novo cenário se abre para os criativos!

JÚLIO MONTEIRO TEIXEIRA
Pós-doutorado na School of Industrial Design da Academy of Art University.

LEANDRO WERNER RIBEIRO
Doutor em Design pela UFSC.

Caro leitor, é muito bom ter você aqui nesta jornada. Talvez você tenha comprado este livro pelo título incomum, afinal não é todo dia que encontramos um livro chamado Design 5.0. Talvez você tenha ganho ele de alguém que acredita que você irá se identificar com a temática. Ou talvez você ainda esteja na livraria apenas olhando.

De alguma maneira, este livro se conectou com você, ou seja, é provável que você goste de inovação, design, marketing, vendas e negócios em ambientes digitais. Se estes são alguns de seus temas de interesse, você está no lugar correto. Pode ser ainda que você não acredite neste título. Mas fique tranquilo, o principal intuito deste livro não é ser um caminho absoluto, e sim para que você observe e reflita sobre as ações que estão acontecendo de uma maneira diferente.

Embora o design figure como objeto central do livro, ele frequentemente representará aqui uma gama de profissionais da indústria criativa e demais áreas afins. Fica então sob a responsabilidade do leitor interpretar, adaptar ou extrapolar o cenário reportado aqui para essas outras situações. A finalidade deste livro não é tratar em profundidade da evolução da indústria, mas, sobretudo, contextualizar esta evolução e apresentar as implicações de cada época na atuação do design hoje. Durante esta jornada, muitas temáticas serão abordadas. As conclusões sobre cada etapa deixaremos a seu critério. Sinta-se à vontade para contribuir conosco em pensamento.

Há anos, o design tem se consolidado e se adaptado aos contextos econômicos e sociais em constante evolução.

Poderíamos fazer diferentes previsões sobre o que acontecerá com essa área, mas preferimos propor inquietudes ao invés de nos posicionarmos como "os detentores do saber". Afinal, o futuro está sendo construído.

UMA NOVA INDÚSTRIA ESTÁ SE CONSOLIDANDO. A CHAMAREMOS DE INDÚSTRIA 5.0, E TODAS AS ÁREAS SERÃO AFETADAS POR ESTA EVOLUÇÃO. O DESIGN NÃO FOGE A REGRA.

Uma nova indústria está se consolidando. Vamos chamá-la de indústria 5.0, e todas as áreas serão afetadas por esta evolução. O design não foge à regra. Para entender como chegamos até aqui, é bom fazer um recorte na história e mostrar como o design e os profissionais criativos, em geral, se comportaram em cada período. Falaremos da indústria criativa como um todo. Muitas vezes, vamos utilizar este termo, indústria criativa, para exemplificar ou contextualizar as multiáreas que o design alcança.

Com a popularização de tecnologias emergentes na década de 1990 (como a internet e os computadores pessoais), surgiu um novo movimento na indústria: a economia criativa, que se destaca por utilizar o conhecimento intelectual, a inovação e a criatividade como principais recursos para a produção e o desenvolvimento de produtos.

A economia criativa apresenta como foco principal o potencial humano aliado à tecnologia e à conexão em rede para a produção de bens e serviços. Deste modo, os novos modelos de negócio têm sua origem em atividades, produtos ou serviços confeccionados por meio do conhecimento, da criatividade ou do capital intelectual de indivíduos, com vistas à geração de trabalho e renda (CASTRO; FIGUEIREDO, 2016)[1].

As indústrias criativas tiveram seu marco inicial na Austrália com o projeto Creative Nation, lançado em 1994 (REIS, 2012)[2]. Esse projeto visava reconhecer a relevância do trabalho criativo para a economia do país, destacando sua contribuição para o desenvolvimento econômico e consolidando sua importância no cenário australiano. A iniciativa também promoveu a diversidade cultural, fortaleceu as exportações criativas, estimulou o empreendedorismo e incentivou a colaboração entre os setores cultural e tecnológico.

Seguindo o exemplo australiano, outros países também começaram a reconhecer o valor das indústrias criativas. Em 1997, o governo do Reino Unido percebeu a necessidade de analisar as tendências de mercado e as vantagens competitivas do país. Nesse processo, foram identificados setores de maior potencial, denominados indústrias criativas, que passaram a ser vistos como motores de inovação e crescimento econômico.

No Brasil, de acordo com o mapeamento realizado pela FIRJAN (2014)[3] — Federação das Indústrias do Estado do Rio de Janeiro — a economia criativa possui quatro núcleos: Consumo, que abrange segmentos de publicidade, arquitetura, design e moda; Cultura que engloba expressões culturais, patrimônios, música e artes cênicas; Mídia envolvendo o audiovisual e o editorial; e Tecnologia onde estão presentes a Pesquisa e Desenvolvimento (P&D), Biotecnologia e a Tecnologia da Informação e Comunicação (TIC).

Este segmento de indústrias criativas crescem a cada dia no território nacional e internacional. Howkins (2017)[4] pondera que as "pessoas com ideias — pessoas que detêm ideias — se tornaram mais poderosas do que aquelas que operam máquinas", e Florida (2011)[5] afirma que "estamos embarcando numa era em que a criatividade permeia e domina todos os setores da economia e da sociedade". Mesmo assim, a relação entre criatividade e economia permanece praticamente invisível. Howkins ainda complementa essas ideias dizendo que a "criatividade não é necessariamente uma atividade econômica, mas poderia se tornar, caso produza uma ideia com implicações econômicas ou um produto" (HOWKINS, 2017). Além disso, o autor afirma que a criatividade por si só não tem valor econômico e precisaria ser constituída em um produto capaz de ser vendido, se quiser ter valor comercial.

Portanto, faz-se necessário desenvolver agentes capazes de conduzir os processos criativos para que eles resultem em inovação. A equação perfeita para a inovação deriva da soma de ideias e líderes (GOVINDARAJAN; TRIMBLE, 2012)[6].

Falaremos um pouco mais adiante sobre esta equação proposta por Govindarajan e Trimble (2012), mas é crucial reconhecer que a criatividade necessita de liderança para gerar inovação, e acreditamos que os criativos possam assumir esse papel. Para compreender melhor o papel das indústrias criativas, é fundamental entender como a indústria moldou a atuação do design até o presente momento.

A INDÚSTRIA E O DESIGN

Como o design foi moldado pela indústria ao longo do tempo.

Os designers, bem como outros profissionais da indústria criativa, trabalharam durante décadas para entender melhor o que os clientes desejam. Em razão desse esforço, eles costumam oferecer vantagens, seja pela facilidade em interpretar e transformar essas demandas em soluções, seja pelo know-how histórico que demonstram em humanizar as interfaces dos produtos e serviços que desenvolvem. A questão é, na indústria 5.0, os ambientes digitais são enriquecidos e facilitados pela computação cognitiva e pelo acesso a dados. Dessa forma, espera-se desses profissionais não apenas *expertise* analítica, mas também uma compreensão holística dos fatores humanos, combinando análise, criatividade e empatia.

Mais do que aos números, designers precisam se adaptar também a este novo cenário onde não são mais "estetizadores", imersos em conceitos desconexos dos objetivos do negócio. Aos poucos, esses profissionais são contratados para tomar decisões estratégicas, mudar o rumo de organizações e serão remunerados para sentar à mesa dos executivos.

A transição da Quarta para a Quinta Revolução Industrial também está intrinsecamente ligada à nossa capacidade de fluir por ferramentas e análises para aumentar o potencial de entrega de todas as áreas, especialmente neste cenário onde empresas já nascem conectadas.

Com a expansão desse papel estratégico, a liderança torna-se indispensável para os criativos. A capacidade de liderar é essencial, pois esses profissionais precisam comunicar e compartilhar sua visão, garantindo que o ser humano esteja no centro das soluções. Design 5.0 exige do potencial que os criativos têm para gerar empatia e humanizar soluções.

DESIGN 5.0 EXIGE DO POTENCIAL QUE OS CRIATIVOS TÊM PARA GERAR EMPATIA E HUMANIZAR SOLUÇÕES.

A capacidade de unificar elementos diversos sempre foi uma habilidade dos criativos, ainda que anteriormente essas informações fossem mais destinadas aos aspectos ilustrativos e formais, como a combinação de elementos visuais e materiais para o embelezamento de produtos e peças gráficas.

A história da indústria caminha cada vez mais rápido para sua próxima (re)evolução. Desde a chamada indústria 1.0, o ser humano foi capaz de aprimorar e construir novas soluções para solucionar seus problemas. Pode-se compreender que estas evoluções não somente resultam em novas soluções, mas também em diversas mudanças na sociedade em geral. Sendo assim, começaremos por esta parte.

DESIGN E INDÚSTRIA CAMINHAM JUNTOS NA HISTÓRIA

As indústrias moldaram como as pessoas passaram a viver, agora talvez o momento indique um novo movimento.

Para colocarmos, você leitor, "na mesma página" quanto à discussão, é necessário resgatar um pouco a história industrial e das (re)evoluções que nos fizeram chegar até o presente momento. Esse resgate auxilia a retratar o percurso evolutivo do design junto à indústria.

Durante os milênios anteriores à Revolução Industrial, a humanidade soube como usar uma grande variedade de fontes de energia. As pessoas queimavam madeira para derreter ferro, aquecer casas e assar bolos. Navios à vela usavam energia eólica para se locomover pelos mares e rios, e moinhos d'água utilizavam o curso de rios para moer grãos. Mas todas essas opções eram limitadas. Não havia árvores disponíveis em toda parte, o vento nem sempre soprava quando era necessário, e a força da água só era utilizada por aqueles que moravam perto de um rio[7].

Há cerca de 10.000 anos acontecia a primeira grande revolução, vinda da mudança da busca por alimentos para a agricultura. Graças à domesticação dos animais, não era mais preciso sairmos em busca de alimentos ou caçar. Essa revolução também combinou a força dos animais com a dos seres humanos em prol de benefícios maiores como transporte e comunicação. Desta maneira, novos e maiores assentamentos começaram a ocorrer, gerando a urbanização e o surgimento das cidades. De acordo com Steven Johnson[8], quanto maiores forem as cidades, maiores serão as chances de aumentar o potencial criativo e de inovação das pessoas.

Assim, abriram-se novos caminhos na conversão de energia, na produção de bens e também no consumo. Podemos dizer que, gradualmente, as pessoas começaram a se "libertar" do ecossistema à sua volta. Aspectos decorrentes dessa evolução atualmente são apresentados nos ciclos industriais que discutiremos a seguir: indústrias 1.0, 2.0, 3.0, 4.0 e 5.0. Porém, nosso enfoque consiste em fazer referência ao objetivo, à relevância e às principais atribuições dos criativos em cada um desses momentos. Os períodos denominados para as Revoluções Industriais apenas são utilizados para simbolizar um novo ciclo no avanço da sociedade, avanços tecnológicos e um novo rumo para as indústrias. Esses períodos não representam uma ruptura entre os processos, sendo divididos desta maneira apenas para facilitar o entendimento didático.

Pode-se dizer que, até o surgimento das cidades, o design ainda não era atuante — ao menos não da maneira como o vemos nos dias atuais. Porém, ao ampliarmos o foco deste resgate, podemos observar que a arquitetura e os estudos sobre um sistema mais harmônico para a população começam a despontar. Desta maneira, acredita-se que o design estaria se lançando ao mundo neste ponto da história, ainda que de forma discreta, ao gerar uma conexão maior entre as cidades, as pessoas e a economia. Por consequência, o designer herda a capacidade de pensar na economia e em sua humanização com o meio.

A transposição para essas Revoluções se deu a partir da segunda metade do século XVIII onde a força muscular foi substituída pela energia mecânica. Para Klaus Schwab[9], essa transposição permanece evoluindo até a indústria atual, onde a produção humana aumenta em virtude do aprimoramento da cognição.

Indústria 1.0: *o design centrado na estética*

A primeira Revolução Industrial, ocorrida entre 1760 e 1850, foi marcada pela popularização dos motores a vapor e pela mecanização da produção. Um marco importante desse período foi o aprimoramento da máquina a vapor por James Watt, em 1784, que aumentou significativamente a eficiência das fábricas e acelerou a transformação industrial. Autores contemporâneos referem-se a esse período como Indústria 1.0.

A Indústria 1.0 inicia-se na Inglaterra, junto com a ascensão da burguesia inglesa durante e após a Revolução Inglesa (1640-1688). Essa classe social detinha o capital para investir em fábricas, adquirir propriedades rurais e matéria-prima.

Outros fatores decisivos para o surgimento da Indústria 1.0 na Inglaterra foram sua posição geográfica — que dava acesso rápido ao comércio marítimo — e a política de cercamentos, que provocou um grande êxodo rural. Já no final do século XVIII e no decorrer do século XIX, avança para outros países como Estados Unidos, França, Alemanha, Itália, Holanda, Japão e Bélgica. Nesse momento, o carvão mineral tornou-se uma das principais fontes de energia e, após ganhar a indústria, passou a mover navios e trens.

Uma das principais características dessa Revolução é a mudança do processo produtivo, que antes era realizado por artesãos. Objetos e produtos únicos, feitos por mulheres, homens e crianças em suas próprias residências, agora passam a ser desenvolvidos em fábricas com a utilização de máquinas. Antes, a estética do objeto refletia o estilo e o estado de expressão do artesão naquele momento. Mas agora, os objetos ganham escala dentro das fábricas, necessitando de um plano de manufatura que garanta minimamente a uniformidade. Nesse período, inicia-se também o que hoje conhecemos por "divisão do trabalho", em que cada trabalhador passa a exercer uma função específica na fabricação de um objeto e não mais em todas as etapas. Com o surgimento do salário, a mão de obra passa a ser vendida, porém, menos valorizada, por remuneração baixa e carga horária elevada.

Desde as primeiras décadas, os industriais buscaram aproximar as atividades do artesão e da máquina. Quando o artesão começou a centrar seus esforços em humanizar a estética da máquina para os produtos que seriam reproduzidos em escala, ele parou de atuar como artesão e passou a trabalhar como designer, ainda que nesse primeiro momento, ele fosse bastante operacional e estivesse muito mais centrado na cosmética do produto.

Indústria 2.0: *o design centrado na otimização*

A Segunda Revolução Industrial deu continuidade ao processo de evolução da indústria, principalmente com relação ao aprimoramento de técnicas, surgimento de novo maquinário e de novos meios de produção. Essa Revolução teve seu início novamente na Inglaterra, mas avançou rapidamente para países como Estados Unidos, França, Rússia, Japão e Alemanha.

A utilização da energia elétrica na indústria deu início à Segunda Revolução Industrial. A tecnologia da época, combinada com avanços importantes nos procedimentos fabris, permitiu a produção e o consumo de massa. Ao longo dessa fase, novas iniciativas também surgiram na Inglaterra, na França e nos Estados Unidos, e outras fontes de energia passaram a ser adotadas, como petróleo (combustível fóssil), água (hidrelétrica) e urânio (energia nuclear).

Em meados do século XIX e início do século seguinte, pioneiros da gestão empresarial, como Fayol, Taylor, Ford e, um pouco mais tarde, Drucker, estruturaram ideias sobre a administração moderna e a produção industrial. Henry Ford, por meio de processos seriados em linhas de montagem, conseguiu alavancar a produção de carros, fabricando mais rápido e com um custo menor. O modelo Ford T, por exemplo, revolucionou os transportes e a indústria da época. Além de suas contribuições aos processos fabris, Ford também tornou-se conhecido por supostamente ter dito a frase: "Você pode comprar um Ford modelo T em qualquer cor que desejar, desde que ele seja preto." Embora existam dúvidas se ele, de fato, disse isso, a sentença resume para o design e a forma de pensar da época: ele deve trabalhar em favor da otimização da produção.

NESSE CICLO, O DESIGN, ALÉM DE BUSCAR MELHORAR A ESTÉTICA DA MÁQUINA, TAMBÉM TENTAVA DIMINUIR A IMPESSOALIDADE DOS PRODUTOS INDUSTRIAIS.

Nesse ciclo, o design, além de buscar melhorar a estética da máquina, também tentava diminuir a impessoalidade dos produtos industriais. Ainda era, porém, submisso à racionalidade da ciência e da engenharia da época — que buscava a qualquer custo a otimização da produção, com a premissa de ofertar produtos mais acessíveis e competitivos à população.

Personalidades importantes, como John Ruskin e William Morris, defendiam o retorno às artes manuais e ao artesanato, e outros grupos já acreditavam em uma maior humanização dos processos industriais. Movimentos artísticos influenciados por Ruskin e Morris, como o Arts and Crafts, inicialmente eram mais focados na recusa à indústria. Mas, posteriormente, muitos de seus membros se juntaram a outros movimentos, como o Art Nouveau, que, por exemplo, já considerava a adesão de materiais do mundo industrial, como ferro, vidro e cimento.

Apesar desses movimentos, tanto por necessidade como por restrição, o design na Indústria 2.0 ainda era operacional e mais centrado na otimização. Só posteriormente, no Pós-Guerra, ele passou a se aproximar do marketing — uma área que estava emergindo, marcando o início de sua caminhada para a atuação em níveis mais táticos e estratégicos.

Indústria 3.0: *o design centrado no processo*

A Terceira Revolução Industrial, ou Indústria 3.0, ficou conhecida também como a Revolução Tecno-Científica, envolvendo o avanço de tecnologias eletrônicas, da robótica industrial e a miniaturização e popularização das placas de circuito, que possibilitaram a inserção de controladores lógicos na indústria a partir da invenção de Dick Morley, em 1969. Nesse período, a automatização dos processos ganhou força também a partir de computadores programáveis por memória. Em resumo, a indústria passou a incorporar circuitos eletrônicos, sistemas computacionais e automação industrial na produção. Tudo isso, além de ampliar a produção, permitiu uma segmentação ainda maior. Surgiram então linhas de produtos, extensões de marca e mercados de nicho.

A sociedade ainda estava bastante enraizada na lógica de consumo de massa. Porém, a estratégia de oferta e o desenvolvimento de produtos passaram gradualmente a ser feitos para consumidores mais segmentados. A expansão dos canais de comunicação[ii], como rádio, televisão e telefone, nutriu de informação e de ofertas o consumidor, que agora representava segmentos mais específicos do mercado. Ele passou a ter a sensação de encontrar produtos e outros consumidores parecidos com ele: era o início do marketing de tribo, e seu comportamento mudou substancialmente. A partir disso, a indústria começou a alinhar sua comunicação e seus produtos com aquilo que cada segmento valorizava, em um cenário onde a competição, cada vez mais, ocorria em escala global. Nesse sentido, o papel do designer começou a ser muito mais tático, alinhado ao marketing de segmento e centrado no processo.

ii Nesse período, os canais e serviços de comunicação ainda ofereciam poucas possibilidades de interação, quando comparadas às possibilidades atuais. Mas essas novas possibilidades já proporcionaram maior segregação entre os comportamentos de massa.

Indústria 4.0: *o design centrado no consumidor*

O contexto industrial que emergiu nas últimas décadas pode ser sucintamente representado por fatores tecnológicos, como conectividade (amplo acesso à internet móvel e banda larga), virtualização, rastreabilidade, impressão aditiva, entre outros. Um marco importante nesse período foi o ano de 2002, quando o armazenamento de informações digitais superou o analógico. Essas inovações alteraram significativamente as relações sociais e as formas de educação, aprendizagem, trabalho e consumo. Como resultado, estratégias, decisões e soluções em todas as áreas — incluindo o design — passaram a ser guiadas por dados, orientadas pelas tecnologias digitais e conectadas à rede.

Diante disso, passou a diminuir paulatinamente o espaço para profissionais que não eram capazes de lidar com números, discutir modelos de negócio ou articular soluções em tecnologias digitais.

Esse contexto levou a indústria a unir, de forma ainda mais umbilical, produtos, serviços, tecnologias e pessoas. Para isso, é preciso interpretar cenários, desenhar estratégias e direcioná-las para experiências centradas no consumidor, o que ofereceu oportunidades para o design assumir um protagonismo estratégico e sem precedentes no universo dos negócios.

Na indústria 4.0, a reprodução e a escala vieram muito mais pela conexão com a rede do que com a reprodução em chão de fábrica. Essa condição facilitou bastante o lançamento de produtos e serviços de cunho digital. Em contrapartida, também impôs maior agilidade e competitividade. Assim, ao passo que esse contexto digital encurtou o caminho e facilitou a confecção de soluções, ficou cada vez mais difícil encontrar profissionais que reúnam, por exemplo: facilidade para inovar de forma ágil (do nível estratégico ao operacional), equilíbrio para combinar razão e emoção e sensibilidade para humanizar relações por meio da tecnologia.

Na valorização e revolução do papel do designer para a esfera 4.0, foi preciso compreender a interação entre design e inovação. Esta estratégia pode, e deve, ser guiada pelos criativos, assumindo desta maneira o papel de liderança. Neste cenário, exige-se uma liderança capaz de entender e triangular ações entre consumidores, expectativas industriais e potencial de escalonamento. A inovação guiada pelo design pode se refletir pelo modelo de Roberto Verganti[10], no qual as mudanças tecnológicas avançam ao passo que ganham significados. Clayton Christensen[11], estudioso da área, também relata que a inovação não apresenta mais a competição entre função e forma, mas sim entre função e significado. Cada dia mais, a área de design precisa gerar significado para consumidores, empresas, produtos e serviços. Assim, o design pode construir projetos mais orientados aos consumidores, humanizando relações.

Para trabalhar com uma inovação guiada totalmente pelo design na indústria 4.0, precisou-se enxergar e combinar elementos que não foram diretamente solicitados pelos consumidores. Além disso, esse processo não é elaborado com base em etapas lineares, pois os dados estão a todo momento, se retroalimentando e se auto-validando. Desta maneira, todo o negócio está sendo sempre aprimorado.

Nasce então o Design 5.0: *o design centrado no humano*

Até aqui, buscamos mostrar um pano de fundo sobre o percurso evolutivo do design junto à indústria. A partir disso, podemos dialogar com maior profundidade sobre o papel que o design precisa assumir neste novo mercado, rodeado de conectividade e inteligências artificiais. Esse papel consiste em uma das questões centrais do capítulo, por isso, o próximo assunto dedica-se exclusivamente a essa questão.

O design é, por vocação, uma das áreas mais habilitadas a fazer o elo entre negócios, tecnologias e pessoas. Até a indústria 3.0, sua atuação consistiu prioritariamente em idealizar, embelezar, otimizar e materializar soluções (muitas vezes inéditas) para as pessoas. Além de beneficiar o produto, a indústria também exigia que as soluções fossem reproduzíveis em série. Para atender a tais exigências, o designer passou a aprimorar métodos e técnicas que buscassem conexões mais íntimas entre os produtos e as pessoas. Além disso, seu *modus operandi* passou a ser incrementado com técnicas úteis na atualidade, como

Marco histórico e período Evolução da Indústria	**INDÚSTRIA 1.0** 1784 – SÉCULOS XVII E XVIII	**INDÚSTRIA 2.0** 1870 – SÉCULO XIX

O design e o designer

	Indústria 1.0	Indústria 2.0
Características da indústria	Máquina a vapor, mecanização da produção e carvão mineral.	Petróleo, energia elétrica, linhas de montagem e uso do aço.
Foco do design	Design centrado na estética.	Design centrado na otimização.
Principal relevância	Operacional.	Tático-operacional.
Principais atribuições e características	• Reprodução em escala. • Humanização da estética fabril. • Baixo grau de inovação.	• Busca por produtos competitivos. • Submissão à engenharia. • Inovação básica focada mais em aprimorar o produto.

Fonte: elaborado pelos autores do capítulo.
Ilustrações: Giuliano Benedet.

INDÚSTRIA 3.0 1969 – SÉCULO XX	INDÚSTRIA 4.0 2002 – PRIMEIRAS DÉCADAS DO SÉCULO XXI	INDÚSTRIA 5.0 2023 – ATUALMENTE
Eletrônica, sistemas computadorizados e robótica.	Sistemas cyber-físicos e processos descentralizados.	Integração dos sistemas cyber-físicos e inteligência artificial.
Design centrado no processo.	Design centrado no consumidor.	Design centrado no humano.
Tático.	Estratégico.	Empático-estratégico.
• Segmentação de público. • Concorrência global. • Desenvolvimento por processo. • Inovação, da incremental à radical, focada no produto-serviço.	• Interpretação e criação a partir de dados. • Combinação de razão e emoção. • Domínio da área de negócios. • Articulação de soluções em tecnologias digitais. • Processos ágeis e experimentais. • Processos de inovação disruptivos e abertos em todo o modelo de negócio. • Otimização dos processos de experiência do cliente.	• Desenvolvimento de soluções mais empáticas e centradas no ser humano. • Interpretação holística de dados oriundos de sistemas cyber-físicos e redes para melhorar a tomada de decisão. • Fluência em tecnologias digitais (sistemas, ferramentas, inteligências artificiais etc.) para controlar ativamente o processo e refinar as soluções. • Individualização dos processos e serviços.

prototipação, experimentação e validação, pois, tanto na indústria como nos negócios, quanto mais tarde se descobre o erro, mais custoso tende a se tornar o processo. Dessa maneira, além da forma de operar e projetar, tais condições moldaram o pensamento dos designers, e esse modo diferente de pensar dá a ele hoje uma vantagem competitiva.

Autores, como Walter Longo[12], consideram que estamos saindo da Idade Média, onde tudo o que fora construído era com base na média das pessoas, e adentrando a Idade Mídia, onde todo o conteúdo é extremamente personalizado e único, feito exclusivamente para você. Esta chegada a uma nova era corrobora com a Indústria 5.0, que é amplamente conectada e rodeada de sistemas e automações inteligentes, na qual a busca por criar significados e humanizar relações começa a superar o potencial de escalabilidade dos produtos: "A expressão da individualidade na Idade Mídia decorre das necessidades individuais das pessoas se relacionando em espaços coletivos e particulares" (LONGO, 2019). Neste sentido, a individualização, que é parte da Idade Mídia, irá se incorporar ao Design 5.0 ao maximizar as relações e significados entre empresas e pessoas, pois o processo será inteiramente criado para a experiência humana em nível individual.

O contexto utilizado pelo autor, ao fazer a transição da Idade Média para a Idade Mídia, foi criado em um momento em que as pessoas começam a se manifestar de maneira singular e as distâncias geográficas foram ainda mais encurtadas pela conectividade. Dessa maneira, as tecnologias emergentes começam a impulsionar novas formas de interação. Em 2023, por exemplo, inúmeras possibilidades tornaram-se mais viáveis e acessíveis com a popularização da inteligência artificial, como demonstrado pelo crescimento massivo do ChatGPT, e a expansão do 5G no Brasil. As pessoas passam a querer mais "experiências genuínas e individuais" a todo o momento, e a indústria começa a entregar ativos que sejam realmente significativos e individuais para cada um de nós. "Somos uma sociedade mimada e ficaremos ainda mais mimados" (LONGO, 2019). O termo "mimados" cabe justamente para exemplificar o poder que consumidores têm em encontrar tudo a todo momento em todo lugar.

Observa-se que, com o avançar dos anos e, principalmente, após a evolução digital acelerada pelos momentos de pandemia da COVID-19, o design está passando a exercer um papel mais amplo dentro das organizações. A Quinta Revolução Industrial, ou indústria 5.0, apresenta novos conceitos e padrões.

Desde a indústria 3.0, as áreas de design e marketing passaram a atuar cada vez mais em conjunto. Por sua vez, nota-se um novo olhar sobre a atuação do marketing, levando assim o design a um novo patamar. Neste sentido, o design também caminha em direção ao seu lado mais humano, pode-se assim dizer.

Acredita-se que a interação entre homem e máquina passa agora a ser totalmente em benefício do humano. Esta interação deverá ser acelerada para que o homem possa, por exemplo, utilizar-se de inteligência artificial (IA) para obter dados, analisar e tomar melhores decisões. Utilizamos as redes sociais, por exemplo, para vender itens, impulsionar e influenciar o resultado de eleições e, até mesmo, para mudarmos a maneira como nos relacionamos diretamente com a sociedade.

É preciso entender que estas tecnologias vieram para ficar. Não devemos resistir a elas, mas sim utilizá-las ao nosso favor, para agilizar processos repetitivos. Os primeiros estudos em nosso grupo de pesquisa, por exemplo, já comprovaram que: à medida que os criativos se tornam mais familiarizados com o uso das IAs, eles tendem a explorar mais, interagindo com as saídas e controlando o processo. Isso amplia ainda mais as possibilidades de refinamento das ideias e da inovação.

Sendo assim, não podemos competir com máquinas, elas são nossas colegas de trabalho. Nenhum ser humano terá capacidade de fazer um trabalho automatizado de maneira tão otimizada. Ao mesmo tempo, nenhuma máquina conseguirá gerar tanta empatia e criatividade quanto um ser humano. Empatia e criatividade são as soft skills mais preciosas. Podemos fazer também uma leitura sobre as profissões que tendem a ser substituídas por máquinas. Quem realiza um trabalho "intelectual" e repetitivo poderá perder o emprego. Quem realiza um trabalho qualificado precisará, cada vez mais, trabalhar com tecnologia. Nós temos o controle sobre as máquinas e precisamos ser protagonistas desta Revolução.

SE VOCÊ NÃO DESEJA SER SUBSTITUÍDO POR UM ROBÔ, NÃO TRABALHE COMO UM!

No passado, devido à limitação tecnológica existente, diversas atividades intelectuais repetitivas precisavam ser executadas por humanos. Na era digital, esses trabalhos passaram a ser realizados por robôs, o que diminuiu o espaço para humanos robóticos. Portanto, as tecnologias digitais estão "liberando" o ser humano de trabalhos intelectualmente repetitivos. **Assim, designers que não desejarem ser substituídos por robôs precisam se mostrar intelectualmente relevantes.**

"Em 2018, quando eu lecionava uma disciplina de graduação na área de Branding, um aluno tentou "pregar uma peça" dentro da disciplina. Pois, entre as atividades práticas da matéria, havia uma que consistia no desenvolvimento de uma marca pessoal — sim, uma marca para o próprio aluno. Ao final desse projeto, cada um deles precisava apresentar a sua alternativa de assinatura visual, os elementos visuais, acessórios e as estratégias de gestão da marca.

Pois bem, eis que no dia das defesas de trabalho, um aluno pede uma condição especial: "Professor, eu poderia apresentar duas alternativas? Estou com dificuldade em escolher a melhor e ajudaria saber sua opinião."

Após a autorização, o aluno apresentou as duas versões e pediu que eu apontasse qual delas eu percebia maior valor. Eu, prontamente, apontei uma das alternativas que julgava ter maior potencial técnico, gráfico e semântico diante do contexto por ele apresentado. Logo em seguida, ele esclareceu: "Professor, na verdade, eu desenvolvi neste último mês de trabalho a alternativa que o senhor descartou. E, a alternativa escolhida, eu gerei em uma plataforma que cria assinaturas visuais (marcas gráficas) na hora e de graça. Por isso, não vejo necessidade de tantos estudos e métodos que você sugere nesta disciplina, pois você mesmo escolheu uma alternativa onde isso não foi utilizado."

Eu então sugeri a ele que consultasse representantes da audiência que ele desejava impactar com a marca, para saber qual das duas alternativas que eles preferiam. E, curiosamente, a maioria deles também escolheu a alternativa gerada pelo robô."

PROF. DR. JÚLIO MONTEIRO TEIXEIRA
Designer, líder de pesquisa do grupo Lemme e um dos autores deste livro

Essa situação-exemplo ratifica o que vem sendo colocado ao longo deste tópico: não há mais espaço para humanos robóticos. No cenário atual, não fará mais sentido realizar uma série de protocolos e pesquisas se na fase de análise e idealização da solução, o design não for capaz de usar os insumos coletados para pensar fora da caixa. Para utilizar e combinar padrões visuais semanticamente já validados, um robô pode ser muito mais efetivo. Por outro lado, o uso de IAs generativas, por exemplo, além de permitir uma análise mais eficiente de um potencial esboço, também possibilita uma aproximação quase instantânea entre uma ideia embrionária e o que já existe no estado da arte, com um grau de refinamento similar. Dessa forma, essas tecnologias otimizam o processo de criação, permitindo o aprimoramento de ideias iniciais para uma comparação mais equilibrada com as soluções disponíveis no mercado. Naturalmente, isso aproxima o projeto dos limites da inovação.

A inteligência artificial, conforme demonstra a situação anteriormente descrita, não é apenas capaz de hackear designers e superá-los no que eram, até então, suas habilidades. Ela também usufrui de modo exclusivo de habilidades não humanas, o que torna a diferença entre a Inteligência Artificial e os profissionais uma questão qualitativa e não apenas quantitativa. No exemplo, a máquina pode ter maior capacidade de combinar padrões visuais que representem semanticamente uma ideia, mas só poderá fazê-lo a partir de padrões já estabelecidos e aferidos. A capacidade de criar de forma inusitada, criativa, intuitiva, humorada e humanizada ainda parece ser maior em humanos.

Para Kotler (2021, p.214), até mesmo a experiência de customização poderá ser melhorada: "Os papéis dos humanos e das máquinas são igualmente cruciais em uma experiência híbrida do cliente. Eles não só são bons em coisas diferentes, mas também se complementam." Ainda para o autor, "a velocidade e a eficiência dos computadores permitem aos humanos maior liberdade para realizar outras atividades que exijam sua imaginação. A automação é um trampolim para levar nossa criatividade ao próximo nível"[13].

O Design 5.0 estará intimamente ligado ao potencial humano que já é constatado nas pessoas. A criatividade e outras áreas serão cada vez mais exploradas e potencializadas, e a interação entre homem e máquina será em virtude do benefício humano. Existe uma definição clara apresentada por Kotler (2021, p.32) que ajuda a esclarecer as coisas. O autor determina que "o marketing 5.0 por definição, é a aplicação de tecnologias que imitam o ser humano para criar, comunicar, entregar e aumentar o valor em toda a jornada do cliente".

O DESIGN 5.0 ESTARÁ INTIMAMENTE LIGADO AO POTENCIAL HUMANO QUE JÁ É CONSTATADO NAS PESSOAS.

Ao observar este cenário, é possível compreender novas relações entre o design e a sociedade. Ao analisar novos tipos de indústrias surgindo, o avanço de novas tecnologias, a notória mudança administrativa e de marketing no segmento corporativo, pode-se afirmar que o Design 5.0 caminha em uma direção cada vez mais estratégia, empática e humana. A visão estratégica dá ao Design 5.0 o potencial de sentar à mesa com executivos e diretores empresariais para definir novos rumos da organização. O viés empático e mercadológico do designer se apresenta sob a capacidade de analisar cenários e propor novos caminhos, porém, agora, com a oportunidade de se coletar e processar muito mais dados para esta tomada de decisões.

Ilustração: Giuliano Benedet.

Sendo assim, a área de design também passa a reforçar suas origens, onde uma de suas principais funções era humanizar a estética da máquina. Agora, o Design 5.0 procura agir de forma ampliada, mais estratégico e auxiliado por dados. Suas decisões e movimentos futuros podem agora ser analisados e processados com rapidez antes que seus artefatos sejam confeccionados.

O Design 5.0 humaniza relações

A QUINTA REVOLUÇÃO INDUSTRIAL SE VOLTA NOVAMENTE PARA A HUMANIZAÇÃO DAS RELAÇÕES APOIADAS PELA INTELIGÊNCIA ARTIFICIAL.

A Primeira Revolução Industrial mudou a forma como as pessoas percebiam a estética. Já na segunda Revolução Industrial, mudou-se o modo como trabalhávamos no chão de fábrica. A Terceira Revolução Industrial se caracterizou pela automação das fábricas. A Quarta Revolução Industrial configurou-se pela popularização do acesso à internet. Agora, a Quinta Revolução Industrial se volta novamente para a humanização das relações apoiadas pela inteligência artificial.

Assim, os criativos precisam criar experiências cada vez mais únicas, que tratem cada ser humano de acordo com as suas vontades e necessidades individuais. Não é de se estranhar que habilidades como criatividade e empatia sejam as soft skills mais procuradas atualmente.

Tendo em vista que os negócios estão cada vez mais imersos em ambientes digitais, que relações entre consumidor e interface envolvem experiências, emoções e usos, devemos nos atentar às interações nesses ambientes. É assim que, cada vez mais, o design interpretará dados para a tomada de decisões em favor das pessoas. Isso serve tanto para a elaboração de interfaces, produtos e serviços como para a definição de estratégias. O mercado já enxerga o designer como um fomentador da inovação e por vezes o coloca como um dos principais protagonistas desse processo. Mas, para ratificar esse prestígio, novas expertises precisam ser desenvolvidas e aprimoradas.

Até aqui, acreditamos que já tenha ficado claro que as formas de agir e pensar do designer oferecem a ele e à organização a oportunidade de contribuir, atuando desde a modelagem do negócio até a descontinuidade do produto. O que, de fato, tem acontecido. O designer, quando não é o empreendedor, frequentemente tem sido recrutado para ocupar lugar de destaque no alto escalão por conta dessa capacidade de inovar na humanização das relações. Afinal, o trabalho do designer consiste essencialmente em estabelecer empatia com o consumidor. Não é difícil notar essa recente valorização. Abordagens oriundas do pensamento orientado pelo designer, como o Design Thinking e o Design Centrado no Usuário, soam de forma bastante familiar aos executivos. Os livros que tratam dessas abordagens podem ser encontrados com frequência sobre a cabeceira de muitos executivos ao redor do globo. Além disso, em um ambiente de inovação, o designer normalmente apresenta facilidade para coordenar dinâmicas de cocriação e cooperação.

O designer precisa abraçar a oportunidade e assumir seu papel

Embora o mercado tenha percebido o valor estratégico do design, é curioso notar que, por vezes, o próprio designer não se dá conta disso. Ou pior, prefere assumir propositalmente um papel coadjuvante. Ainda é difícil para o designer compreender e desempenhar um papel protagonista no novo ecossistema. Essa predisposição *underground* de alguns designers às vezes se justifica pelo ensino, mas outros estigmas também o atrapalham, como a aversão ao mundo dos negócios, o flerte com a "liberdade criativa" da arte e a indisposição para aprender skills essencialmente lógicas e racionais como matemática, estatística e programação ou mesmo entrar de forma genuína em aspectos humanos advindos da psicologia, antropologia e etnografia. Está posta sobre a mesa uma grande oportunidade, mas o designer precisa assumir sua "cadeira" e demonstrar seu diferencial junto ao alto escalão empresarial.

Não há mais espaço para posturas avessas aos negócios e à sociedade. Tais posturas aparecem normalmente de forma combinada com processos originados em uma criatividade exclusivamente intuitiva ou em crenças individualizadas. A fim de exaltar seu diferencial, o designer precisa ignorar essas posturas e estigmas para exercer um papel que ele já desempenha de forma secular: o desenvolvimento de soluções humanizadas, algo primordial nos ambientes e negócios digitais da indústria atual.

Profissionais resistentes à mudança, em objeção a esse novo papel do design, podem argumentar: "mas o design vem das artes", "o design é mais expressão e emoção do que razão", "essa nova forma de pensar bloqueia a criatividade". Será?

O argumento de que formas sistemáticas e racionais de pensar bloqueiam a criatividade já foi muito utilizado em outros contextos, como, por exemplo, com relação ao uso de metodologias. Embora a experiência prática já nos levasse a intuir que tal argumento não era plausível, em 2013, cientistas realizaram um experimento comparativo sobre a influência dos métodos para a geração de soluções, e eles chegaram à conclusão de que a não utilização de métodos produz soluções menos inovadoras e úteis [14].

Contudo, não se assuste, o design carrega em seu DNA características lógicas provenientes de sua atuação pregressa e muito úteis no cenário atual. Essa aproximação entre razão e emoção já foi essencial ao designer, tanto no projeto — para avaliar, por exemplo, o potencial de uso de um produto — quanto na preparação para a produção em série, situação em que o profissional precisava fazer uso da aritmética e da geometria para que o projeto pudesse ser reproduzido na indústria.

Embora essas últimas expertises já não sejam mais tão impactantes — pois os *softwares* cumprem esse papel, e talvez isso explique a atual aversão de alguns designers aos modelos matemáticos —, essa capacidade racional de ler e discutir dados para aplicá-los aos negócios é fundamental no mercado atual.

Tudo que foi discutido até aqui nos leva à jornada proposta neste livro. O próximo passo é entender as relações entre design e negócios digitais. Vem com a gente!

NESTE CAPÍTULO A GENTE CITOU:

1 **CASTRO**, Francisco Gómez; **FIGUEIREDO**, Luiz Fernando. **A economia criativa como proposta de valor nos modelos de negócio.** Navus, Florianópolis, v. 6, n. 3, p. 111-122, jul. 2016.

2 **REIS**, Ana Carla Fonseca. **Cidades Criativas**. São Paulo: Sesi-SP, 2012.

3 **FIRJAN**. **Índice FIRJAN de Desenvolvimento Municipal.** Disponível em: http://www.firjan.com.br/ifdm/consulta-ao-indice. Acesso em: 22 de novembro de 2020.

4 **HOWKINS**, John. **The creative economy:** how people make money from ideas. London: Penguin Books, 2007. 270p.

5 **FLORIDA**, Richard. **A ascensão da classe criativa.** Porto Alegre: L&PM, 2011.

6 **GOVINDARAJAN**, Vijay; **TRIMBLE**, Chris. **Inovação Reversa:** descubra as oportunidades ocultas nos mercados EME. Rio de Janeiro: Campus-Elsevier, 2012.

7 **HARARI**, Yuval Noah. **Sapiens:** uma breve história da humanidade. Porto Alegre: L&PM Editores, 2015.

8 **JOHNSON**, Steven. **De onde vêm as boas ideias.** Rio de Janeiro: Jorge Zahar Editor Ltda., 2010.

9 **SCHWAB**, Klaus. **A quarta revolução industrial.** Geneva: Edipro, 2019. 195 p.

10 **VERGANTI**, Roberto. **Design driven innovation.** 2. ed. Rio de Janeiro: Canal Certo, 2012.

11 **CHRISTENSEN**, Clayton. **O dilema da inovação.** 1. ed. [s.l.]: M. Books, 2011.

12 **LONGO**, Walter. **O fim da idade média e o início da idade mídia.** Rio de Janeiro: Alta Books, 2019. 81p.

13 **KOTLER**, Philip. **Marketing 5.0:** tecnologia para o humano. Hoboken: John Wiley & Sons, Inc., 2021.

14 **CHUVI**, Vicente et al. **Influence of the type of idea-generation method on the creativity of solutions.** Research in Engineering Design, v. 24, p. 33-41, 2013.

2

NEGÓCIOS DIGITAIS

NEGÓCIOS DIGITAIS

JULIANA KRUPAHTZ
Mestra em Design pela UFSC.

JÚLIO MONTEIRO TEIXEIRA
Pós-doutorado na School of Industrial Design da Academy of Art University.

Do surgimento da internet à complexidade de estar não somente em um, mas em vários ambientes *online* (e também *offline*). Empresas que são cada vez mais centradas na experiência, com conexões mais realistas, que atendem a pessoas mais exigentes e criteriosas, que possuem muitas opções ao seu dispor. Como se conectar com o ser humano, já que agora ele é o centro do processo?

Neste capítulo, vamos abordar as novas possibilidades do design e dos negócios trazidos pela **indústria 5.0**, discutindo a sua influência na nossa realidade e como eles revolucionaram a maneira como nos relacionamos com as marcas e os produtos que vendemos e consumimos.

Para começar, um olhar sobre a popularização da internet e, consequentemente, do consumo de produtos *online*.

ANTES DE TUDO, LEMBRE-SE: SOMOS CONSUMIDORES DIGITAIS

Crianças cada vez mais novas, desde três, quatro anos ou menos, já pedem para baixar jogos em smartphones e tablets e já entendem o que significa "comprar pelo app". Idosos estão conectados e utilizam aplicativos para conversar, pedir comida ou realizar transações bancárias. E assim fica cada vez mais raro encontrar alguém que não esteja habituado a consumir produtos e serviços online.

No cenário nacional, em 2016, o IBGE já registrava a conexão de 64,7% das pessoas acima de dez anos[1]. Em 2019, a pesquisa TIC Domicílios[2] publicou, com dados de um levantamento realizado no ano anterior, que cerca de 70% da população havia utilizado a internet nos três meses anteriores. A figura a seguir mostra o crescimento de usuários de internet ao longo de dez anos.

Usuários de internet no Brasil:
pessoas que utilizaram a internet há menos de 3 meses

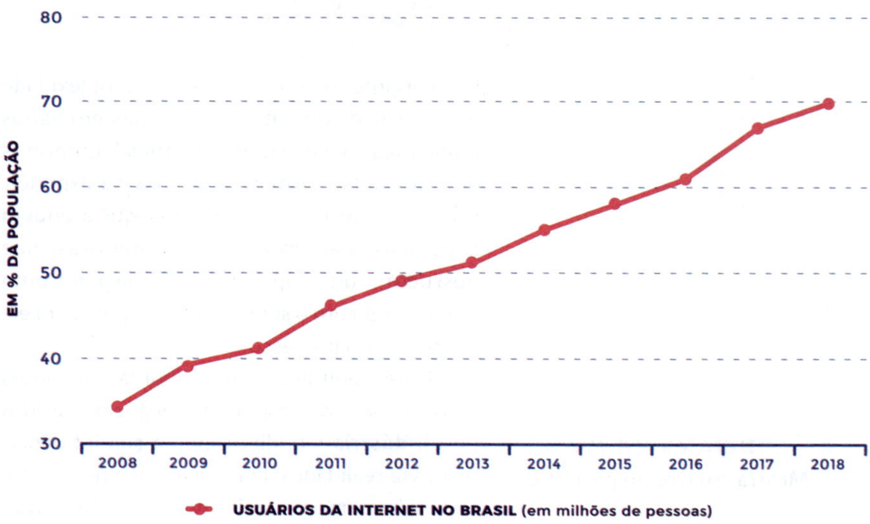

Fonte: Adaptado de TIC Domicílios (2019)[2].

Esta mesma pesquisa, a qual apontou que metade da população rural das classes D e E tinha acesso à internet, ainda mostra que 43,7 milhões de pessoas compraram pela internet e 40,8 milhões pediram transporte ou carona por aplicativo.

Com base na análise dessa pesquisa — entre diversas que demonstram o crescimento do acesso e da disseminação do uso da internet — e também pela observação do mundo ao nosso redor, podemos concluir que vivemos o digital. Este fato só irá se tornar mais evidente com o passar dos anos. Consequentemente, os negócios digitais também estão cada vez mais presentes em nossa realidade cotidiana. Por meio deles, nos são apresentados novos recursos, ferramentas e opções de consumo para entretenimento, trabalho e educação.

As novas formas de fazer negócio

No 5.0, já não é mais fundamental enumerar ou classificar o que são negócios digitais, pois as barreiras (que já não são mais tão altas) dessa nova maneira de fazer negócios estão cada vez mais dissolvidas devido às demandas e características da sociedade contemporânea. Pense rapidamente em um produto ou serviço que você consome no cotidiano. Possivelmente existe uma empresa que o oferece digitalmente. Exercícios físicos entregues de maneira personalizada por aplicativos, compras de supermercado entregues em casa, cursos completos em diversas áreas, consultorias *online*, projetos arquitetônicos feitos a distância, caixas de produtos personalizados de acordo com as suas características, agendamentos em oficinas mecânicas e hospedagens em hotéis são somente alguns dos exemplos. O que todos eles têm em comum? O acesso imediato, por um dispositivo eletrônico conectado à internet.

Zygmunt Bauman[3] aborda a cultura do imediatismo como inerente à sociedade atual, em função do crescimento da internet e da facilidade com que conseguimos aquilo que queremos, principalmente objetos de consumo. Está tudo ao alcance de nossas mãos, em poucas horas podem estar na porta de casa, com o pagamento feito online pelo cartão de crédito. E ainda, em muitos casos, não precisamos nem ter contato com o entregador. Essa característica, enquanto representa uma grande vantagem, também deve ser considerada na concepção de um negócio digital, pois o imediatismo criou um cliente exigente, crítico e com muitas opções de consumo.

Walter Longo[4] reflete sobre essa dualidade ao chamar a nossa sociedade de mimada e caprichosa, não de maneira pejorativa, mas sim como uma propriedade inerente à maneira como ficamos acostumados com as facilidades que a internet passou a nos proporcionar. É preciso lembrar, portanto, que consumidores 5.0, ao mesmo tempo que consomem mais, também são mais rígidos com atendimento, prazos de entrega, exigem produtos personalizados, que fujam da cultura de massas e que atendam às suas expectativas. Porque, se a sua marca não for capaz de cumprir com esses requisitos, haverá milhares de produtos de marcas concorrentes sendo oferecidos ao mesmo tempo que o seu. Essa diversidade de ofertas, formatos, produtos e serviços têm alterado substancialmente o ambiente competitivo.

UM LUGAR AO SOL

Um "novo" ambiente competitivo, mais dinâmico e desafiador

O digital possibilita o desenvolvimento de negócios rentáveis e competitivos sem necessariamente exigir tanta estrutura física e recursos financeiros, o que pode parecer extremamente atrativo. O mercado *online* é um dos mais dinâmicos do mundo tecnológico.

Com a ampliação da conectividade, da oferta de serviços de nuvem, do número e variedade de dispositivos móveis e de fenômenos mais recentes, como *wearables*, *IoT*, entre outros, negócios digitais em diversos setores expandem em escala exponencial receita, participação no mercado e número de clientes. Em reação a essa mudança, *players* tradicionais enfrentam o desafio da competitividade, tentando inovar de forma ágil. Nesse contexto, notam-se duas tendências na cadeia de valor desses negócios: **a confluência de áreas e a fragmentação de serviços.**

Em alguns segmentos, esse dinamismo gerou convergência de indústrias distintas, até então vistas como tradicionais, devido à fusão de áreas de negócios que envolvem tecnologia, telecomunicações, mídia e entretenimento. Com isso, frentes que antigamente eram domínios naturais de algumas indústrias, como veículos de jornal, rádio e televisão, precisam, a partir de agora, inovar e se desafiar com mais frequência, pois não possuem mais territórios com propriedade definida.

André Bianchi[5] menciona um exemplo que ilustra essa mudança de domínio e essa confluência, esclarecendo que, há alguns anos, para se criar um jornal ou uma revista, era necessária uma grande redação, um parque gráfico, uma rede de distribuição e anos de opinião e credibilidade. Embora a credibilidade já tenha sido ameaçada com notícias falsas e afins, a parte de custos fixos de gráfica e distribuição, além da variável do papel, são desnecessários para se lançar um "jornal digital". Ou seja, a barreira de entrada para publicações *online* é muito menor, ao passo que a velocidade de publicação e a capilaridade da divulgação são muito maiores. Portanto, o diferencial fica mais restrito ao *timing*, às ideias, aos conteúdos e à apresentação digital.

Quanto à fragmentação da cadeia de valor, Bianchi cita outro exemplo categórico sobre companhias telefônicas. Em décadas anteriores, elas forneciam um serviço, cobravam por ele, e pronto. Tudo terminava por aí. Hoje, por vezes, elas fornecem um "tubo" com banda larga, sobre o qual um serviço de vídeo é entregue por outro negócio (ex.: Amazon Prime Video, Netflix, Globoplay e YouTube) e cobrado por um terceiro (ex.: PayPal, Google Pay). Nesse sentido, a maior disrupção com o "mundo físico", a convergência de áreas e a fragmentação de serviços, permite que soluções digitais escalem de modo mais ágil, global e exponencial. Porém, esta disrupção também retoma a dualidade dos negócios digitais: da mesma forma que têm um início facilitado, estão em um mercado mais competitivo, onde pode ser difícil se destacar entre empresas já consolidadas e os novos negócios, que são lançados a todo instante.

A verdade é que, com a popularização dos negócios digitais, a internet se tornou um ambiente muito atrativo. Isso resultou em uma quantidade significativa de novos negócios emergindo. De acordo com a 3ª e a 4ª Pesquisa Nacional do Varejo Online[6 7], realizadas pelo SEBRAE, o número de negócios que vendiam somente por *e-commerce* aumentou de 15% para 29,6% entre 2016 e 2018, enquanto aqueles que vendiam somente em loja física caiu de 31% para 11,9%. Essas pesquisas foram realizadas antes da pandemia, e especula-se que a COVID-19 tenha acentuado essas diferenças.

A consequência dessa concorrência crescente e da competitividade resultante é que a mesma facilidade apresentada ao abrir um negócio digital se aplica às possibilidades de fechá-lo. É muito fácil não se destacar em um mar de produtos. As pesquisas do SEBRAE apontam ainda que o **marketing** é a terceira maior dificuldade de gestão dos *e-commerces* brasileiros, precedido por tributação e logística. Em relação aos motivos indicados para o fechamento de empresas de *e-commerce*, elas apontaram o baixo faturamento e a falta de planejamento e conhecimento como principais causas. Além disso, esses fatores tiveram um aumento de 8% e 4%, respectivamente, entre os anos de 2016 e 2018.

Não pense que nós queremos que você desista de abrir ou investir em um negócio digital. Pelo contrário, geralmente existem mais vantagens do que desvantagens. Todavia, a questão é que o planejamento deve ser bem feito. Com a diversidade de produtos sendo constantemente oferecidos ao consumidor, o paradoxo da escolha se fortalece. E quanto mais opções são oferecidas, mais difícil fica escolher qual delas é a melhor.

Isso posto, ficam as questões: como se destacar em um mercado tão competitivo? Qual o diferencial daqueles negócios que, de fato, obtêm sucesso no mundo digital? Acredita-se que o diferencial pode estar justamente no centro da indústria 5.0, que consiste em humanizar tecnologias. Por isso, desenvolver produtos e serviços com as pessoas no centro do processo pode ser a chave para a visibilidade tão esperada. Nesse contexto, abre-se um mar de oportunidades para o design e a indústria criativa.

QUAL O DIFERENCIAL DAQUELES NEGÓCIOS QUE, DE FATO, OBTÊM SUCESSO NO MUNDO DIGITAL?

Indústria criativa: *um mar de oportunidades*

Em um mundo volátil, complexo e ambíguo, onde inovação e atualização são cada vez mais frequentes, inúmeros setores são impactados pelas mudanças disruptivas. Com isso, torna-se necessária a adaptação de nossas habilidades para conseguirmos tangibilizar os negócios atuais. As organizações precisam se reinventar para se manter relevantes perante seus consumidores e fornecedores. Em ambientes digitais, esse modelo também é frequentemente afetado, sendo o design uma das áreas mais atuantes para que esse processo ocorra de maneira evolutiva.

Neste cenário, o **Design 5.0** se posiciona de uma forma mais abrangente, integrando novas áreas e agregando ferramentas, tais como criação e otimização de personas, jornadas e personalização, que antes eram utilizadas somente para projetos específicos de design, e não de forma ampla. O profissional da indústria criativa passa a atuar analisando dados, mensurando resultados, estruturando propostas de valor e construindo negócios de valor para as pessoas. Recomenda-se que as organizações revisem seus modelos de negócio e busquem novos motores de crescimento, o que não implica necessariamente em mudanças expressivas na proposta de valor.

HOJE, O DESIGNER PARTICIPA DE DIVERSOS PONTOS DA DEFINIÇÃO DE UM NEGÓCIO.

Ainda sobre a relação entre empresas e pessoas, o papel do designer passa a se desenvolver em torno do negócio na totalidade, não somente na parte que anteriormente era considerada um aspecto visual. Hoje, o designer participa de diversos pontos da definição de um negócio. A popularização do Design Thinking e de técnicas como prototipagem rápida, narrativas visuais e personas evidencia como elementos consagrados do repertório criativo vêm se tornando cada vez mais valorizados nas organizações.

Personas são construídas para compor um perfil que representa um grupo específico de usuários, uma imagem de consumidores ou *stakeholders*, para que a empresa consiga se aproximar de seu público. Essas definições são úteis em todas as etapas do negócio. Mas, ainda hoje, estas informações são, em grande parte, pouco baseadas em fatos e dados concretos ou observação empírica.

Nos capítulos seguintes, você poderá compreender melhor como otimizar personas com base em dados, a partir de exemplos práticos desenvolvidos pelo nosso grupo de pesquisa. Recursos como esse, quando bem utilizados, podem ser valiosos para conquistar o diferencial em negócios digitais, pois são centrados no usuário que se pretende atingir ou já estão atingindo. E profissionais criativos que já têm o conhecimento dessa ferramenta em sua formação de base podem ter a maior carta na manga para negócios na era 5.0, no momento em que aprenderem a empregar dados a seu favor.

Dessa forma, mostra-se relevante aprender a trabalhar com dados, não somente para uso de ferramentas como personas, como veremos mais adiante. Com a popularização do acesso à internet, esta pode ser a chave de entrada para o futuro na maneira como os negócios são feitos, seja no contexto do design, marketing, publicidade ou demais áreas afins da indústria criativa. Grandes empresas já fazem isso com competência e emprego de recursos computacionais avançados, em função do volume de dados que precisam processar para obter resultados. Isso pode assustar negócios menores que não dispõem desse tipo de infraestrutura. Não deveria! Explicaremos como e por que mais adiante.

A ruptura, quanto aos meios de estruturação empresarial provocada pela virtualização, oferece diferentes oportunidades aos negócios e à indústria criativa. Entretanto, parte das empresas e profissionais ainda não sabe muito bem como utilizar a internet a seu favor. Apesar disso, podemos aprender com startups e outras empresas de mindset digital que, na maioria das vezes, são criadas para crescer o mais rápido possível. Para isso, precisam absorver rapidamente as facilidades disponíveis *online*.

Vamos utilizar a rastreabilidade como exemplo. O *tracking* é uma das características intrínsecas do digital e pode ser aproveitado desde a modelagem do negócio, passando pelo desenvolvimento de novos produtos até a melhoria da experiência de uso e consumo. Quase toda forma de ação que o usuário realiza em uma interface digital pode ser rastreada a baixo custo, o que permite à empresa aprender muito sobre o comportamento do usuário e trazer *insights* e dicas valiosas ao negócio.

Esse foi o caso da **Netflix**, plataforma de *streaming* com *mindset* digital e criadora de conteúdos audiovisuais. Para competir com os grandes estúdios e conseguir criar produções de qualidade, a empresa utilizou-se do seu banco de dados para desenvolver conteúdos, despertando o desejo e a necessidade de assinaturas com base no que o consumidor estava procurando. Assim, conseguiu diminuir os riscos e aumentar as oportunidades de obter melhores resultados. Entre 2013 e 2018, a

Ilustração: Giuliano Benedet.

base de assinantes da Netflix cresceu a uma taxa média de 29%, suas receitas aumentaram para uma média de 35% e sua capitalização excedeu US $176 bilhões[8], continuando a crescer a cada ano.

Além das criações, o uso da rastreabilidade para a tomada de decisões está presente de muitas outras maneiras na Netflix. Desde a pré-produção até a organização da agenda, escolha de atores, locações ou como serão feitos os gráficos na pós-produção, todas essas decisões são baseadas em dados. Escolhas que normalmente seriam feitas a partir da experiência da equipe ou da intuição são realizadas conforme combinações e análises para se encaixar no orçamento da produção e gerar os melhores resultados.

Sendo o crescimento o oxigênio dos negócios, o uso inteligente dos dados pode se tornar um dos principais estimuladores para esse crescimento. Ainda mais se esse crescimento for a partir da satisfação do consumidor. Por isso, dados de interação do usuário no negócio digital têm sido descritos como o novo petróleo por executivos e criativos.

O caso relatado mostra como humanizar as soluções ofertadas no digital. Para que isso ocorra, é necessário avaliar constantemente como estão as entregas em relação à proposta de valor, aos produtos e serviços ofertados e às interfaces, preferencialmente por meio de dados, testes e demais formas de experimentação. No digital, normalmente é possível fazer isso de modo mais rápido e barato, principalmente após a popularização das soluções de inteligência artificial.

Mas, embora a proposta de um negócio digital tenha todos esses artifícios racionais à disposição, na maioria das vezes, a criatividade e a empatia humana são difíceis de serem superadas. Walter Longo relembra que a capacidade de analisar de forma empática e de oferecer soluções inovadoras dos profissionais da indústria criativa será ainda mais valiosa em tempos de uso de *Big Data* e Inteligências Digitais. Não se trata de automatizar a criação, mas sim utilizar informações já disponibilizadas pelos consumidores — de forma ética e responsável — para criar produtos que sejam, de fato, relevantes ao público.

Quando negócios e design andam juntos e são suplementados por dados capturados em ambientes digitais, as oportunidades de sucesso aumentam consideravelmente. Especialmente, se as análises forem complementadas por pesquisas qualitativas mais profundas. Isso porque, frequentemente, esses dados são deixados pelo próprio usuário ao navegar pela plataforma da empresa, dando indícios sobre aquilo que ele deseja consumir; portanto, são dados que a concorrência não pode acessar.

Desenvolvimento de negócios enxutos

Por vezes, desde a Indústria 3.0 (e ainda hoje em setores mais tradicionais), estratégias baseadas em criar a solução e empurrá-la ao consumidor funcionam. No entanto, para desenvolver negócios de forma eficiente e em setores mais competitivos, empreendedores têm se apoiado na lógica da experimentação, da descoberta e do desenvolvimento ágil e enxuto[iii] focado no consumidor. Boa parte do mundo dos negócios acredita que esses "novos métodos" são o caminho para a inovação e o desenvolvimento de propostas de valor ao cliente. Nós — os autores deste livro — também acreditamos nisso, como já foi dito no primeiro capítulo. Porém, aproveitamos para lembrar ao designer que essa sempre foi a sua lógica de trabalho.

iii Brown (2010)[9]; Osterwalder et al. (2015)[10]; Ries (2014)[11]; e Sutherland (2014)[12] foram alguns dos autores recentes que reforçaram a ideia de aplicar essa lógica desde a modelagem do negócio.

Para que essa abordagem seja ainda mais útil no cenário 5.0, precisamos ajudar o mercado e os profissionais que nele atuam a perceber, aprimorar e desenvolver as competências apresentadas ao longo deste livro e utilizá-las de forma estratégica, especialmente nos negócios digitais.

Mas o que ainda está sendo feito errado?

Com relação às empresas, podemos observar que em quase todos os setores há uma maior concentração da "digitalização" nos canais de ofertas e vendas. Algumas empresas entendem isso como a tão falada transformação digital. Entretanto, negócios digitais podem ir muito além disso. Há um subaproveitamento de oportunidades, já que a internet oferece uma gama maior de possibilidades para explorar o desenvolvimento de soluções e negócios que vão desde a prototipação até a experimentação, o lançamento e a divulgação.

Vivemos em uma sociedade imediatista e individualista. Este é um fato já demonstrado neste capítulo. Mas a questão reside em como lidamos com isso a partir dos movimentos que surgem dessas características. Não há mais espaço apenas para a antiga propaganda e para o design de varejo, com apenas vantagens de ofertas e preço baixo. O consumidor quer, cada vez mais, personalização de serviços, de preferência em tempo recorde e com um bom atendimento. Pessoas querem comprar de pessoas com propósito e querem ter conexão com os produtos e serviços que consomem.

Outra tendência que caminha nessa mesma linha é a conexão de empresas e consumidores por meio de influenciadores. Esses personagens, de acordo com Lev Manovich[13], emergiram com a participação de negócios de forma mais sistemática nas redes sociais. Eles fazem a ponte entre consumidores e empresas, por meio de seus perfis cuidadosamente planejados e articulados. Muitas vezes, com imagens bem trabalhadas e produzidas por usuários "comuns", mas que possuem uma audiência representativa (em quantidade e qualidade).

Ilustração: Giuliano Benedet.

Os **influenciadores** (ou *influencers*), que mostram suas rotinas em suas narrativas, compartilham suas felicidades e desgostos, criam uma forte conexão com aqueles que os seguem. Dessa forma, quando demonstram algum produto por uma parceria paga com uma empresa, mostram uma tendência à sinceridade em suas avaliações, na demonstração do seu uso e demonstram as suas reais falhas e benefícios. A opinião do influenciador para o público que o acompanha é considerada quase como uma recomendação vinda de um amigo ou familiar próximo, por isso tem grande relevância e leva à conversão.

Outros aspectos a serem analisados por uma empresa como vantagem de ter uma pessoa (ou várias) à frente de sua marca é a conexão direta com o público e a inversão da posição de fala, que deixa de ser a de quem desenvolve o produto para a de quem o usa. A empatia, conceito fundamental do

design thinking, trata sobre tentarmos nos colocar no lugar do outro. Nesse caso, especificamente, no lugar do usuário, do consumidor e neste universo, enquanto somos criadores, também somos usuários e consumidores. Todavia, as percepções de cada usuário podem ser muito diferentes, assim como seus requisitos, desejos e percepções.

Durante a epidemia de coronavírus no Brasil, várias empresas passaram a fortalecer a utilização de seus canais digitais na sua comunicação em função do isolamento social. Uma delas foi o Banco do Brasil, que gravou uma série de vídeos com instruções sobre como realizar transações em seu aplicativo, além de explicar como comprar comida ou remédios online. Essa ação foi voltada para um público particular que demanda muito do atendimento presencial, mas era considerado um grupo de risco e, por isso, não deveria se deslocar até as agências: os idosos. Para ter um enfoque mais empático, quem ensinou a realizar essas tarefas nesses vídeos foi o ator Renato Aragão, com 85 anos à época das gravações. Isso demonstra que a melhor comunicação com o usuário é a mais próxima possível da situação onde ele se encontra, se possível, colocando-se sob os mesmos dilemas enfrentados por ele.

UM LUGAR NÃO, VÁRIOS

Quem não é visto, não é lembrado

Estar presente e visível no mundo *offline* é algo desafiador. Garantir pontos de venda bem localizados, investimento em infraestrutura, funcionários. Enfim, os custos podem ser inúmeros. O mundo online pode ser menos custoso, mas definitivamente deve ser bem planejado. O surgimento constante de novos ambientes e plataformas torna fácil a perda da linguagem apropriada a cada uma e dificulta a criação de um discurso que costure a presença da empresa em todas elas de forma coerente e sinérgica. Ao mesmo tempo, é importante continuar a inovar e acompanhar as mudanças do cenário.

Neste sentido, as redes sociais podem ser o principal canal de comunicação direta com o consumidor, inclusive para prestar serviços de atendimento e suporte de maneira acessível e humana. Existem diversos negócios digitais que se mantêm somente com vendas no Instagram, com recursos como o Instagram Shopping, sem nem mesmo necessitarem de um website próprio. Todavia, para crescer é preciso estar cada vez mais próximo das pessoas, que também frequentam outras redes sociais e consomem outros produtos online, como os de entretenimento.

Em 2020, em meio à pandemia de coronavírus, artistas que estavam impossibilitados de manter a sua agenda regular de shows em decorrência do isolamento social, fizeram apresentações online no mundo inteiro. As lives se tornaram uma febre e havia agendas de shows regulares diariamente. Nessa esteira, muitas empresas aproveitaram a oportunidade para promover campanhas sociais em parceria com os artistas, quase como se estivessem a bater na porta do consumidor, entrando nas suas casas diariamente para dizer: "Oi, ainda estamos aqui!"

Outra dificuldade que negócios digitais também estão enfrentando é a manutenção das presenças nos ambientes online e offline, que devem ser coerentes e igualmente fortalecidas. Nesse contexto, surgem vertentes como o marketing onicanal, design system e DesignOps. Ao pensarmos no fortalecimento do designer e dos profissionais da indústria criativa no mercado e no futuro destas áreas, há uma brecha muito grande para estudo e fortalecimento dessas perspectivas.

De acordo com Philip Kotler, o **marketing onicanal**[iv] (ou *omnichannel*) consiste na prática de integrar múltiplos canais para garantir uma experiência contínua e uniforme ao consumidor. Imagine: você possui um comércio de vestuário com uma loja física e decide também habitar o universo digital. O cliente que vai à loja física pode consultar instantaneamente a rede social da loja e verificar *reviews*, ver uma determinada peça de roupa em uma modelo ou até mesmo outras pessoas reais que estão utilizando aqueles produtos e marcaram o estabelecimento em suas postagens, avaliando-o e mostrando o caimento em diferentes corpos, tons de pele e realidades.

iv No capítulo 3 vamos abordar esse tema em maior profundidade.

Ilustração: Giuliano Benedet.

Seguindo por essa mesma linha, também existem diferentes formas de estar presente no universo online. Cada plataforma exige uma linguagem. Um grande exemplo disso foi a rede social TikTok, que surgiu em 2020 fazendo sucesso com o público adolescente e popularizou uma nova maneira de transmitir conteúdo, utilizando cortes rápidos e muito humor. O conteúdo distribuído na página da empresa no Facebook não necessariamente vai ter a mesma repercussão no TikTok, pois o perfil de usuário de cada rede não costuma ser o mesmo e os formatos devem se adequar, sem perder a coerência da linha de comunicação da empresa.

Para compreender este conceito, basta pensar em situações que vivemos em nossa vida pessoal. Uma mensagem enviada para um amigo em um aplicativo de mensagens não é escrita da mesma forma que em um e-mail de aplicação a uma vaga de emprego. Apesar de ambas as mensagens poderem ser para o mesmo remetente — você —, o canal utilizado e o público que irá recebê-las, muda totalmente a forma como a mensagem é escrita, mesmo que ambas transmitam a sua personalidade em diferentes contextos. Da mesma forma que você deve se adaptar, os negócios digitais também.

Saber adaptar uma linguagem no universo digital é somente um de vários pontos que merecem atenção ao empreender online. Negócios digitais podem e devem ser explorados em seu máximo potencial, mas isso não impede que também apresentem dificuldades, as quais podem ser novidade para muita gente. Colaboradores da indústria, conselheiros executivos e diretores não estão acostumados a desenvolver projetos de inovação, e sim a tomar decisões. Assim, designers e profissionais criativos se destacam por sua forma de pensar e trabalhar.[14]

Abordagens oriundas do design apresentaram e disseminaram a forma de pensar do designer à indústria criativa[v], que hoje constrói estratégias a partir da experiência do cliente, tema do próximo capítulo. Portanto, é desejável que os designers passem a se apoderar de métodos e ferramentas estratégicas oriundas da administração, da ciência e da engenharia para demonstrar o impacto de suas propostas.

v Principais abordagens: Design Thinking, Design Centrado no Usuário e *User Experience*.

Por fim, quanto à apropriação de novas abordagens e ferramentas

Embora essa questão tenha permeado todo o capítulo, precisamos deixar claro nossa visão aqui ao final. Caro leitor, caso você ainda tenha receios de se apropriar de abordagens de outras áreas ou de IAs e demais ferramentas e tecnologias digitais, é importante declarar que reconhecemos a existência de questões éticas e legais que necessitam ser discutidas. No entanto, também entendemos que essas abordagens e tecnologias podem melhorar muito o seu trabalho.

Especificamente com relação às IAs, nossas pesquisas têm demonstrado que a resistência ao seu uso tende a diminuir gradualmente à medida que os criativos percebem sua contribuição na substituição de tarefas de menor valor.

Nossas primeiras experiências científicas com alunos e profissionais revelaram que, mesmo entre aqueles que inicialmente resistiram ao uso de IAs, seja por acreditarem que elas não poderiam apoiar seu trabalho, ou por receios implícitos ou explícitos de serem substituídos, ao implementá-las, passaram a reconhecer a capacidade dessas tecnologias de automatizar tarefas repetitivas, monótonas ou de baixo valor, liberando tempo e recursos para atividades mais significativas e criativas.

Tais discussões sobre ferramentas digitais e inteligência artificial evocam uma interessante analogia mencionada por Steve Jobs em um vídeo da década de 1980. Nele, Jobs cita um estudo publicado na Scientific American que analisava a eficiência de locomoção entre diferentes animais. O artigo destaca o condor como o animal mais eficiente, consumindo a menor quantidade de energia para se deslocar de um ponto a outro. No entanto, ao incluir o desempenho humano utilizando uma bicicleta, o ser humano superou todos os animais em eficiência. Isso demonstra que, como criadores de artefatos, nós, seres humanos, somos capazes de criar ferramentas que nos permitem alcançar feitos extraordinários. Logo, no contexto dos negócios digitais, não é diferente.

A PARTICIPAÇÃO DOS CRIATIVOS NOS NEGÓCIOS DIGITAIS

Nestes capítulos iniciais, buscamos enfatizar que nas duas últimas Revoluções Industriais observou-se uma ampliação da participação dos profissionais criativos nas áreas mais estratégicas de negócios digitais. Para ficar mais claro e conexo às temáticas abordadas neste livro, adaptamos a seguir a matriz criada por Wallet (2023)[15] com quatro quadrantes que representam algumas das áreas onde estes profissionais têm mais atuado.

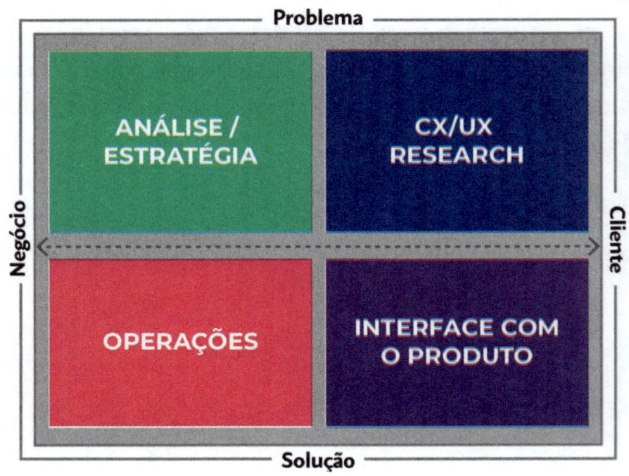

Fonte: Adaptado de Wallet (2023)[15].

Na parte superior, encontramos as áreas mais relacionadas à estratégia e pesquisa, buscando compreender um problema a ser resolvido, de modo a trazer recursos que tornem possível a concepção de uma solução que contemple os objetivos estratégicos do negócio e os desejos de um ou mais nichos de clientes. Por sua vez, na parte inferior, aparecem as áreas mais próximas da gestão e execução operacional das soluções propostas e definidas. São as áreas responsáveis pela construção do artefato, compreendendo e construindo os produtos ou serviços imaginados.

Na Indústria 4.0, já houve um convite aos criativos para extrapolarem sua participação, tradicionalmente, mais ligada à construção da solução e ao cliente (parte direita da matriz), e participarem também de atividades mais ligadas aos problemas e às estratégias de negócio, assumindo um papel de maior relevância nos quadros executivos de negócios digitais (parte esquerda da matriz).

Vale a pena salientar que os quadrantes da matriz apresentada representam macroáreas, nas quais podemos identificar diferentes cargos e atuações que em diversos casos podem atuar em mais de um quadrante concomitantemente. Para exemplificar, Bas Wallet sugere a definição de alguns cargos e os aplica à matriz apresentada.

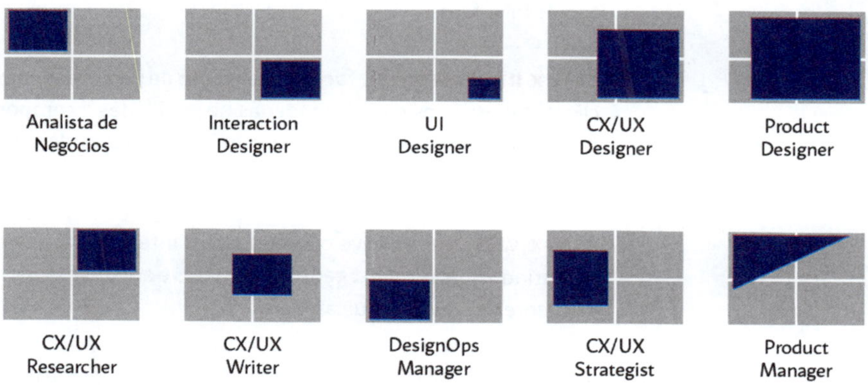

Fonte: Adaptado de Wallet (2023)[15].

Para facilitar sua leitura e compreensão do tema, a seguir listamos de forma bastante simplificada a atuação de cada um desses cargos:

- **ANALISTA DE NEGÓCIOS:** analisa processos e dados para melhorar a eficiência e a tomada de decisões estratégicas do negócio.

- **INTERACTION DESIGNER (DESIGNER DE INTERAÇÃO):** cria interações intuitivas e funcionais entre os usuários e sistemas digitais por meio da definição das melhores soluções para determinado produto de acordo com o público e o contexto de uso.

- **UI DESIGNER:** projeta a interface visual dos produtos digitais, focando na estética e na usabilidade, garantindo consistência e organização na construção de uma solução.

- **CX/UX DESIGNER:** planeja a experiência no digital, visando torná-la intuitiva e gratificante. Isso envolve entender as necessidades dos clientes e usuários, elaborar fluxos de navegação ou jornadas e garantir a harmonia entre funcionalidade e estética.

- **PRODUCT DESIGNER:** tem uma visão mais ampla e holística, unindo habilidades e capacidades de pesquisa, gestão e operação. Ou seja, tem a capacidade de transitar em aspectos de estratégia e negócio, pesquisa com usuário e construção de interfaces.

- **CX/UX RESEARCHER:** foco na realização de pesquisas com clientes e usuários para entender as necessidades e comportamentos, de modo a gerar insumos para tomada de decisões estratégicas e de produto.

- **CX/UX WRITER:** escreve conteúdo para interfaces digitais, garantindo que as mensagens sejam claras e adequadas para os clientes e usuários que as leem.

- **DESIGNOPS MANAGER:** função de gestão. Cria, registra e gerencia processos e recursos da equipe de design, garantindo eficiência e colaboração na implementação dos diferentes processos.

- **CX/UX STRATEGIST:** com uma visão bastante conectada aos objetivos do negócio, planeja e define estratégias que orientam as decisões de design, garantindo que os produtos digitais atendam às necessidades dos usuários e aos objetivos de negócios.

- **PRODUCT MANAGER:** supervisiona o ciclo de vida do produto, da concepção ao lançamento, coordenando equipes e estratégias para atender às necessidades do mercado e dos usuários de acordo com um planejamento prévio.

Como citado anteriormente, alguns cargos acabam atuando de forma mais intensa em algum quadrante, como Designer de interação, UX/CX researcher, DesignOps Manager e Analista de Negócios. Porém, fica claro que a participação não é restrita. Veja que algumas atribuições como UX Writer, UX Designer, Product Designer, UX Strategist e Product Manager atuam de maneira mais transversal e são comumente atribuídas e ocupadas por designer e afins em negócios digitais.

O ponto-chave é: com a transição para a Indústria 5.0, a expectativa é que os profissionais criativos atuem com ainda mais autonomia e responsabilidade sob os resultados, desempenhando funções de liderança e tomando decisões que desempenham um papel crucial em todas as fases evolutivas do empreendimento.

Com base no que foi colocado até o momento e, sobretudo, a partir do quadro que será apresentado a seguir, torna-se evidente que os profissionais criativos desempenham um papel fundamental em todas as fases de desenvolvimento de negócios digitais. No destaque principal do quadro, é possível observar diversos exemplos de como eles frequentemente contribuem para a geração de ideias inovadoras, o design de experiência, o branding, o marketing, o desenvolvimento de conteúdo, os testes e iterações, a promoção de uma cultura de inovação, bem como para as apresentações visando a captação de investimentos e muito mais.

Entretanto, é importante observar e reconhecer também os objetivos, os riscos e o nível de investimento envolvidos em cada estágio do negócio. Pois, devido à falta de experiência ou de conhecimento, os criativos costumam superestimar ou subestimar a sua contribuição.

É importante destacar que o quadro a seguir não pretende abordar exaustivamente o tema ou determinar com precisão a contribuição dos criativos. Nosso objetivo é contextualizar sua participação nos cenários comuns, oferecendo exemplos típicos nas várias etapas dos negócios digitais. Embora o tema esteja em constante investigação em nosso grupo de pesquisa, não afirmamos autoridade nem buscamos fornecer um estado da arte abrangente nas áreas de negócios digitais, investimentos e tópicos relacionados.

ETAPAS COMUNS DE NEGÓCIOS DIGITAIS	VALIDAÇÃO DA IDEIA	MODELAGEM DA SOLUÇÃO E DO NEGÓCIO
Nível e ênfase	Embrionário	Estratégico
Exemplos de atividades técnicas e ferramentas mais utilizadas	Mapeamento de ideias, variações e desdobramentos	Canvas, personas, fit da proposta de valor, protótipos de baixa fidelidade e pitch
Exemplos de tipos de contribuição de criativos	Identificação de problemas, *brainstorms*, refinamento de ideias, pensamento visual	Modelagem de negócio, melhoria da experiência do cliente, humanização da solução e prototipação, projeto de design de interface
Objetivo(s)	Consenso: eleger a(s) variações de ideia mais promissoras	Chancelar, aprimorar e prototipar a solução mais promissora
Principal risco aos sócios	Irrisório	Perder tempo
Tipos mais comuns de investimento	Capital intelectual	*Bootstrapping* e *Crowdfunding*

Fonte:
elaborado pelos
autores do capítulo.

DESENVOLVIMENTO DA SOLUÇÃO E PLANEJAMENTO	LANÇAMENTO	ESCALONAMENTO
Tático e Operacional	Operacional	Todos os níveis
Business Plan, Cap Table, Forecast, Protótipos de maior fidelidade e Programação (código)	Operação de campanhas de marketing e vendas, Gestão ágil para desenvolvimento	Hacks de crescimento, gerenciamento e otimização de processos
Construção de MVPs; Melhorias na experiência (CX, UX e UI); Comportamento do consumidor; Planejamento de comunicação; Marketing e Divulgação, design do serviço	Data Insights; Testes A/B; Melhorias na: navegação, no uso e no consumo da solução; Ampliação das funções do produto e expansão do negócio: clientes/usuários, ampliação do mix de produtos/serviços, novos mercados etc.	Melhoria da experiência em produtos e serviços; Desenvolvimento de novos produtos ou funcionalidades; Criação de novas campanhas de marketing e comunicação; Desenvolvimento de novas estratégias de branding e posicionamento de marca
Demonstrar viabilidade (com métricas baseadas em mercado e nas necessidades específicas do negócio)	Validar a operação (prova de conceito) e gerar as métricas reais do negócio	Escalar a base de clientes, Vender em crescimento exponencial, Fortalecer a marca (autoridade e presença), Aumentar a eficiência operacional
Perder tempo e algum capital	Falência do negócio (comumente causado por subdimensionamento de lastro financeiro)	Não atingimento do ponto de inflexão (comumente causado por: crescimento desordenado e falta de capital, perda de foco e declínio na satisfação dos clientes)
Investimento anjo e *pre-seed*	Capital Semente	Venture Capital (Séries A e B)

Portanto, ao esclarecer o papel dos profissionais criativos na Indústria 5.0 e no âmbito dos negócios digitais, dimensionamos melhor o impacto e a responsabilidade inerentes à sua participação.

NESTE CAPÍTULO A GENTE CITOU:

1 **AGÊNCIA DE NOTÍCIAS IBGE. PNAD Contínua TIC 2016.** Disponível em: https://agenciadenoticias.ibge.gov.br/agencia-sala-de-imprensa/2013-agencia-de-noticias/releases/20073-pnad-continua-tic-2016-94-2-das-pessoas-que-utilizaram-a-internet-o-fizeram-para-trocar-mensagens. Acesso em: 01 abr. 2020.

2 **NÚCLEO DE INFORMAÇÃO E COORDENAÇÃO DO PONTO BR. TIC Domicílios 2018:** pesquisa sobre o uso das tecnologias de informação e comunicação nos domicílios Brasileiros. São Paulo: Cetic-BR, 2019. 392 p. Disponível em: https://www.cetic.br/publicacao/pesquisa-sobre-o-uso-das-tecnologias-de-informacao-e-comunicacao-nos-domicilios-brasileiros-tic-domicilios-2018/.
Acesso em: 4 maio 2020.

3 **BAUMAN**, Zygmunt. **Tempos Líquidos.** Rio de Janeiro: Zahar, 2007. 125 p.

4 **LONGO**, Walter. **O fim da Idade Media e o inicio da Idade Midia**. 2019. 81p.

5 **BIANCHI**, André. **ENDEAVOR:** o futuro dos negócios digitais no Brasil. São Paulo, 10 mar. 2015. Disponível em: https://endeavor.org.br/estrategia-e-gestao/o-futuro-dos-negocios-digitais-no-brasil/. Acesso em: 4 maio 2020.

6 **SEBRAE. 3ª Pesquisa Nacional do Varejo Online.** 2016. Disponível em: https://datasebrae.com.br/wp-content/uploads/2017/03/013_2016_0516_PESQUISAECOMMERCE_V15.pdf.

7 **SEBRAE. 4ª Pesquisa Nacional do Varejo Online.** 2018. Disponível em: https://datasebrae.com.br/wp-content/uploads/2019/04/E-Commerce-Pesquisa-2018.pdf

8 **DANS**, Enrique. **Why everybody wants to be like Netflix.** Forbes, 11 jul. 2018.

9 **BROWN**, Tim. **Design thinking:** uma metodologia poderosa para decretar o fim das velhas ideias. 1 ed. Rio de Janeiro: Elsevier, 2010.

10 **OSTERWALDER**, Alexander; **PIGNEUR**, Yves; **BERNARDA**, Greg; **SMITH**, Alan. **Value Proposition Design:** como criar produtos e serviços que seus clientes desejam. 1 ed. Rio de Janeiro: Alta Books, 2015.

11 **RIES**, Eric. **A Startup Enxuta:** como os empreendedores atuais utilizam a inovação contínua para criar empresas extremamente bem-sucedidas. 1 ed. Rio de Janeiro: Alta Books, 2014.

12 **SUTHERLAND**, Jeff. **Scrum:** a arte de fazer o dobro de trabalho na metade do tempo. 1 ed. Rio de Janeiro: Leya, 2014.

13 **MANOVICH**, Lev. **Instagram and Contemporary Image.** 2017. Disponível em: http://manovich.net/index.php/projects/instagram-and-contemporary-image.

14 **OSTERWALDER**, Alexander et al. **Value proposition design:** how to create products and services customers want. John Wiley & Sons, 2014.

15 **WALLET**, Bas. **Which of the million UX roles suits you best?** A personality type analysis. 2023. Disponível em: https://uxdesign.cc/which-of-the-million-ux-roles-suits-you-best-a-personality-type-analysis-a5c8998e0864. Acesso em: 09 ago. 2023.

3

A EXPERIÊNCIA DO CLIENTE

A EXPERIÊNCIA DO CLIENTE

PATRICK MARTINELLI VEIGA
Doutorando e Mestre em Design pela UFSC.

JÚLIO MONTEIRO TEIXEIRA
Pós-doutorado na School of Industrial Design da Academy of Art University.

"O teatro começa na chapelaria" é uma frase famosa comumente atribuída a Constantin Stanislavski, um dos fundadores do TAM, Teatro de Arte de Moscou (1898). Contextualizando, a chapelaria aqui não se refere a uma fábrica de chapéus, mas sim ao ambiente (localizado próximo à entrada) onde o público da época guardava seus chapéus (símbolo de *status*) para que não atrapalhasse a visualização dos demais. Atualmente, ainda é possível encontrar chapelarias em alguns ambientes, como teatros ou mesmo casas noturnas, com a finalidade de guardar itens como casacos, bolsas, guarda-chuvas etc.

Voltando à história, conta-se que Stanislavski, ao escrever uma carta de elogio a seu funcionário da chapelaria afirmou: "Nosso teatro difere de muitos outros pelo fato de que nossas apresentações começam no minuto em que os membros do público entram no teatro. Pois você é o primeiro a cumprimentá-los."

Não podemos afirmar a veracidade da história, mas podemos afirmar que, se verdadeira, Stanislavski já dominava o tema de experiência do cliente. Poderíamos inclusive ir além, ao afirmar que as apresentações não iniciavam na chapelaria, mas muito antes, na divulgação das peças, na bilheteria, na organização do teatro etc. Fato é que, há muito tempo, a experiência transcende as funções de uso.

No mercado atual, mais do que nunca, o foco deixou de ser simplesmente a funcionalidade do produto, mas sim a experiência emocional e social de consumo e uso. Entende-se que o consumidor não espera mais que o produto ofereça, de forma inequívoca e excepcional, apenas o que se propõe a resolver. Mas que faça isso para atender métricas como eficácia, eficiência e satisfação. Ou seja, o produto não deve apenas funcionar (cumprir seu papel), ele deve encantar seu usuário.

Você já teve problemas com uma impressora? Puxar mais folhas que o necessário, amassar folhas, falhas na impressão mesmo com cartuchos cheios, tintas que acabam muito rápido, cabeças de impressão que entopem são só alguns dos problemas que fazem da impressora um produto amado por sua utilidade e odiado ao mesmo por sua experiência. Ao cumprir sua função, ela facilita muito as atividades de escritório, mas as constantes falhas ou problemas acabam tornando a experiência, de modo geral, desgastante.

Engana-se, porém, quem imagina que a falha de conexão entre função e experiência seja exclusiva do meio analógico. É muito comum no meio digital, registros de reclamações a sites, aplicativos ou *softwares* que, apesar de cumprirem suas demandas, não apresentam uma boa experiência de uso, apresentando fluxos ou nomenclaturas confusas que obrigam o usuário a gastar um tempo maior de aprendizagem ou desistir do uso do sistema.

A experiência é o alicerce da interação e, quando exitosa, tende a atuar como catalisador para todo negócio. Em qualquer ambiente, analógico ou digital, a interação pode (e deve) ser mapeada, monitorada, metrificada e, quando necessário, aprimorada. Nesse quesito, produtos e serviços, especialmente os digitais, podem oferecer uma grande variedade de dados sobre o uso e consumo que podem ser utilizados para a melhoria da experiência do consumidor. A essa experiência dá-se tradicionalmente o nome de "Experiência do Cliente" ou "Experiência do Consumidor", ou ainda, em inglês, **Customer Experience (CX)**.

Antes de prosseguir, vamos apresentar algumas nomenclaturas que percorrerão o capítulo. Neste momento, vamos expor nossa abordagem para os termos **consumidor, usuário, cliente e comprador**. Em um contexto normal e generalista, é comum que se utilize esses termos como sinônimos. Os dicionários mais tradicionais encontrados no Brasil o fazem dessa forma. No dicionário Michaelis online[1], por exemplo, um dos significados do termo "consumidor" é apresentado como "aquele que consome; aquele que compra produtos ou serviços para seu próprio gasto (ou de sua família); comprador, cliente, freguês". Neste livro, em contextos mais generalistas, vamos utilizá-los dessa forma, como um artifício para que o texto se torne mais fluido e com menos repetições. Entretanto, em áreas como o Marketing, Publicidade e Design, ou mesmo em diferentes países, os termos podem assumir definições mais singulares.

Nosso intuito aqui não é o de apresentar todos os termos e suas variâncias em cada contexto, área ou país, mas sim apresentar o que entendemos e utilizamos em nosso dia a dia. E com isso dar a você, leitor, a capacidade de entender melhor as pequenas nuances de cada termo. Vamos iniciar pelo termo mais específico até chegar ao mais genérico.

- **COMPRADOR:** é a pessoa que realiza a compra de um produto ou serviço. Em muitos casos, o consumidor/cliente/usuário é também o comprador, mas não se trata de uma regra. Nem sempre ele é o indivíduo interessado no uso do produto, mas sim a pessoa que efetua a transação e irá efetivar o pagamento. O setor de compras de uma empresa é um exemplo claro, pois com frequência efetiva compras que serão utilizadas por outros setores e pessoas.

- **CLIENTE:** é a tradução para o termo inglês, "Customer", muito utilizado na área do marketing. Apesar do conceito ser bastante semelhante ao da palavra consumidor, normalmente empregamos o termo cliente quando estamos tratando de recorrência e fidelidade. Segundo o Michaelis online, o cliente é um "comprador frequente de um estabelecimento comercial; freguês". Ou seja, é sinônimo de preferência por alguma loja, serviço ou produto específico. Quando falarmos de jornada, vamos utilizar o termo cliente (Jornada do Cliente ou *Customer Journey*), uma vez que objetivamos que as pessoas que percorram tais jornadas se tornem, ao fim dela, clientes (fiéis e recorrentes quando possível).

- **USUÁRIO:** como o nome sugere, é a pessoa que utilizará o produto ou serviço e vivenciará esta experiência de uso. É um termo recorrente nas áreas de design como UX (*User Experience*) e UI (User Interface). Embora possa ser utilizado de forma mais ampla, costuma-se utilizar tal termo quando o foco da jornada é específico nas etapas de uso do produto, não sendo tão relevante, por exemplo, as técnicas ou estratégias de marketing que o levaram até ali (utilização do produto/serviço). Dessa forma, o termo dá grande importância à interação e às métricas de uso que esse usuário poderá gerar para mapeamento, melhorias e descobertas.

- **CONSUMIDOR:** como vimos anteriormente, ele pode ser utilizado como um sinônimo mais generalista. Um "consumidor comprador", quando "consome" informações e compra algo para uso próprio. Um "consumidor cliente" quando se torna freguês de um produto/serviço. Um "consumidor usuário" ao "consumir" (literalmente) um produto/serviço. Ou até mesmo um "consumidor não comprador", quando a compra não pode ser realizada por algum motivo. Um fã da marca Ferrari, por exemplo, pode consumir diversos materiais gratuitos da marca.

Apresentados os termos, podemos dar sequência ao conteúdo, aprofundando a temática na abordagem de "Experiência do Cliente" (Customer Experience).

A ABORDAGEM CX E CS

Pode-se definir Customer Experience como a resposta interna e subjetiva dos clientes a diferentes interações com o negócio, produto ou serviço[2]. CX é, então, a área responsável pelo estudo, criação e gestão de pontos de contato que permitem interações diretas e indiretas, a fim de entregar a melhor experiência.

O contato direto diz respeito às interações ocorridas no decorrer da compra ou uso, geralmente realizadas pelo próprio cliente. Por exemplo, um cliente que acessa o site de uma rede de hotéis para efetuar sua reserva está tendo um contato direto com a plataforma acessada por sua vontade, ou seja, trata-se de uma busca ativa.

Já o contato indireto envolve encontros não planejados ou imaginados, seja em forma de publicidade, recomendações boca a boca, notícias, artigos sobre uso de produtos na internet etc. Um exemplo de contato indireto pode ser um anúncio patrocinado em uma rede social apresentado a esse usuário pelo fato de ele já ter pesquisado a cidade do hotel em buscadores como um possível destino de viagem. Ou seja, apesar da busca pela cidade se caracterizar como um contato direto, a sua consequência — o link patrocinado — é entendida como um contato indireto ou abordagem passiva, pois não houve a intenção daquele consumidor em visualizar o anúncio. Outro exemplo de contato indireto seria a reserva de um hotel efetuada pela agência de turismo em um determinado pacote de viagem. Enquanto o contato do cliente com a agência se caracteriza como um contato direto, os pontos definidos pela agência para montar o pacote (hotel, companhia aérea etc.) são caracterizados como um contato indireto.

Em suma, a equipe de CX tem como centro de atenção a satisfação do consumidor. E para gerir e otimizar este objetivo, utiliza-se de diversas ferramentas de gestão e pesquisa. Neste capítulo, daremos enfoque a uma ferramenta específica que serve como base para a gestão e otimização de todo o processo. Denominada como Mapa da Jornada do Cliente ou *Customer Journey Map*, tem como finalidade mapear os *Touchpoints*[vi] que acontecem durante o processo de compra e/ou uso de um produto ou serviço.

vi *Touchpoints* pode ser traduzido aqui como **pontos de contato** ou **pontos de interação**.

Os *Touchpoints* podem estar distribuídos em ambientes físicos e digitais, ou seja, em qualquer ponto de intermédio entre a empresa e o consumidor durante a jornada de compra e uso do produto ou serviço. É o conjunto dessas percepções e sensações (às vezes ocorridas de forma irracional) vivenciadas pelos clientes que darão origem a um relacionamento entre a empresa e seu consumidor. Quando bem administrada, essa relação poderá gerar um dos bens mais preciosos de uma empresa: o "consumidor embaixador", conhecido também como "consumidor advogado", que além de consumir, indica, defende e promove a marca, o produto e a empresa.

Mas e o Customer Success *(Sucesso do Cliente)*_**? O que faz?**_

CX e CS são áreas com forte conexão. Em algumas empresas, os profissionais trabalham juntos, mas com funções distintas e, em alguns casos, dependendo do tamanho da organização, podem ser uma única equipe realizando atividades das duas áreas. De forma bastante simplória, enquanto CX é mais preocupada com a **satisfação** do cliente durante a jornada, a equipe de CS está atenta à **efetividade do objetivo** dessa jornada. Ou seja, ela trabalha junto à equipe de experiência do cliente para que a jornada seja incrível (satisfação = CX), mas também cumpra com seu propósito, entregue valor e ajude seu cliente a atingir seu objetivo (objetivo concluído = CS).

Vamos a um exemplo. Imagine que você perdeu ou não recebeu o boleto de seu plano de saúde. Qual seu objetivo? Emitir uma segunda via da fatura. Qual a preocupação da equipe de **CS (Sucesso do Cliente)**? Que você receba essa segunda via o mais rápido possível para que você possa cumprir com seu objetivo, o de receber e pagar a fatura. Qual a preocupação da equipe de **CX (Experiência do Cliente)**? Descobrir a melhor forma de realizar essa entrega visando satisfação.

Por isso, reforçamos a necessidade de trabalho em conjunto de ambas as equipes, unindo os conhecimentos e expertises e, com base nos dados fornecidos pelos clientes, definirão os melhores canais de atendimento (telefone, e-mail, reenvio por correios, aplicativo, site, chatbot etc.) e a melhor abordagem e funcionamento de cada um deles. CS perguntaria ao cliente: "A nossa solução está funcionando para você? É a melhor possível?" Enquanto CX questionaria: "Você ficou satisfeito com essa solução? Como podemos melhorar ainda mais?"

CX, UX e UI

Até o momento, tratamos mais da Experiência do Cliente (CX) do que da Experiência do Usuário (em inglês *User Experience* — UX), embora ambas sejam importantes. Então, seguimos em nossa principal missão com este capítulo, abordando o tema experiência de forma clara e didática, buscando desmistificar e clarear muitos dos termos utilizados pelos profissionais.

É bastante comum a confusão de termos e a sobreposição de atividades. Muitas vezes, até para quem já está trabalhando no meio, fica difícil apontar exatamente quando se está trabalhando como CX e quando se assume o papel de UX. Em organizações menores, muitas vezes a mesma equipe (e em alguns casos, a mesma pessoa) acaba assumindo ambos os papéis.

Portanto, na intenção de esclarecer um pouco mais as diferenças e semelhanças, vamos apresentar neste tópico nosso ponto de vista sobre essas abordagens. Mas antes precisamos falar um pouco mais sobre UX. User Experience (UX) ganhou notoriedade e passou a ser amplamente estudada e utilizada a partir das publicações de Donald Norman[vii]. Gradualmente, as abordagens voltadas para UX foram se tornando comuns e evidenciadas principalmente no meio digital, embora não sejam exclusivas a ele. A motivação de processos de design, ancorada na experiência do usuário, de fato, nunca foi exclusividade do digital. No entanto, com a Indústria 4.0 e a transformação que ela impulsionou nas últimas décadas, a abordagem ganhou caminho fértil para maior notoriedade na área. Em síntese, podemos dizer que UX trata de interações.

Como já foi dito neste capítulo, a experiência transcende funções de uso, dessa forma o *User Experience* é englobado pelo conceito de *Customer Experience*. A imagem a seguir esclarece bem a relação entre as abordagens:

vii Algumas das publicações mais relevantes de Donald Norman para a popularização do termo *User Experience*: **User Centered System Design:** New Perspectives on Human-Computer Interaction[3]; **Emotional design**[4] e **Logic versus usage**[5].

Imagem: adaptado de Lowden (2014)[6].

Dessa forma, CX e UX não são exatamente a mesma coisa, nem conjuntos desconexos, ou intersecções parciais em áreas específicas. Mas tudo que existe em *User Experience* pertence ao conjunto denominado *Customer Experience*. Perceba que a oferta de uma empresa, produto ou serviço pode estar presente em diferentes mídias, ter boa comunicação publicitária, uma excelente equipe de vendas e atendimento ao cliente. Mas, se a plataforma criar alguma dificuldade para a conclusão das operações do cliente, todo o *Customer Experience* falha.

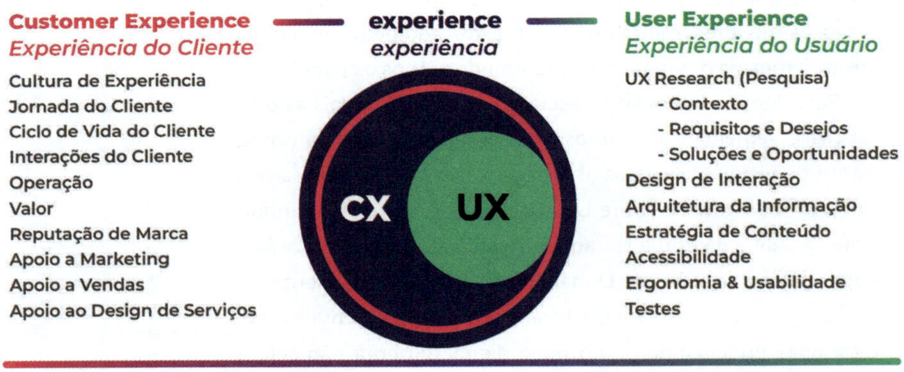

Imagem: elaborada pelos autores do capítulo.

Com relação às interações citadas no parágrafo anterior, podemos dizer que elas por vezes ocorrem durante a experiência de uso — UX —, mas também podem ocorrer ao longo de toda a jornada de consumo — CX[viii]. Diante disso, podemos dizer que, quando as pessoas são bem guiadas durante a interação com as interfaces da jornada, com a navegação em telas ou com o uso do produto, foi realizado um bom trabalho de UX e UI. Opa, UI? Mais um termo? Sim, mas calma, já vamos esclarecer...

viii Essa jornada, como já vimos no início do capítulo, pode ir bem além do uso do produto ou serviço principal.

Enquanto UX está relacionada com a experiência do usuário, contexto de uso, requisitos, desejos e sentimentos, estrutura etc., a UI — *User Interface* — está focada em uma navegação objetiva, na maneira como o usuário alcançará tal experiência e em todo o visual que guiará este processo. Portanto, UI só existe a partir da existência de uma interface (física ou digital), UX não! Em resumo, UI é o meio pelo qual uma pessoa interage e controla um dispositivo.

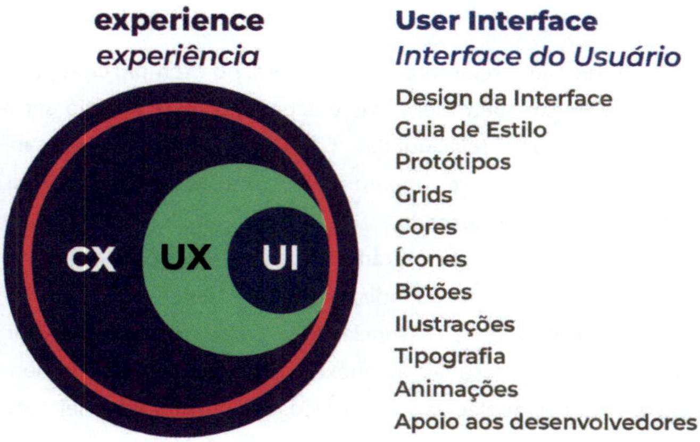

Imagem: elaborada pelos autores do capítulo.

Anteriormente, havíamos abordado uma pequena referência a exemplos utilizando um hotel. A partir daqui, vamos adotá-lo como o exemplo principal deste capítulo e o desdobraremos como forma didática de apresentar os conteúdos. Ainda falaremos de forma mais detalhada sobre a jornada e o passo a passo que nosso cliente percorre durante um processo de compra e uso de um produto ou serviço. Para nós, o que é importante neste exemplo é que você compreenda a visualização de como os conceitos de CX, UX e UI se integram. Enquanto o CX entende e gerencia a jornada como um todo, coordenando os elementos que geram experiência e exigem interação, UX e UI atuam em profundidade no desenvolvimento e aprimoramento de cada um desses elementos. Quer seja em meios digitais (como site, sistema interno ou aplicativo do hotel), quer seja no caso da experiência do usuário em meios físicos (como recepção[ix], quarto ou áreas comuns).

ix Embora já existam redes de hotéis e até pequenos negócios em que a chegada (*check-in*) e saída do hóspede (*check-out*) ocorrem majoritariamente por meio de dispositivos digitais (totens, tablets e demais soluções digitais), preferimos exemplificar com um formato mais tradicional de hotel, para que o leitor entenda que a abordagem de UX não necessariamente envolve UI.

Imagem: elaborada pelos autores do capítulo.

É importante relembrar que, embora, no exemplo citado, as áreas apareçam bem definidas e separadas, elas estarão sempre conectadas e relacionadas. Cada uma delas está constantemente fornecendo e consumindo insumos das outras, para o aprimoramento da jornada.

Neste momento, acreditamos que já tenha ficado evidente ao leitor que UX e UI são indispensáveis ao CX, e que uma boa experiência do cliente é essencial. Mas, para que se possa tomar decisões mais assertivas, a conexão entre os tipos de experiência deve ser estabelecida a partir de dados de interação, seja por meio de protótipos ou interfaces já em situação real de uso e consumo dentro da jornada do cliente.

A JORNADA DO CLIENTE

A jornada do cliente, segundo Nielsen Norman Group[7], é o processo de ponta a ponta que um cliente vivencia para concluir uma tarefa ou objetivo específico ao longo de um período. Para isso, ele pode levar diferentes intervalos de tempo e utilizar diferentes dispositivos e canais de interação, como *desktop*, aplicativos móveis, e-mail, *chat online*, mídia social, mensagem de texto, telefone, quiosques, balcão de atendimento, caixa etc. Tudo isso vai depender da jornada à qual este cliente está imerso.

James Kalbach[8] traz conceitos complementares. Segundo ele, existem três principais concepções, o **Ciclo de vida do cliente**, a **Jornada do Cliente** e os **Planos de Serviço** (*Blueprints* do *Service Design*), sendo cada um deles complementar ao outro em forma de hierarquia, como sugere a imagem a seguir.

Imagem: elaborada pelos autores do capítulo.

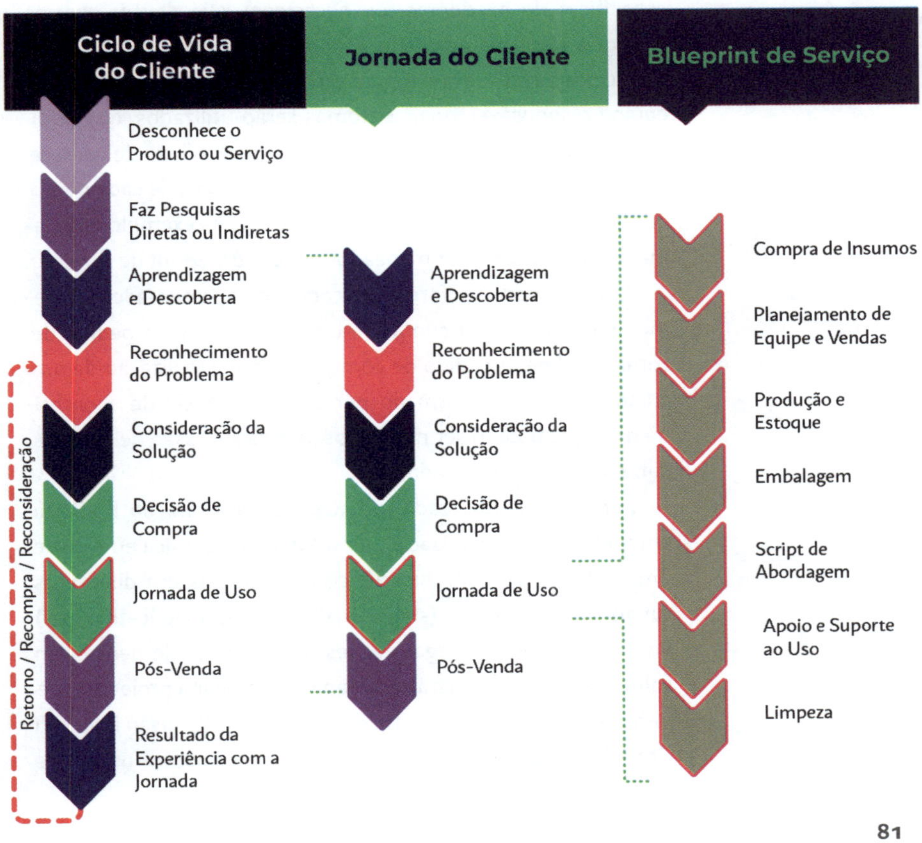

Ou seja, Kalbach visualiza um efeito de escada entre os três elementos. Sendo que: os mapas de ciclo de vida examinam o relacionamento geral de um indivíduo com uma marca ao longo do tempo. O ciclo tem um início, mas não necessariamente tem um fim definido. Enquanto o cliente mantiver sua recorrência, o ciclo continua. As jornadas do cliente estudam a aquisição de uma solução específica e seu período de uso e pós-venda. Ou seja, a jornada do cliente (em seu modelo ideal) ocorre em um período específico com início, meio e fim, independentemente se essa jornada leva 15 minutos ou 150 dias. Em um modelo não ideal, a jornada pode também não ter um fim. Se o possível cliente desistiu de realizar a compra da solução, temos um abandono de jornada. Nesses casos, cabe à equipe descobrir em que ponto (ou pontos) da jornada ocorrem os abandonos e por quais motivos, a fim de mitigar ou corrigir tais fragilidades. Por fim, os planos de serviço (Blueprint) detalham interações específicas de bastidores (ou *backstage*), que devem ocorrer para que a jornada do cliente siga da maneira planejada. Quais operações devem ser realizadas em cada etapa da jornada, qual equipe responsável, quais sistemas serão utilizados, que equipamentos precisam estar funcionando, qual o fluxo de compra junto a fornecedores recorrentes, quais os riscos de cada ponto de contato e como os solucionar são só alguns exemplos de elementos que podem ser mapeados em um Blueprint de serviço.

Assim sendo, conforme os conceitos apresentados, podemos entender que a compra e uso de um tênis, o pedido de comida online, o pedido de comida offline, a realização de um curso, tudo isso é formado por uma sequência de acontecimentos que podem ser mapeados. A essa sucessão de eventos, damos o nome de Jornada.

Para um cliente, cada jornada é uma interação holística entre ele e uma organização, uma experiência única em vez de uma coleção de mini experiências individuais em diferentes canais ou dispositivos (site, e-mail, whatsapp, aplicativo etc.). Por esse motivo, as organizações devem parar de pensar em soluções específicas para cada canal e começar a projetar experiências e jornadas integradas entre os canais (Nielsen Norman Group)[3]. Para abordagens comerciais, que buscam unificar e conectar os canais existentes (digitais e analógicos), dá-se o nome de Omnichannel.

Nesse contexto, um dos grandes desafios é promover jornadas personalizadas para uma grande massa de clientes. E o caminho de sucesso para atendimento em escala envolve clareza quanto aos principais pontos de contato e os principais gatilhos de ação nesses diferentes pontos e diferentes jornadas. Tal clareza permite um melhor planejamento para definição das melhores réguas de comunicação.

Embora não seja o tema central deste capítulo, é interessante compreender que o conceito de *Omnichannel* é composto de diferentes abordagens e evoluções do mercado. Iniciando pelo *Single Channel*, quando as empresas atuavam por um único canal de vendas. Uma empresa vendia apenas pelo meio físico, outra apenas pelo meio digital, uma terceira apenas via *call center* etc.

O segundo passo dessa evolução foi o *Multichannel*, ou seja, múltiplos canais. Uma mesma empresa vendia por mais de um canal, mas ainda de forma separada e não integrada (em alguns casos, com estoque e gestão totalmente distintos).

Posteriormente, chegamos ao *Cross Channel*, canais cruzados, onde existe uma conexão entre meios de atuação e vendas. Um bom exemplo é a possibilidade de efetuar a compra online e fazer a retirada do produto na loja física, mas ainda sem uma integração completa entre todos os canais.

Por fim, chegamos ao *Omnichannel*, que tem como objetivo a total integração entre os canais, conectando de forma única uma jornada. Nesse cenário, aplicativo, *e-commerce*, loja física, chat de atendimento online etc., todos identificam o cliente como a mesma pessoa e sabem exatamente em que ponto do ciclo ela está. Vamos supor que você realizou uma compra no *e-commerce* de uma loja e recebeu o produto em casa, porém ele veio em uma cor diferente da solicitada. Em um modelo *Omnichannel* você teria diversas opções, por exemplo:

1. Ir a uma loja física realizar a troca.

2. Ir a uma loja física e receber o produto correto em casa (caso não houvesse estoque naquela unidade).

3. Fazer contato via telefone na central de atendimentos.

4. Ir ao próprio e-commerce e solicitar a troca.

5. Misturar os atendimentos. Iniciar online e terminar fisicamente.

Em todos os exemplos citados, os atendentes (ou sistema) saberiam o dia da compra, o produto comprado e o que estaria errado no pedido para poder efetuar a troca.

Dito isto e retomando o assunto jornadas, vale salientar que existem diferentes formas de mapear tais jornadas do cliente. Você pode mapear a jornada completa, com os diferentes canais e pontos de contato existentes, pode desenhar apenas uma jornada principal e mais recorrente, pode mapeá-la de forma mais específica (focando em um só canal de vendas), pode limitar o número de canais a dois ou três principais ou mesmo planejar uma jornada ainda inexistente para um produto ou serviço a ser lançado. Tudo isso irá depender de seu objetivo.

JORNADA DO CLIENTE VS. JORNADA DE COMPRA VS. FUNIL DE VENDAS

Muito provavelmente, você já se deparou com desenhos de jornadas horizontais, onde os pontos são mapeados lado a lado, em uma sequência de acontecimentos, e representam a **"Jornada do Cliente"**. Também já deve ter ouvido o termo **"Jornada de Compra"** sendo relacionado (ou não) a outra famosa expressão, o **"Funil de Vendas"** no Marketing. Sim, são conceitos diferentes, cada um com seus objetivos e características, mas estão intimamente conectados. São muitos nomes que facilmente se confundem por suas semelhanças, mas vamos te explicar aqui nossa visão sobre cada um dos elementos.

Podemos começar apresentando a **Jornada de Compra**. Ela é a estrutura onde todos os outros conceitos irão se conectar. Ou seja, de maneira bastante simplória, estamos falando de uma sequência de acontecimentos que ocorrem na compra de um produto ou serviço. Em alguns casos, de maneira mais rápida, podendo durar alguns segundos, outras mais lentas, podendo durar horas, dias ou mesmo meses, dependendo da complexidade e preço daquilo que você estará comprando. O conceito de jornada de compra como conhecemos hoje tem muita influência no modelo AIDA (Atenção, Interesse, Desejo e Ação), citado pela primeira vez por Elias Elmo Lewis, em 1898, e complementado e publicado por Edward Kellogg Strong[9]. Segundo eles, a maioria das compras passa por essas quatro etapas até ser concluída.

Com o passar dos anos, diversos pesquisadores ao redor do mundo aprofundaram e refinaram o modelo de Lewis (AIDA), atribuindo diferentes nomes às etapas ou adicionando mais elementos entre as etapas principais.

Outros estudos relevantes para o cenário atual foram os de John Dewey, em 1910[10], e de James Engel, David Kollat e Rodger Blackwell, em 1968[11]. Neles, as etapas do que chamam de "processo de decisão de compra" são separadas em cinco principais fases, denominadas: Reconhecimento do problema, Busca de informação, avaliação de alternativas, Decisão de compra e Avaliação pós-compra.

No Brasil, as nomenclaturas mais utilizadas para a **jornada de compra** se conectam a tais estudos e são denominadas como:

1. **APRENDIZAGEM E DESCOBERTA:** esta primeira etapa diz respeito ao início do processo. Neste momento o potencial cliente ainda desconhece ou não tem muita certeza sobre uma necessidade. Ou seja, seu interesse ainda é superficial e a possibilidade de compra é baixa. Nesta fase, a melhor estratégia é chamar a atenção do público, fazendo-o perceber que existe um problema.

2. **RECONHECIMENTO DO PROBLEMA:** esta segunda etapa refere-se ao momento em que o cliente começa a reconhecer que tem um problema ou necessidade a ser resolvida, mas ainda não sabe ao certo quais produtos ou serviços específicos poderão solucioná-la.

3. **CONSIDERAÇÃO DA SOLUÇÃO:** nesta terceira etapa, o consumidor já tem maior consciência de seu problema e procura possíveis soluções. Nesta etapa é fundamental nutrir o potencial comprador com informações úteis a ele. Aqui, provavelmente, ele estará comparando produtos, modelos, características, funcionalidades e serviços de forma bem específica para decidir qual deles é a melhor opção.

4. **DECISÃO DE COMPRA:** aqui chegamos ao "Fundo do Funil". Nesta etapa, o consumidor já decidiu pela compra de um produto ou serviço. Cabe a ele, agora, identificar as diferenças e oportunidades oferecidas pelas empresas concorrentes para convencê-lo de que a melhor opção está na loja A ou B. O fim desta etapa é a compra.

Em 1924, William W. Townsend[12] em seu livro, **Bond Salesmanship,** apresenta também um conceito muito relevante para nosso capítulo. É dele a analogia hoje muito popular do "funil de vendas". Ele relaciona o modelo AIDA com a história de um livro sobre um "Horse Wrangler". O termo se refere a um indivíduo envolvido no processo de domesticar, controlar e manusear cavalos. A Analogia faz relação a um processo específico desse profissional, o ato de levar os animais para um recinto específico de forma controlada e organizada. De forma simplificada, constrói-se uma cerca em formato de funil ou "V", por onde os animais são guiados (da parte mais larga para a mais estreita) e se organizam para chegar ao recinto um a um.

Ou seja, dentro de sua perspectiva, as quatro fases da Jornada de Compra podem ser organizadas em forma de funil.

Imagem: elaborada pelos autores do capítulo.

Como você pode notar, o funil é formado por uma parte superior mais larga, representada por um número maior de pessoas que toma conhecimento sobre a existência do seu produto, e uma parte inferior mais estreita, representada por um número menor de pessoas que estão realmente decididas a comprar seu produto. De forma simples, quanto mais para baixo, mais próximo da compra o interessado está.

Quando estamos na fila do supermercado e decidimos comprar uma guloseima ali exposta, estamos passando por todo o funil de venda de forma extremamente rápida e, por vezes, impulsiva. "Descobrimos" a existência dos doces na gôndola (Aprendizagem e descoberta). Sentimos a necessidade de ter uma guloseima para comer enquanto retornamos para casa ou após o almoço/jantar, por exemplo (Reconhecimento do Problema). Pensamos em algumas rápidas variáveis como: se vale a pena ter aquele gasto a mais, se as informações na embalagem (sabor, imagem, frases etc.) agradam, se os ingredientes ou a tabela nutricional seguem o que procuramos e então decidimos qual das opções disponíveis é a que mais agrada no momento (Consideração da Solução). Por fim, decidimos pela compra e botamos o produto em nosso carrinho (Decisão de Compra). Essas reflexões ocorrem de maneira extremamente rápida, em questão de segundos ou poucos minutos. Este tipo de jornada é bastante emocional e impulsiva, orquestrada majoritariamente pelo nosso sistema límbico. Nesse tipo de processo, as fases racionais tendem a influenciar menos, pois o preço ou o impacto da decisão em nossa vida é baixo.

Quando o produto é complexo, por sua vez, a jornada costuma levar mais tempo, podendo durar horas, dias ou mesmo meses. Note que o que torna um produto complexo não é necessariamente o valor dele, embora este seja um fator recorrente. A peça de um modelo específico de carro ou eletrodoméstico pode apresentar um valor baixo, mas você gastará um tempo maior de aprendizagem e descoberta para chegar à conclusão de qual é o modelo exato da peça compatível com seu produto. Outro fato interessante neste exemplo é a **não linearidade da jornada**. Perceba que no exemplo (peça para o carro) você já "reconheceu o problema" de que precisa trocar um determinado componente, mas terá que "subir no funil" para "aprender e descobrir" qual o modelo exato que precisa.

Um exemplo de jornada que costuma ser longa e envolve conectar os fatores emocionais e racionais é a compra de um imóvel. Ainda que se trate de uma oportunidade incrível, dificilmente tomamos uma decisão deste porte em poucas horas. Casa ou apartamento? Quais minhas prioridades? Do que faço questão? Como estão as condições do imóvel? O que é oferecido? É confortável? Qual o valor das taxas e impostos? O que pensa quem já mora neste bairro? O que falam os especialistas? Estas são apenas algumas das perguntas que nos fazemos em meio a uma jornada de compra desse tipo, naturalmente mais longa. Ou seja, o ticket do produto ou o impacto da escolha em nossa vida costuma ter uma relação diretamente proporcional ao tempo que levamos para percorrer a jornada.

Entendido os conceitos de jornada de compra, seguimos em nossa missão de esclarecer as diferentes nomenclaturas encontradas no universo do Marketing Digital. Aliás, **aqui temos um ponto de atenção**, pois é comum que se utilize o termo "Funil de Vendas" para representar tanto esta organização da jornada de compra (aprendizagem e descoberta, reconhecimento do problema, consideração da solução e decisão de compra) em forma de "V", quanto para representar um outro conceito, que aqui iremos apresentar como **"Funil de Vendas do Marketing"**, **"Funil de Conversão"** ou apenas **"Funil do Marketing"**.

O Funil de Marketing é, de forma simplória, uma adaptação da jornada de compra em processos de vendas organizados pelo marketing (Visitante, *Lead*, Oportunidade e Cliente). No digital, principalmente, é possível estabelecer um paralelo entre a jornada de compra e o funil de marketing.

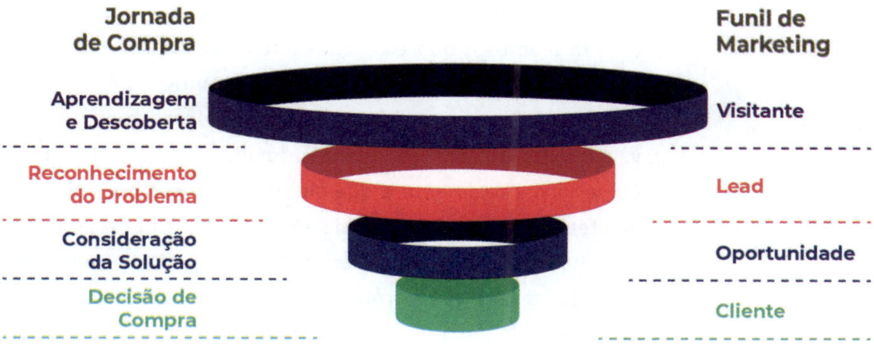

Imagem: elaborada pelos autores do capítulo.

Para cada etapa da jornada de compra, temos uma fase correspondente no funil de marketing. A primeira delas é a de **Visitante**. Nesta etapa, seu conteúdo, sua marca ou até seus produtos e serviços deixaram de ser desconhecidos para o público. Ele visitou sua página, mídia social ou landing page, por exemplo.

A segunda é denominada ***Lead***. O cliente desce para essa camada quando deixa dados de contato interpessoal para a empresa, seja em um cadastro no site, na assinatura de uma newsletter, no preenchimento de um formulário em uma *landing page* etc. A partir desse momento, ele se torna um ***lead*** e autoriza a empresa a "nutri-lo" — termo utilizado para denominar o envio de materiais de possível interesse de seu público (nos capítulos seguintes explicaremos de forma mais específica como isso ocorre). O importante aqui é entender que, a partir do processo de nutrição e de quais materiais nosso *lead* realmente consome, podemos entender melhor quem ele é, quais suas necessidades e o que poderia consumir e comprar dentro de minha gama de ofertas (produtos, serviços, conteúdo etc.). A este processo de aprofundamento sobre o potencial cliente, quanto ao seu interesse de compra, chamamos de **qualificação do *lead***.

Se esse *lead* se mostrou interessado e avançou para a etapa de consideração da solução de sua jornada de compra, ele avança também para a etapa de **Oportunidade** no funil de marketing. Ou seja, ele se tornou uma oportunidade de venda. Nessa etapa, é comum que a equipe de vendas ou o algoritmo de sugestões do *e-commerce* faça abordagens a esse interessado. Ou que sejam enviados materiais de vendas mais incisivos, com descontos e oportunidades diferenciadas que o guiem à próxima etapa da jornada, a decisão de compra.

Se aquele consumidor chegou ao fundo do funil, ele provavelmente não tem mais tantas dúvidas de que seu produto ou serviço é realmente o que ele precisa e tem boas chances de efetuar a compra, tornando-se assim um **Cliente**, o ponto mais baixo do funil de marketing. Isso dará início a novas etapas e processos que normalmente buscam garantir a satisfação e torná-lo fiel à sua marca.

Uma importante tarefa e função do funil de marketing é o registro e análise do volume de interessados que percorreram cada etapa. Com isso, busca-se entender por que avançam, abandonam ou ficam estagnados.

É comum que os sistemas utilizados pelas empresas demonstrem em dashboards, ilustrações ou esquemas como o da imagem a seguir. Nela é possível verificar o cenário e as taxas de conversão (quantas pessoas passam para a próxima etapa). A análise dessas informações torna possível a tomada de decisões estratégicas de forma mais fundamentada, trazendo insumos para o planejamento de metas, otimização ou substituição de campanhas de marketing, planejamento de ações e promoções de venda etc.

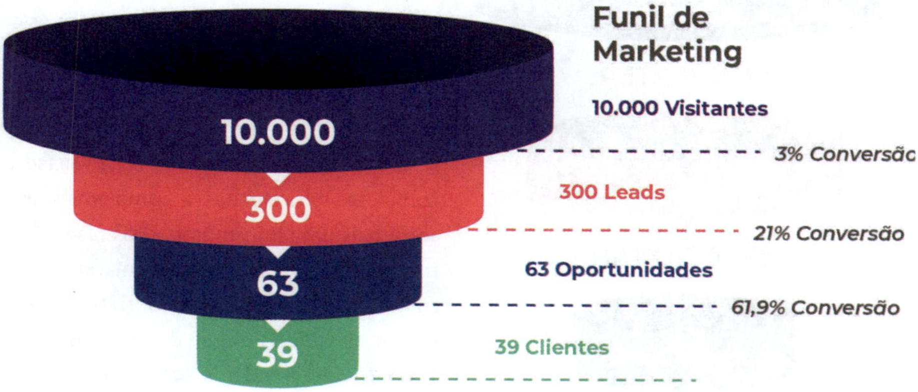

Imagem: elaborada pelos autores do capítulo.

Mais um detalhe do funil de marketing: em muitos casos, é comum que você encontre entre os níveis do funil, as ações que devem ser realizadas para o sucesso da venda.

O primeiro passo então seria **atrair** (ou atração), chamar a atenção de seu público para que eles se tornem visitantes. O segundo passo, após conquistar a atenção do consumidor, é **converter**, ou seja, convencer o consumidor a realizar um cadastro, inscrever-se em uma *newsletter*, preencher um formulário para baixar algum material ou outras formas de fornecer dados que sejam importantes para sua empresa. Uma vez que isso tenha sido realizado, chega a fase de **relacionar**, ou nutrir, como comentamos anteriormente. É a fase de descobrir um pouco mais sobre o cliente para sanar quaisquer dúvidas, convencendo-o de que sua empresa possui as melhores oportunidades para ele. Apresentadas as oportunidades, chega a hora de **vender**, contornando possíveis objeções emocionais ou racionais que o comprador possa apresentar. As últimas fases são posteriores à compra e estão relacionadas ao uso do produto ou serviço, tendo como objetivo tornar aquele consumidor em um cliente recorrente, **encantando, engajando e fidelizando**.

Imagem: elaborada pelos autores do capítulo.

Visualizando e entendendo este cenário de forma completa, você conseguirá planejar suas ações de atração, conversão, relacionamento e vendas para posteriormente trabalhar as questões envolvendo a experiência do cliente (CX) em busca de encantamento, engajamento e fidelização.

Bom, agora a estrutura está quase completa, falta apenas a complementar com mais uma informação: suas fases. O funil de vendas (e também o de marketing) costuma ser dividido por fases relacionadas ao nível de interesse do consumidor: **Topo, Meio e Fundo**. O **topo**, parte mais superficial do funil, é composta por um segmento, o de "aprendizagem e descoberta". O **meio,** por dois segmentos, "reconhecimento do problema" e "consideração da solução". E o **fundo**, com o último segmento, o de "decisão de compra". Embora esta seja a nossa visão sobre o funil, é possível encontrar autores que consideram o "reconhecimento do problema" como pertencente ao topo do funil. De modo prático, o que fará mais diferença serão as estratégias utilizadas em cada um desses segmentos e não o rótulo de topo, meio ou fundo de funil. No capítulo seguinte, aprofundaremos um pouco mais cada uma dessas fases e suas estratégias principais. Por hora, é interessante saber que nas extremidades (superior e inferior) do funil o comportamento humano tende a ser majoritariamente emocional (aprendizagem e descoberta e decisão de compra), enquanto que as fases intermediárias (reconhecimento do problema e consideração da solução) são majoritariamente racionais.

Apresentados os conceitos de funil de vendas, jornada de compra e funil de marketing, chega o momento de conectá-los à **jornada do cliente**. Como já citado neste capítulo, essa é uma

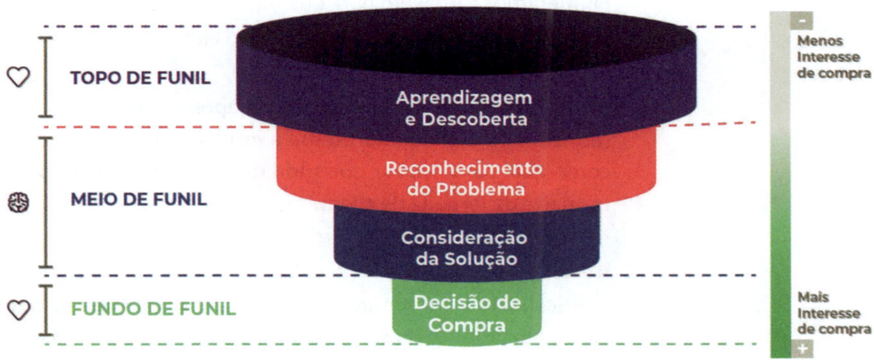

Imagens: elaborada pelos autores do capítulo.

jornada mais ampla e se refere ao processo de ponta a ponta, compreendendo desde o período pré-compra até o pós-compra. É importante salientar, aqui estaremos ilustrando uma jornada bastante simplificada, com finalidade didática, por isso é provável que você sinta falta de alguns pontos que poderiam estar mapeados em uma prática mercadológica mais completa.

Vamos começar pela estrutura:

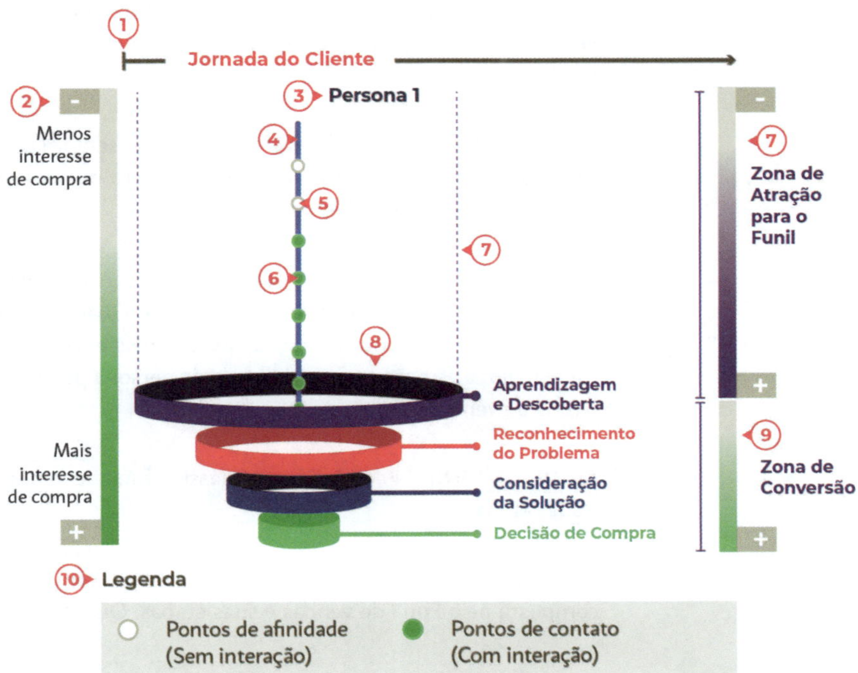

Numeramos a imagem para que fique mais fácil esclarecer o que significa cada um dos elementos. São eles:

1. **LINHA GUIA DE JORNADA:** linha apresentada no eixo X (horizontal). Ela não representa a jornada em si, mas serve como guia para ilustrar que tudo que acontece abaixo dela, faz parte da jornada de cliente.

2. **BARRA DE INTERESSE:** esta barra é apresentada no eixo Y (vertical) e tem como função demonstrar o interesse da persona pelo produto ou serviço. Quanto mais abaixo no eixo Y, mais interesse da persona.

3. **PERSONA:** representa uma persona mapeada pela empresa;

4. **JORNADA DO CLIENTE:** linha que representa a jornada da persona relacionada ao produto ou serviço analisado;

5. **PONTOS DE AFINIDADE:** estes pontos representam afinidade da persona com a temática do produto ou serviço, mas ainda não podem ser considerados pontos de contato, uma vez que não geram relação direta ou indireta com a empresa, produto ou serviço.

6. **PONTOS DE CONTATO:** estes elementos representam pontos onde há interação com a empresa, produto ou serviço, sejam eles diretos ou indiretos.

7. **ZONA DE ATRAÇÃO:** a linha pontilhada e a barra à direita da imagem representam a zona de atração. Quanto mais próxima ao topo, menor a atração, quanto mais próxima ao funil, maior a atração e a possibilidade da persona percorrer o funil de vendas.

8. **FUNIL DE VENDAS:** representa o clássico funil de vendas e suas etapas.

9. **ZONA DE CONVERSÃO:** representa a zona de conversão composta pelo Funil de vendas e suas etapas. Quanto mais

próxima a parte inferior do funil, mais propenso a decidir pela compra.

10. LEGENDA: apresenta as distinções necessárias.

Apresentados os elementos da imagem, podemos agora inserir um exemplo prático ao gráfico. Ele o ajudará a entender a imagem e compreender a conexão entre a jornada do cliente e a jornada de vendas representada pelo funil.

Imagem: elaborada pelos autores do capítulo.

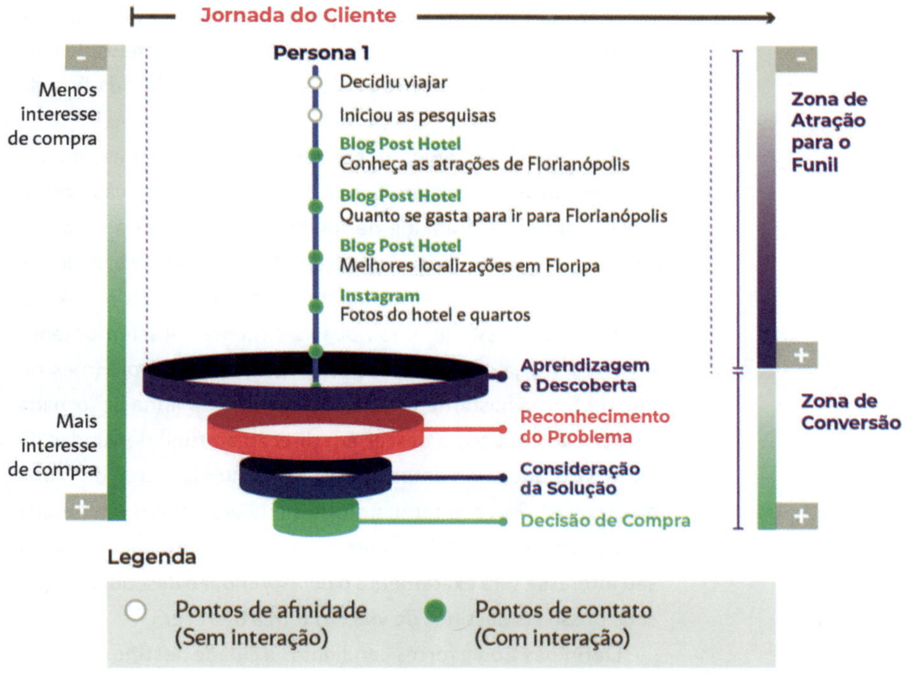

Perceba que adotamos como exemplo a jornada fictícia que simula a jornada de um viajante em férias à procura de uma cidade e posteriormente de um hotel para se hospedar. Como apresentado anteriormente, nossa jornada inicia com pontos de afinidade. Relembrando, os **pontos de afinidade** são momentos da jornada que se conectam à temática do produto ou serviço, mas ainda não podem ser considerados pontos de contato, uma vez que não geram interação direta ou indireta com a empresa, produto ou serviço. Em nosso exemplo, esses são os pontos iniciais da jornada de nosso cliente.

Uma vez que ele tenha agendado suas férias e decidido viajar (sem saber ainda para onde ir), ele se torna um cliente em potencial de lugares para hospedagem (caso de nosso fictício hotel). Porém, trata-se de uma decisão ainda muito pessoal e por isso não conseguimos nos conectar de forma efetiva a sua jornada. Posteriormente, quando ele inicia as pesquisas para decidir seu destino, nosso hotel já pode começar a agir, principalmente no ambiente digital. Apesar de nosso cliente ainda estar em um nível de verificar possibilidades, sem um grande interesse de compra, já é possível iniciar uma tentativa de convencimento referente às belezas e atrações da cidade sede, por exemplo.

Em nosso exemplo, o consumidor acessa uma notícia em um portal de viagens (ainda sem qualquer relação com o hotel) sobre um "Ranking de melhores cidades para viajar no Brasil". Felizmente (em nosso exemplo) Florianópolis, a cidade de nosso hotel, estaria incluída nesse ranking e se tornaria um ponto de interesse de nosso possível cliente. Nesse momento nosso cliente já demonstra algum interesse de compra (mesmo que de forma bastante tímida), por isso nossa linha de jornada começa aos poucos a descer em direção ao funil de vendas. Já dentro do que chamamos em nosso esquema visual de "zona de atração". Perceba também que ele já entrou em uma etapa de **"Aprendizagem e descoberta"**, pois a partir desse momento, seu interesse será exatamente o de "Aprender e descobrir" o que seus possíveis destinos de viagem têm a oferecer.

Definidas 2 ou 3 fortes candidatas a cidade destino de nosso viajante, ele tende então a pesquisar mais sobre cada uma delas para tirar dúvidas e verificar qual mais combina com seus desejos e ambições. Nesse momento, em nosso exemplo, ele faz sua primeira interação com nossa empresa fictícia. Ao pesquisar no buscador, ele encontra um "post blog" do hotel com o título **"Conheça as principais atrações de Florianópolis"**. Caso o conteúdo venha a combinar com os desejos de viagem de nossa persona, aumenta o interesse do viajante pela cidade. Logo, seu nível de atração aumenta e sua linha segue se aproximando do funil de vendas.

Após verificar as atrações e atividades da cidade, nosso potencial hóspede segue uma linha bastante comum neste tipo de jornada e busca entender o quanto gastaria para passar seu período de férias em Florianópolis. Neste momento, é comum que ele busque relatos de outros viajantes, acesse páginas de companhias aéreas ou de transporte rodoviário, assista a vídeos sobre a cidade etc.

Aqui vale um destaque. Esses outros elementos de busca também podem ser incorporados à jornada do cliente, pois ampliam as oportunidades de atração. Ou seja, se sei que meu cliente visualiza os vídeos de um influencer digital específico para verificar se os valores de passar férias em Florianópolis se enquadram ao seu orçamento, posso iniciar algum tipo de parceria com esse influenciador para que meu cliente já tome conhecimento sobre a existência de meu hotel. O mesmo valeria para anúncios dentro de sites externos (comparador de preços de passagem, site de revistas específicas do setor, blogs de viagem etc.).

Voltando a nosso exemplo, nossa persona avança para uma sugestão do próprio blog do hotel com o título **"Quanto se gasta para ir a Florianópolis?"** (Ponto de contato 2). Embora seja normal que nosso consumidor também vá procurar informações em outros lugares, é extremamente valioso para ele que o hotel entregue respostas úteis às suas dúvidas emergenciais. Ao fazer isso, a marca estreita o relacionamento e fortalece sua autoridade.

Continuando, após verificar que os custos com a viagem caberiam em seu orçamento e sentindo-se mais convencido de que seria o destino escolhido, nosso interessado começa uma busca pelas melhores localizações para se hospedar. Nesta etapa, ele busca conectar suas necessidades e objetivos a uma localização geográfica favorável, que demande o menor esforço e custo de deslocamento para que possa realizar as atividades e passeios de seu interesse.

Em nosso exemplo, ele consome mais uma possibilidade de material existente sobre o nosso hotel, agora com foco em mostrar que, além de todas as vantagens do serviço de hotelaria, o hotel estaria muito bem localizado. Assim sendo, ele faz a leitura do artigo **"Melhores localizações para se hospedar em Floripa"** (Ponto de Contato 3) e se convence de que o hotel em questão é realmente uma ótima opção. Neste nível, ele já apresenta uma conexão com a empresa hoteleira e percebe relevância em seus materiais, estando cada vez mais próximo de seu funil de vendas.

A cada detalhe a mais que procura descobrir, como fotos dos ambientes, horários de atividade, tipos de serviços prestados no hotel, áreas de lazer etc. mais se conecta ao funil, podendo então vivenciar os próximos passos de sua jornada de compra (Reconhecimento do Problema, Consideração da Solução e Decisão de compra).

Nosso exemplo, como citado, é bastante simplório e tem uma função didática, assim como os exemplos de conteúdo apresentados. Um maior relacionamento entre conteúdo e o processo de vendas você poderá conferir nos capítulos seguintes deste livro. Outro aspecto que vale ressaltar neste momento é o fato de que não obrigatoriamente nossa Persona 01 precisa percorrer todos os *touchpoints* (pontos de contato) planejados ou mapeados para só então se aprofundar no funil. O potencial hóspede pode conhecer os conteúdos e as ofertas disponíveis em diferentes momentos da jornada de compra, entrando no topo, no meio ou no fundo do funil de marketing.

Ou seja, em sua jornada ele pode pular e adicionar etapas. O mais importante para a venda é que ele sempre seja estimulado a descer no funil. Mas vá com cuidado, pois, quando falamos em jornada, falamos não apenas em venda, mas também em experiência. Por vezes, a insistência excessiva e o estímulo não planejado podem soar como incômodo a este consumidor, que ao invés de se aprofundar no funil, acaba abandonando a jornada.

Seguindo a explicação de nosso esquema visual, gostaríamos de ilustrar também (figura a seguir) que em um mesmo negócio é bastante comum que não tenhamos apenas uma jornada ou apenas uma persona. Como você já começou a ver durante a leitura deste livro, um mesmo negócio pode ter diferentes grupos de pessoas com características e objetivos semelhantes. Para cada um destes grupos, desenhamos uma pessoa fictícia que os representa, a Persona. Assim sendo, podemos ter jornadas diferentes para cada persona, cada qual potencializando as características procuradas por cada grupo.

Uma persona 1, por exemplo, poderia representar o grupo de pessoas em uma situação semelhante à já apresentada em nosso exemplo: pessoas em férias (ou família em férias) que

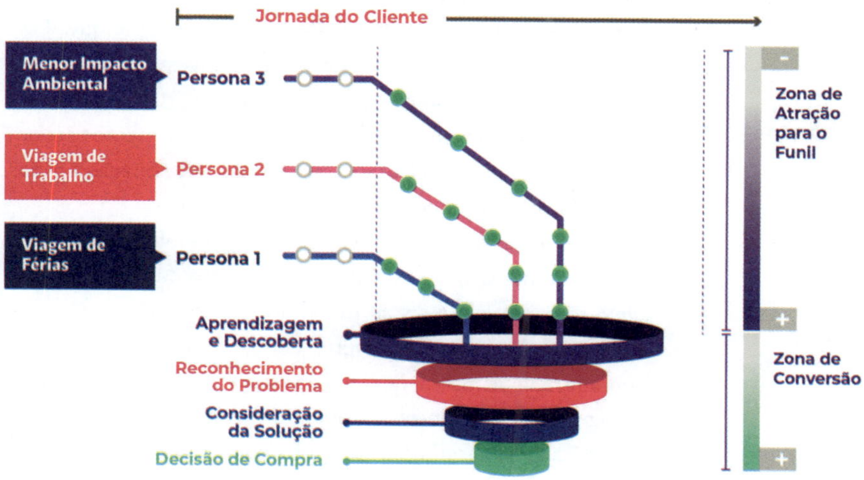

Imagem: elaborada pelos autores do capítulo.

gostariam de viajar para Florianópolis. Uma persona 2 poderia representar o grupo de pessoas que estão procurando um lugar para se hospedar para viagens de trabalho. E uma terceira persona poderia contemplar um grupo de pessoas preocupadas em se hospedar em um ambiente com o menor impacto ambiental possível, preocupadas com o conceito de sustentabilidade, energia solar, reuso de água etc.

Com o estudo frequente dos dados e do dia a dia das empresas, podemos observar grupos mais ou menos conectados com o posicionamento de mercado e o que ele tem a oferecer. É comum no ramo hoteleiro, por exemplo, que existam hotéis focados no público de trabalho e negócios, outros no público de férias, no turismo de eventos, viagens de longo prazo, viagens de curta duração etc. Cada um desses hotéis pode atender todos os outros públicos em seu dia a dia, mas tende a ter mais sucesso no marketing se entender em profundidade as demandas de cada grupo e conduzi-los por meio de jornadas específicas e diferenciadas.

O importante para nós neste momento é que você entenda que existem estes diferentes perfis de público e que, em nosso gráfico, eles são representados mais próximos ou mais afastados do funil de vendas de acordo com sua força de interesse naquele produto ou serviço. Em nosso exemplo, a Persona 1 seria nosso público principal (viajante em férias). Por quê? Pois em nossa simulação, nosso hotel fictício investe mais em seu marketing para temáticas que agradam este grupo de pessoas. Neste caso, provavelmente seus maiores investimentos seriam em mídia paga para palavras e campanhas relacionadas a férias, diversão, atividades no próprio hotel, descanso etc.

Naturalmente a persona 1 tende a ter mais interesse no hotel, afinal a comunicação é voltada para ela e seus desejos e por isso ela é representada mais ao fundo do gráfico, mais próxima ao funil (mais interesse de compra), enquanto a persona 3 é apresentada mais acima (menor atração e mais distante do funil), pois o foco de nosso estabelecimento fictício não está em comunicar para essa persona, embora ela também possa ser um público.

Até o momento, explicamos de forma geral sobre a **jornada do cliente** e aprofundamos um pouco mais em **Jornada de Compra** e **Funil de Vendas do Marketing,** por entendermos que existem muitas dúvidas e confusões relacionadas a tais temáticas.

Passada a jornada de compra e o funil de vendas, chegamos ao momento de maior conexão com o nome dado a este capítulo, a experiência do cliente. Afinal, **após** a compra, chega o momento de uso do produto ou serviço. Aqui, alguns autores gostam de utilizar o nome **Jornada do Usuário**, embora esse processo de uso continue sendo caracterizado como uma parte da Jornada do Cliente.

Ao voltarmos ao nosso exemplo hoteleiro, poderemos ter diferentes possibilidades de composição de elementos de experiência a cada ponto de contato em sua jornada. Na escolha do destino, por exemplo, o hotel pode atuar em prol da cidade onde se localiza, buscando encantar e convencer o usuário de

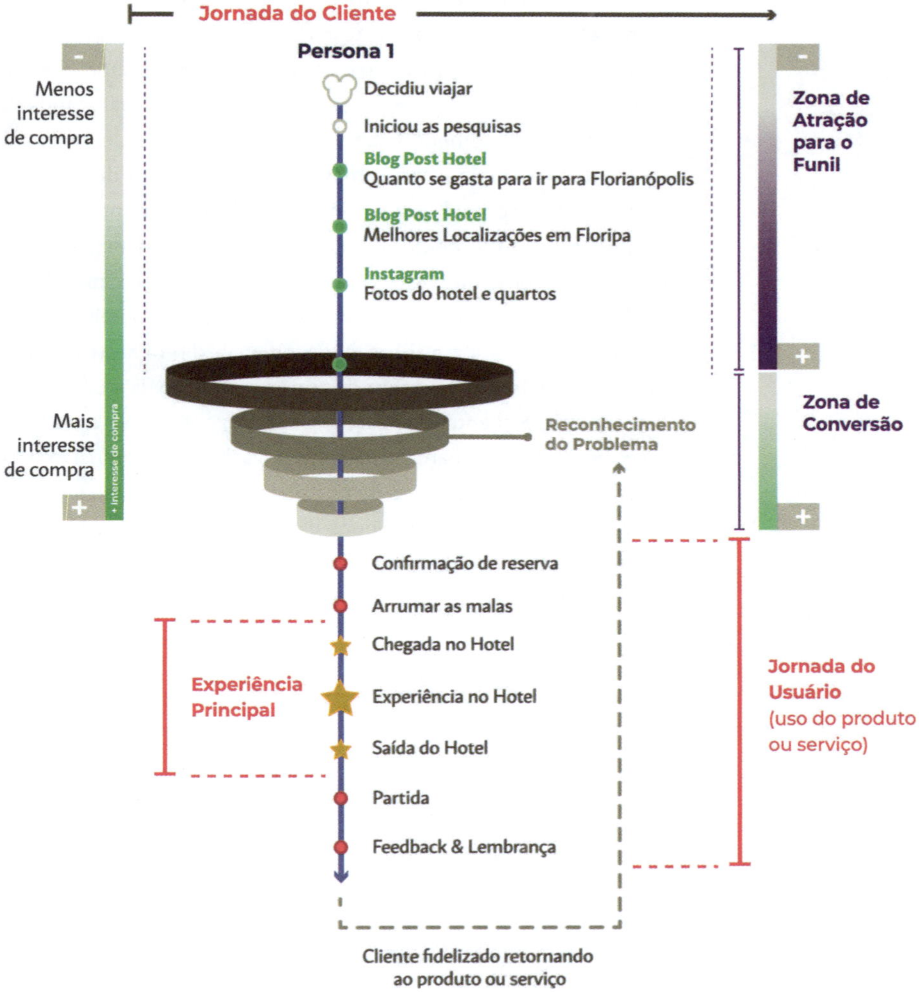

Imagem: elaborada pelos autores do capítulo.

seu destino a visitar essa localidade. Para isso, poderá se utilizar de campanhas com grande apelo visual e sonoro (como um vídeo). Dependendo da abordagem e do roteiro criado, poderá também se utilizar de uma abordagem emocional, como humor, romantismo, afeto familiar etc. Em momentos pós-compra, conhecendo suas personas e seus estilos de vida, poderá propor atividades coletivas entre os hóspedes, como caminhada, sessão de ioga, campeonato de futebol, bingo etc.

O importante neste momento é notar que a experiência transpassa toda a jornada e se torna um elemento interveniente no aspecto de convencimento e compra. Ou seja, embora haja um maior nível de interação e experiência (em uma grande parte dos casos) no período de uso, é bastante indicado que se tenha total domínio, conhecimento e planejamento de como o processo de compra está guiando, em nível experiencial, seu cliente até este momento. Em caso de experiências negativas, podemos ter um ponto-chave de abandono ou fuga da jornada.

Um exemplo recorrente, com a popularização do aplicativo Whatsapp no Brasil, é a abordagem comercial direta neste canal de vendas. E este é um ponto de extrema atenção. Em um aplicativo, onde o cliente está acostumado a manter seus amigos e conhecidos, pode parecer bastante invasivo e até ofensivo o recebimento de mensagens de pessoas e empresas às quais ele não conhece gerando, em alguns casos, uma percepção inicial negativa e uma desconfiança em relação àquela marca e dos modos utilizados para conseguir seu número pessoal de contato.

OS PRINCIPAIS TIPOS DE EXPERIÊNCIA

Entender os tipos de experiência se torna um aspecto relevante, uma vez que desenvolve o senso crítico e criativo ao pensar sobre uma jornada e seus pontos de contato. Que tipo de experiência está sendo vivenciada neste ponto da jornada? Como posso melhorá-la? Existe algum outro tipo de experiência que eu possa explorar? Qual a melhor forma de combinar tipos diferentes de experiências em uma interação? Ao saber distinguir os principais grupos de experiências, as respostas tendem a se tornar mais precisas e inovadoras, pois se torna possível, de forma racional e propositiva, refinar interações conectando diferentes tipos de experiências para cada passo da jornada.

Alguns autores — Schmitt (1999)[13] e posteriormente Gentile, Spiller e Noci (2007)[14] — classificaram a experiência em seis principais tipos: sensorial, emocional, cognitiva, pragmática, de estilo de vida e relacional.

- **SENSORIAL:** invoca um ou mais dos cinco sentidos (audição, visão, olfato, paladar e tato), com a finalidade de despertar conceitos relacionados à estética, ao prazer, à emoção, à satisfação etc. Exemplos bem-sucedidos desse tipo de abordagem são as "lojas conceito", comumente (mas não exclusivamente) utilizadas por marcas ligadas ao varejo.

- **EMOCIONAL:** é o componente da experiência que envolve o sistema afetivo por meio da geração de humores, emoções e sentimentos. Campanhas, produtos ou ofertas são capazes de gerar uma experiência emocional para criar uma relação afetiva com a marca ou determinado produto. Campanhas que trabalham com datas especiais, como dia dos pais ou das mães, levantam uma bandeira frente a algum aspecto social ou remetem à nostalgia, com o relançamento de produtos antigos, são bons exemplos desse elemento.

- **COGNITIVA:** um elemento conectado ao pensamento ou processos mentais conscientes. Uma experiência cognitiva pode envolver os clientes no uso de sua criatividade ou em situações que envolvam a solução de pequenos problemas. Lego, Play-doh ou mesmo jogos de videogame ou tabuleiro são exemplos de experiências que conectam o usuário de forma bastante intensa. Além desse aspecto, o componente cognitivo engloba também campanhas, produtos ou serviços que levam o consumidor a rever algum conceito. Exemplo desse tipo de abordagem são marcas que baniram o uso de canudos de plástico em prol de uma causa maior: a preservação marinha e a sustentabilidade.

- **PRAGMÁTICA:** proveniente da experiência relacionada ao ato prático de fazer algo. Nesse sentido, o componente pragmático se conecta de forma bastante forte ao conceito de usabilidade. Uma marca famosa pela experiência de uso é a Apple, e aqui não tratamos apenas do sistema operacional, mas de toda a experiência na jornada de compra, desde a loja, as embalagens até os acabamentos etc. Esse elemento não se refere apenas ao uso do produto e seu estágio pós-compra, mas se estende também a todos os estágios do ciclo de vida do produto.

- **DE ESTILO DE VIDA:** componente relacionado à afirmação do sistema de valores e das crenças, muitas vezes por meio da adoção de um estilo de vida e de comportamentos. Frequentemente, as campanhas ou o propósito de uma empresa podem afetar o modo como ela é vista por parte da audiência. Os consumidores se preocupam com a origem dos produtos, por exemplo, com uma cadeia produtiva livre de exploração ou testes em animais, ou ainda quais influenciadores defendem a marca, o tipo de linguagem utilizado e as bandeiras que a empresa defende. Ou seja, está relacionado a gerar experiências que combinem com o estilo de vida do usuário, seja promovendo algum evento em uma área de interesse, seja apenas os apoiando em uma causa que seja de seu interesse.

- **RELACIONAL:** um elemento que relaciona pessoas além do seu contexto social de forma singular. Promoções que envolvam o consumo coletivo de produtos ou serviços são representadas por esse componente. Parques como Disney ou Beto Carrero trabalham muito com esse tipo de experiência coletiva. Harley Davidson também é famosa pelo incentivo ao consumo coletivo de uma comunidade apaixonada por um propósito. Por outro lado, produtos como roupas ou acessórios também podem permitir esse tipo de experiência, uma vez que frequentemente são eles que conectam a pessoa à sua comunidade, induzindo um sentimento de pertencimento e identidade.

Nota-se que não se trata exatamente de uma classificação restritiva de tipos de experiência, uma vez que podem ser misturados para a criação de experiências mais completas e abrangentes.

Como estamos trabalhando o capítulo com a temática de viagens e hotéis, façamos um exercício rápido. Tente lembrar de sua última viagem de lazer. Qual a sua primeira lembrança?

Muito dificilmente o que sua memória recuperou tenha sido um relato minuciosamente detalhado envolvendo horários exatos, o que comeu de café da manhã antes de embarcar, o nome do(a) recepcionista, a cor da roupa que você estava vestindo ou mesmo o número do quarto no qual se hospedou, não é mesmo? É possível, sim, que você se lembre de muitos desses detalhes com um esforço um pouco maior, mas provavelmente não foi o que de imediato surgiu à sua mente.

Mesmo com todas as pesquisas envolvendo o cérebro e nossas memórias, ainda hoje é difícil definir com certeza e precisão o que tornará uma experiência memorável. Ainda assim, entende-se que **"experiências de pico"** apresentam um maior potencial de serem lembradas. Pensadores como Maslow, Laski e Thorne foram pioneiros em estudar esse fenômeno. Suas publicações eram complementares umas às outras e definiam esse tipo de momento como uma situação reconhecidamente incomum, inesperada, rara, valiosa, capaz de gerar sentimentos e emoções positivas, de felicidade e realização, atingindo ou superando as expectativas criadas para o momento.

E vale destacar: esse fenômeno acontece da mesma forma, para momentos felizes ou de profunda frustração, que acabam por gerar grande estresse, tristeza ou irritabilidade. Por não irem ao encontro das expectativas criadas para a situação, acabam nos surpreendendo como algo relativamente "incomum, inesperado, raro, capaz de gerar sentimentos e emoções", mas dessa vez, no espectro negativo.

Os estudos guiados principalmente por Daniel Kahneman[15], ganhador do prêmio Nobel de economia de 2002, e Barbara Fredrickson deram a esses eventos que relacionam experiências a topos e vales o nome de "Regra de Pico e Término" ou "*Peak and End Rule*".

Ou seja, a regra do pico e término é uma heurística psicológica na qual as pessoas avaliam uma experiência principalmente com base em como se sentiram no seu pico (ou seja, no ponto mais intenso) e no seu fim, em vez de considerarem a soma total ou a média de cada momento da experiência.

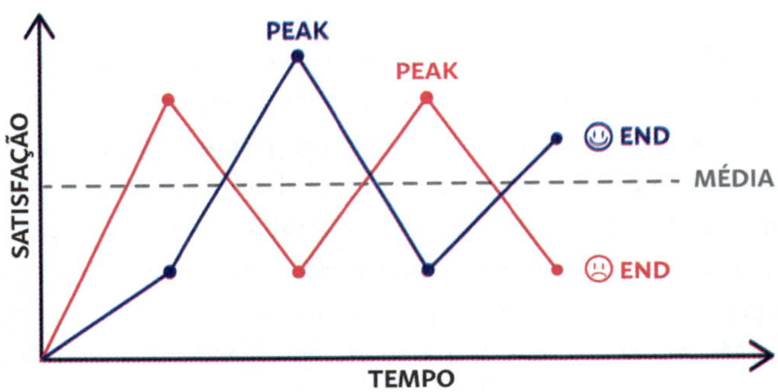

Imagem: elaborada pelos autores do capítulo.

PEAK AND END RULE

A regra em questão foi nomeada com base em resultados de diversos estudos e testes anteriores, envolvendo diferentes autores, sendo o mais icônico deles uma pesquisa liderada por Daniel Kahneman e Barbara Fredrickson em 1993[16]. De forma bastante resumida, envolvia um teste simples dividido em 3 etapas principais:

- Na primeira etapa, os participantes eram convidados a manter **uma das mãos imersa em água a 14°C por 60 segundos**.

- Na segunda etapa, o desafio era imergir a outra mão por 60 segundos em água a 14°C, mais 30 segundos com um aumento da temperatura para 15°C, **totalizando 90 segundos.**

- Na última etapa, os participantes eram convidados a repetir um dos dois processos anteriores, sendo que poderiam escolher com base em sua preferência.

O resultado da pesquisa? A maioria dos participantes preferiu repetir o segundo procedimento, mesmo sendo mais longo. Com isso, os autores notaram que uma melhora, mesmo que pequena, ao final de uma experiência, muda radicalmente a percepção do usuário sobre o período. Ou seja, segundo os autores, nosso cérebro tende a se "apegar" aos aspectos positivos de uma experiência, mesmo que para isso precise negligenciar outros aspectos, no caso do experimento, o tempo adicional. Após essa pesquisa, diversas outras foram realizadas (algumas delas relatadas no estudo de 2000), obtendo sempre resultados semelhantes. Dentre os diversos estudos realizados sobre o tema, o elemento rotineiramente deixado de lado pelos participantes é o tempo. Ou seja, em grande parte das experiências, inclusive as positivas, o usuário vai preferir aquela em que percebe uma maior dose de sentimentos positivos, independentemente de quanto dure.

Em nosso exemplo, ao chegar no quarto do hotel, por mais que o ambiente estivesse claramente limpo, você encontrou uma barata morta próxima ao banheiro. Qual seria a solução ideal?

A mais rápida seria que alguém da equipe de limpeza retirasse o inseto. Mas, provavelmente, a melhor percepção de experiência não estaria relacionada somente à agilidade da equipe, mas sim ao sentimento de preocupação do hotel com sua estadia.

Um bom exemplo de solução para a problemática anterior seria oferecer um novo quarto. Apesar de causar algum incômodo por ter que se deslocar até outro local, a sensação é a de um ambiente completamente limpo e sem novos inconvenientes. Outro exemplo seria convidar você a tomar algo (pago pelo hotel) no restaurante, enquanto a equipe de limpeza higieniza completamente o quarto. Neste ponto, um reforço no difusor de ambientes e a troca de toalhas e roupas de cama também seriam uma estratégia válida para que, ao retornar ao quarto, o hóspede tivesse a certeza e a percepção de que o ambiente realmente havia sido completamente limpo. Note, é uma solução menos imediatista, mas que agrega um nível de empatia maior e, de acordo com os resultados da regra de Pico e Término, provavelmente agradaria mais o cliente.

Nesse mesmo sentido, Hui, Meyvis e Assael[17], em suas pesquisas, descobriram que a avaliação do quintil final possuía quatro vezes mais peso para a avaliação geral do público. Eles observaram que, para programas de TV, os momentos finais poderiam determinar a avaliação geral de seus espectadores referente ao programa como um todo.

Como isso tudo se relaciona com a temática deste capítulo? Bom, já comentamos que *Customer Experience* (CX) envolve estudo, criação e gestão do conjunto de interações diretas e indiretas ocorridas em diferentes pontos de contato. É aí que algumas das regras que guiam o universo da experiência se conectam ao nosso tema. A Peak-End é uma delas. Esta regra indica que, ao planejarmos uma jornada, devemos dar grande ênfase em experiências de ponta (início e fim) e pico, pois são fundamentais e desempenham um papel importante na interpretação e avaliação geral de um usuário.

Fica clara a necessidade de informações e interpretações sobre diversos pontos para a criação de uma experiência exitosa, seja ela online ou offline. Algumas informações precisam estar dispostas sobre a mesa para que se possa planejar uma experiência memorável, tais como objetivos do negócio, uma visão geral das partes interessadas com uma descrição detalhada das personas envolvidas e os pontos de contato da jornada.

Embora a regra em si não defina exatamente como fazer uma grande experiência, nós tomamos a liberdade de elencar alguns pontos importantes que poderão ajudar a compor uma experiência memorável.

10 Estratégias, vivências e insights relacionados à construção de experiência

Chegando ao fim deste capítulo de experiência, não poderiam faltar algumas dicas, estratégias e opiniões para que você possa refletir e gerar insights para sua jornada pensando na otimização da experiência de seu projeto ou negócio. Claro, talvez nem tudo o que foi citado aqui se encaixe perfeitamente em sua realidade. Modifique, personalize, adapte. O importante é não esquecer de entregar o melhor possível ao seu cliente.

1. IDENTIFICAR AÇÕES QUE TENHAM UM PICO POSITIVO.

Identificar o que o cliente gosta e potencializar esse ponto de contato para ele e para os próximos usuários é uma ótima estratégia. Picos e fins têm mais importância (em avaliações globais de experiências) do que outros momentos, então os esforços gastos para otimizar tais oportunidades tendem a ter um retorno maior do que os esforços gastos para otimizar outros momentos.[18] Em qual local do estabelecimento os clientes costumam bater fotos e postar em suas redes sociais? O que os clientes costumam elogiar? O que apontam como um diferencial? O que mais gostaram no produto ou serviço? Essas respostas trazem um grande e valioso material e trabalho e podem ser conseguidas de diferentes formas. Um grupo focal reunindo alguns clientes recorrentes poderia ser uma opção. Um questionário de avaliação ao final do serviço (ou uso do produto) seria uma segunda alternativa. É muito importante que você consiga metrificar sua jornada, identificando pontos de força e fraqueza que possam ser trabalhados e otimizados. Mas tome cuidado, esse foco em mensuração não deve nunca prejudicar a experiência; busque um equilíbrio.

2. CORRIGIR OU SUAVIZAR PICOS NEGATIVOS.

Tem conhecimento de problemas recorrentes? Tente conhecer mais sobre cada um deles. O que causa? Qual a solução ideal? Quem pode resolver? Conhecer bem suas fraquezas é a melhor forma de saber lidar com elas. Crie um ranking de urgência e ataque primeiro aquelas problemáticas que mais prejudicam sua jornada. Se não for possível eliminá-las, verifique se existe alguma forma de suavizar essa dor. Uma famosa história sobre a origem dos espelhos nos elevadores cabe bastante bem neste tópico. Conta-se que duas das principais dores relacionadas aos primeiros elevadores de prédios maiores eram sua velocidade e seu tamanho. Os usuários reclamavam que demoravam muito até chegar ao destino e que as cabines eram sempre muito apertadas. Impossibilitados de aumentar a velocidade e o tamanho dos elevadores por questões técnicas e de segurança, os responsáveis decidiram "suavizar o pico negativo" da experiência. Adicionando um espelho à cabine do elevador, solucionaram paliativamente os dois problemas, ampliando a sensação de espaço e inserindo um fator de distração (se olhar, se arrumar, se pentear etc.).

3. PRIORIZAR OS MOMENTOS DE DESPEDIDA.

Lembre-se, um aspecto relevante e positivo ao final de uma jornada tende a passar a percepção para seu cliente de que a jornada toda foi ainda melhor. Com um pico de experiência positiva ao fim da jornada, o usuário tem maiores chances de dar uma nota média maior que aqueles clientes que não vivenciaram este topo. À medida que um episódio (ou jornada) se aproxima da conclusão, as pessoas podem buscar ativa e naturalmente um final feliz, uma meta batida, um objetivo concluído. Um término bastante positivo ajuda também na suavização de possíveis frustrações ocorridas durante a jornada. Segundo os estudos de Fredrickson, para o usuário, é importante ter conhecimento do término. Segundo ela, enquanto as experiências ainda estão em andamento, as pessoas podem manter suas impressões globais um tanto hesitantes. Afinal, o que está por vir ainda pode surpreendê-las e mudar tudo. Uma vez finalizadas, o usuário tem a segurança de que nada mais pode surpreendê-lo. Neste ponto, reforça-se a importância de um final positivo, para não correr o risco de passar uma impressão final de frustração, semelhante ao de uma série ou filme daqueles que "terminam sem terminar" para dar abertura para uma próxima temporada e acabam por decepcionar os espectadores.

4. CONSIDERE O EXISTENTE. CONHEÇA A JORNADA.

Um ótimo primeiro passo será sempre conhecer a jornada existente. Entender suas forças e potencialidades, mas também suas fraquezas e fragilidades, é um ponto de partida com muita informação a ser trabalhada. Como posso potencializar minhas forças? Como posso minimizar ou solucionar minhas fraquezas? A partir de uma jornada mapeada, fica mais fácil identificar os pontos de oportunidade. Lembre-se, nem sempre a nossa jornada ocorre como imaginamos. Faça um exercício de "cliente oculto", simule a jornada e peça opinião de alguns clientes que possam passar informações sinceras sobre ela. Clientes que só elogiam são bons, mantém a equipe animada e a certeza de estar no caminho correto, mas os que apontam falhas reais são também muito valiosos, pois apontam lacunas de melhora e superação.

5. ESCUTE OS FEEDBACKS. DÊ O BENEFÍCIO DA DÚVIDA.

Muitas vezes, as empresas não gostam de escutar feedbacks negativos. Quanto menos madura a empresa está (e aqui não estamos falando de tamanho ou número de funcionários, mas de profissionalismo e organização), mais propícia a esta fraqueza ela estará. Todo comentário negativo tem sua importância, por mais absurdo que possa parecer. Dê ao cliente o benefício da dúvida, ou seja, a condição de inexistência de certeza sobre ele estar completamente errado em sua opinião ou feedback. Aqui vale um exemplo pessoal (Patrick Martinelli Veiga):

Certa vez, comprei um sofá com molas ensacadas. Desde sua chegada, não me sentia 100% confortável como quando o experimentei na loja. Sentia, ao sentar, duas molas e uma madeira da estrutura do sofá. Minha primeira reação foi dar o benefício da dúvida à própria loja. Ou seja, pode ser que não exista nada de errado com o sofá e eu, pela pressa ou calor do momento na hora da compra, não tenha me atentado a esses possíveis "defeitos" na hora do teste na loja. Pois bem, fui até a loja e pedi para sentar novamente no modelo de exposição. Neste momento, verifiquei que havia algo de errado com meu sofá, pois na loja eu realmente não sentia o tal desconforto. Comentei com a gerente e ela prometeu enviar alguém para verificar. Chegando em casa, fui verificar meu sofá. Virei um de seus módulos de lado e pude observar sua estrutura por dentro. Nela, havia apenas duas molas simples (as que eu sentia ao sentar) e uma fina camada de espuma, sem aparentemente conter o conjunto de molas ensacadas. Mas será? Fui ao Youtube (um dos melhores amigos do conhecimento), pesquisei, estudei, voltei ao meu sofá, medi, testei e cheguei a uma conclusão: Ele realmente não possui molas ensacadas. Voltei a entrar em contato com a gerente da loja para relatar tudo que eu havia feito, além de mostrar fotos para verificar se aquilo fazia sentido para ela. E nesse momento, ela não me deu o "benefício da dúvida". O que eu esperava como tratamento seria algo como, "Ok, estou vendo todos os seus relatos e fotos e aparentemente algo está errado. Pelas fotos, não consigo ter certeza, mas vamos verificar pessoalmente e cobrar da fábrica uma solução". O que ela respondeu foi uma sequência de mensagens que davam a entender que eu estaria errado, pois era leigo no assunto e não tinha os nove anos de experiência que ela possuía vendendo sofás e indo às fábricas. O lado bom? Ela realmente enviou um representante da fábrica de sofás, e ele realmente confirmou que (sem saber o motivo) o sofá havia saído da linha de produção sem o conjunto de molas ensacadas.

ME. PATRICK MARTINELLI VEIGA
Designer, empresário e um dos autores deste capítulo

Meu relato parecia estranho? Nunca haviam recebido tal reclamação? Na maioria das vezes, os clientes estão errados sobre as dúvidas ou afirmações sobre sofás? Não importa. Dê a eles o benefício da dúvida e verifique o que pode estar acontecendo antes de dar um veredito final ou negar assistência/suporte. Todo atendimento faz parte da jornada e pode se tornar um pico positivo (pelo belo suporte e atendimento) ou um vale negativo (pelo aparente descaso).

6. PENSE NOS DETALHES. PENSE DIFERENTE!

Quando falamos em experiência, uma das primeiras marcas que vem à nossa mente é a Disney. Há muito tempo é uma referência em preocupação com a jornada do cliente em seus mínimos detalhes, e a própria construção dos parques é focada em potencializar ao máximo a "magia" do universo Disney. Você sabia que existem "túneis secretos" sob o Magic Kingdom (dentre outros parques)? Sim, eles já foram confirmados e não são tão secretos assim, eles são chamados de *"Utilidors"* e são o que, na verdade, seria o "térreo" que sustenta as atrações, que estariam em um "segundo" ou até "terceiro andar" em alguns casos (Claro, para o olhar dos visitantes, a sensação é de estar sempre na superfície). Busque o termo no Google ou Youtube e você verá relatos e vídeos dos bastidores da Disney por esses "túneis". Se você imaginou locais escuros, sujos e apertados, pode esquecer. Eles são verdadeiras "mini avenidas", nas quais podem passar bicicletas, carrinhos de transporte de pessoas ou até pequenos veículos de transporte de carga. É por ali que toda a logística e abastecimento do parque acontecem. E é por esse motivo que você não verá personagens ou trabalhadores da área *"Adventureland"*, onde estão atrações relacionadas à selva, aventura, animais e piratas, atravessando a *"Tomorrowland"*, uma área totalmente voltada à inovação e futurismo, para ir embora após seu expediente, por exemplo. Tudo acontece no *"backstage"*, nos bastidores. Assim como o abastecimento de restaurantes, passagem de fios, canos, eletricidade etc. Tudo para que nada distraia o visitante de sua imersão.

Outro exemplo interessante da Disney relacionado aos detalhes são os divertidos *"Hidden Mickeys"*. Que nada mais são que silhuetas do formato clássico da cabeça do Mickey espalhadas pelos parques e filmes da Disney de maneiras muito sutis, gerando um desafio global de pessoas que se divertem procurando, encontrando e compartilhando seus achados. Pesquise pelo termo e divirta-se vendo as imagens. Aliás, você notou um *Hidden Mickey* neste capítulo? Se não, volte algumas páginas até encontrar uma imagem. É o último esquema de representação da jornada. Olhe atentamente e veja se o encontra.

Um pensamento constante quando se fala de experiência é o de que custa caro criar uma jornada memorável. Claro, quanto mais recurso, mais possibilidades. Mas um orçamento enxuto também permite ações que se distinguem do habitual e podem marcar a rotina de um cliente. Voltando ao nosso exemplo padrão, o hotel. Em uma experiência pessoal (Patrick Martinelli Veiga):

Me marcou bastante ser recepcionado no quarto com um pequeno bilhete escrito à mão com meu nome e uma mensagem de boas-vindas assinado pela camareira. Quanto custa esta experiência? Basicamente uma pequena folha de papel, uma caneta e alguns minutos. O que transmite? "Poxa, esse hotel preparou o quarto para mim, havia meu nome no bilhete. Eles estão atentos e preocupados com meu conforto." Na ocasião, guardei o bilhete como lembrança da viagem e hoje o relato neste livro, comprovando que pequenos gestos sem grande custo e a preocupação com os detalhes pode, sim, tornar pontos da jornada memoráveis.

7. MELHORIA CONTÍNUA. CONTINUE A NADAR...

Já que a referência é Disney, Dory diria, "Continue a nadar, continue a nadar..." O que queremos fortalecer é o fato de que mapear e conhecer uma jornada é só o começo. O início de um processo alimentado por dados recorrentes que trazem dúvidas e respostas para a atualização constante da jornada. Que novas falhas vêm sendo apontadas? Que nova tecnologia posso implementar? Quais novidades ou tendências estão surgindo e fazem sentido em minha jornada e posicionamento de marca? Assim como um *software* ou aplicativo que vai sofrendo atualizações de versões, as jornadas não devem ser estáticas. Faça testes, verifique os resultados e implemente aquilo que fizer sentido para os objetivos planejados. Pense em diferentes formas de avaliar e medir os pontos de contato e acompanhe tais métricas; elas poderão ser uma grande fonte motriz para melhorias constantes.

8. NÃO PROMETA DEMAIS E SUPERE EXPECTATIVAS.

Normalmente, as organizações gostam de prometer um mundo mágico de soluções e benefícios como gatilho de marketing e publicidade para convencer o cliente a comprar seu produto ou serviço. Até aí, nenhum problema, desde que se entregue um nível realmente avançado de soluções. Quanto maior for a expectativa criada por seu cliente, maior será sua ansiedade e anseio por algo incrível e mais difícil será atingir ou superar as expectativas criadas por ele. Seja realista e não prometa o que não pode cumprir, principalmente se depender de fornecedores. Um pequeno atraso inesperado de um fornecedor pode atrasar muito alguns processos.

A expectativa é o combustível da ansiedade. Minimizar a ansiedade ajuda a controlar a expectativa e a frustração. Aplicativos de *delivery* ou mesmo serviços de transporte e entrega, como os Correios e similares, buscam controlar a ansiedade de seus clientes ao informar o status do pedido ou o deslocamento do objeto até a sua chegada, por exemplo. Não comunicar todos os benefícios pode ser uma estratégia, pois o cliente verá aquilo como um adicional, algo que ele não esperava e foi muito positivo. Um simples brinde ou amostra pode colaborar positivamente na percepção de uma marca por parte dos clientes ou estimular novas compras.

Mas cuide para que isso faça sentido. Trazendo mais uma experiência pessoal (Patrick Martinelli Veiga):

Costumo comprar muito pela internet, inclusive móveis. Mais de uma vez, com diferentes marcas, já fui surpreendido por pequenas balas, que acredito serem brindes, em meio aos parafusos, pregos e demais peças de montagem dos móveis. Este é um tipo de brinde que, para mim (opinião pessoal), está fora de contexto. Não combina, gera estranheza. Não vejo harmonia na mistura de um doce, mesmo que embalado, em meio a pregos e parafusos. Mas quem sabe para uma persona "montador de móveis profissional" isso possa ser interessante e agradável. Ainda assim, eu separaria a bala dos pregos e parafusos e criaria um pequeno bilhete tentando contextualizar a presença dela ali. Algo como, "Chegou a hora de montar! Aqui está o manual e todas as informações que precisa para a montagem. Pensando em você, enviamos este pequeno mimo para que você coma enquanto acompanha o manual. Se gostou, não deixe de nos enviar uma mensagem ou nos marcar em suas redes sociais".

Perceba que a mensagem abre margem para uma métrica. Mesmo que não seja automatizada, se alguém postar elogiando ou comentando sobre a estranheza de ter uma bala junto ao manual de montagem, eu poderei ficar sabendo.

9. ATENDIMENTO. A VOZ DE SUA MARCA.

O lado positivo de fazer tudo em uma marca própria, por exemplo, desde o atendimento até o financeiro, é que tudo será feito do seu jeito, espelho de seu conhecimento e cultura que estruturam as características e posicionamento daquela empresa. Mas imagine uma empresa com dez, cem ou mais de mil colaboradores, sendo grande parte deles responsáveis por lidar diretamente com o público. Será que todos possuem as características de posicionamento daquela marca na qual trabalham? Sem qualquer treinamento ou informação, cedo ou tarde, é possível que isso saia do controle e aquele atendente tome atitudes divergentes ao posicionamento da marca. Ou seja, atitudes diferentes das quais a marca teria, caso fosse uma pessoa. Por isso, este tipo de atenção é fundamental para uma jornada incrível. Um colaborador só conseguirá (ou se tornará mais fácil) viver e comunicar a cultura de marca caso ele viva e perceba em atitudes aquela cultura em seu dia a dia. O que queremos dizer aqui não é que devam ser criados textos engessados que precisam ser decorados e retransmitidos pelos responsáveis por atender aos clientes como se fossem robôs. O atendimento humanizado ainda é o que mais agrada (e por isso os chatbots buscam esta característica, mesmo em atendimentos robóticos). No entanto, é essencial que haja informação e treinamento para que naturalmente, com seu jeito e suas características, essa pessoa consiga compreender os conceitos, palavras e atitudes que deveriam ser reforçadas por aquela marca.

Que tal mais uma vivência pessoal (Patrick Martinelli Veiga)?

Certa vez fomos a um restaurante já conhecido por mim e minha esposa, mas ainda desconhecido de nossos convidados. Nosso filho havia nascido há pouco tempo e havíamos nos atrasado por algum motivo rotineiro a pais de criança pequena (uma fralda a ser trocada na hora de sair, um choro que precisa ser atendido etc.). Pois bem, ao chegar ao restaurante, ao qual havíamos recomendado e elogiado bastante aos nossos convidados, vimos que eles estavam comendo a versão premium do cardápio de rodízio de Fondue. Acompanhamos. Ao final da noite, após pagar e sair do restaurante, fomos questionados, pois o valor estava acima do que havíamos comentado. Explicamos que aquele era o valor do rodízio mais caro, que eles haviam escolhido. E então descobrimos que, diferente de todas as nossas visitas ao estabelecimento, o cardápio não tinha sido apresentado. O Garçom, ao descobrir que eles nunca haviam ido ao local, apresentou e serviu apenas a versão mais cara. Talvez por algum bônus ou meta de vendas. Como conhecíamos a prática do restaurante, entramos posteriormente em contato com a equipe de atendimento e fomos muito bem atendidos. Ganhamos um novo jantar e, por ironia do destino, o mesmo garçom nos atendeu. Fingimos não conhecer o restaurante e a prática se repetiu. Sendo desfeita apenas após nosso questionamento.

Aqui temos um exemplo claro da marca sendo prejudicada pela atitude de um colaborador, por ele, naquele momento, ser o porta-voz oficial do atendimento e cultura daquela empresa. Não podemos afirmar ao certo se não recebeu o treinamento adequado ou se agia de má fé. Mas aparentemente, mesmo após nossa reclamação, ele não teria sido repreendido, pois manteve a conduta em novos atendimentos.

10."IT'S NOT MY FAULT, BUT IT'S MY PROBLEM." NÃO É MINHA CULPA, MAS É MEU PROBLEMA.

Esta é uma frase da qual desconhecemos o autor, mas é frequentemente relacionada ao modo de atuação da Disney. Uma espécie de mantra para todo colaborador que pode interagir com o público.

E trata-se de uma frase muito relevante quando falamos em experiência, tanto digital quanto física. Em muitos casos, o planejamento da jornada e de sua arquitetura e fluxos é impecável, aparentemente sem nenhuma falha. Mas, quando a colocamos em prática, o cliente tenta seguir um caminho que aparentemente não faz sentido, encontrando problemas que ele mesmo gerou. Se uma peça de um determinado produto está quebrando por "mau uso" por grande parte de seus usuários, vale a reflexão e descoberta dos motivos. Apesar de ser classificado como um uso errado, uma teórica culpa do cliente, o problema é, sim, da empresa. Pois o *feedback* desses usuários será,

"O produto quebra com facilidade", "Não compre, não vale a pena", "Ninguém me avisou que não poderia utilizar dessa forma" etc. O mesmo vale para produtos ou fluxos dentro de um aplicativo ou sistema. Quanto menos estudarmos nosso público e realizar testes, maiores serão as chances de sermos surpreendidos por caminhos impensados dentro de nossa jornada.

Um cliente entra em uma sorveteria, escolhe, pega a casquinha, paga e, por um simples descuido, deixa-o cair. "Problema dele", pode pensar o atendente, "Não foi culpa minha". E não estaria errado, a culpa realmente não foi dele. Mas o problema é. E não porque o chão agora está sujo. Mas porque aquele cliente está frustrado, triste e irritado pelo seu próprio erro. Independentemente da marca, sorveterias são locais nos quais o propósito da marca costuma combinar com felicidade, alegria e realização. Portanto, deixar um cliente ir embora descontente é ir contra o propósito de existência da marca e uma oportunidade perdida de fidelização. Imagine o potencial de tornar uma experiência memorável para esse cliente se prontamente o atendente lhe oferecer um novo sorvete, acompanhado de alguma frase simpática que reforce a preocupação dele com a felicidade e bem-estar do consumidor. Mas lembre-se, para que essa atitude seja automática, o atendente precisaria de conhecimento e abertura para atuar neste tipo de oportunidade. Caso contrário, o que viria à cabeça de nosso suposto funcionário poderia ser algo como, "Infelizmente não posso fazer nada. Não tenho autorização para dar um sorvete 'de graça', se não vão descontar do meu salário".

FINALIZANDO

Por aqui vamos finalizando este capítulo; nele falamos bastante sobre experiência, exploramos a jornada, buscamos esclarecer dúvidas e confusões recorrentes neste cenário e falamos bastante na importância de mapear a sua jornada para descobrir oportunidades e insights de melhoria constantes. Sobre o mapeamento da jornada, precisamos pontuar mais um elemento importante antes de encerrar. Refere-se à forma base como podemos mapear ou planejar uma jornada. Basicamente, existem duas formas de realizar esta atividade: o mapeamento **"As-is" (como está)** e o **"To-be ou Should be" (deveria estar/ser).**

A própria nomenclatura deixa claro como funcionam os dois modelos. No As-is, mapeamos a jornada do jeito que ela é atualmente. Ou seja, buscamos entender como ela está funcionando e como é organizada no modelo atual. É bastante comum para a investigação desse tipo de mapeamento a prática do "Cliente Oculto". Uma forma de pesquisa na qual os investigadores, de forma anônima, fingem ser clientes e percorrem todos os pontos de contato, observando e anotando o que acontece em cada um deles. Essa é uma atividade bastante rica, pois revela gargalos e dores que em muitos casos não são relatadas pelos clientes nem observadas pela equipe interna. A partir dessa técnica, conhecendo cada ponto e cada dificuldade, é possível trabalhar em insights e oportunidades para a segunda forma de mapear, o modo **"To-be ou Should be"**.

Neste segundo modelo, projetamos a jornada ideal. Quais seriam os pontos de contato? O que poderíamos adicionar? O que está sobrando, atrasando, atrapalhando e poderia ser modificado ou retirado? Qual o melhor caminho possível? Quais atalhos ou desvios os clientes poderiam utilizar? É interessante que, neste modo, o mapeamento seja feito dentro de uma realidade possível de ser alcançada. A menos que o objetivo seja realmente de caráter criativo e exploratório, de "sair da caixa", de planejar o futuro, soluções impensadas, tecnologias inexistentes etc.

Preciso realizar os dois modelos? Depende de seu objetivo e projeto. Com o mapeamento do que acontece atualmente e um modelo ideal, fica mais fácil e intuitivo saber onde os ajustes precisam ser realizados. Criar apenas um modelo ideal, sem investigar o atual, poderá gerar novos gargalos de implementação que venham a atrasar ou inviabilizar a nova jornada. Para projetos completamente novos, ou já existentes, mas que pretendem ser remodelados completamente, pode fazer sentido trabalhar apenas com um protótipo ideal.

Até este ponto, acreditamos que já tenha ficado claro que, para planejar experiências de valor, é essencial considerar as interações dos indivíduos com ambientes, ofertas, produtos e serviços. Nesse contexto, o Customer Experience (CX) e o User Experience (UX) colocam o foco nas interações emocionais e práticas sob a perspectiva do cliente. Em contrapartida, o Service Design e a User Interface (UI) se concentram na estruturação do serviço e na funcionalidade dos elementos visuais e interativos, considerando o que a organização e o ambiente podem oferecer.

Fonte: Elaborado pelos autores do capítulo.

CENTRADO	FOCO NO HUMANO	FOCO NO SERVIÇO E NO PRODUTO
NO CLIENTE	**[CX] CUSTOMER EXPERIENCE (EXP. DO CLIENTE)** Aprimoramento da experiência emocional | É mais dinâmica **CX JOURNEY (JORNADA AS-IS E JORNADA SHOULD BE)** Exemplo de ferramentas e técnicas de CX	**SERVICE DESIGN** Aprimoramento de práticas e operações | É mais estática **BLUEPRINT DE DESIGN DE SERVIÇO** Exemplo de ferramentas e técnicas de Service Design
NO USUÁRIO	**[UX] USER EXPERIENCE (EXP. DO USUÁRIO)** Aprimoramento das formas de uso | É mais sobre o uso **PESQUISA ETNOGRÁFICA, MAPA DE EMPATIA, DIÁRIO DE USO** Exemplo de ferramentas e técnicas de UX	**[UI] USER INTERFACE (INTERFACE DO USUÁRIO)** Aprimoramento das interfaces É mais sobre elementos **PROTOTIPAGEM, TESTE DE USABILIDADE (A/B ANALYTICS...)** Exemplo de ferramentas e técnicas de UI

Embora essas abordagens sejam complementares e se sobreponham na prática, é didaticamente necessário diferenciá-las. Realizamos essa distinção com base no foco e na centralidade de cada abordagem. A figura anterior ilustra essa diferenciação, destacando abordagens centradas no "humano" e no "serviço/produto", com ênfase alternada entre "cliente" e "usuário".

No lado esquerdo do quadro, o foco está no aprimoramento da experiência humana, visando aumentar a satisfação dos indivíduos. Nesse contexto, quando o foco é o cliente, as abordagens tendem a ser mais dinâmicas e personalizadas. Já quando o foco é o usuário, as estratégias buscam aprimorar a satisfação com o uso. Sob a ótica do cliente (CX), as jornadas são mapeadas normalmente a partir da jornada atual e da ideal *(as-is e should be)*. Para o usuário (UX), costuma-se utilizar técnicas como pesquisas antropológicas, etnográficas, mapas de empatia etc., pois tais técnicas ajudam a entender de forma mais profunda as necessidades dos usuários. Afinal, dados nos dizem "o quê", mas as pessoas nos dizem "por quê".

No lado direito do quadro, o foco está nas operações, mais estáticas e direcionadas à organização, ao ambiente e principalmente ao serviço e ao produto. Na perspectiva do cliente, é bastante comum a aplicação de lógicas ligadas ao Service Design, por meio de ferramentas como o Blueprint de Design de Serviço. Já no contexto da interface para o usuário (UI), técnicas como prototipagem e testes de usabilidade (A/B, Analytics) são utilizadas para otimizar a usabilidade e a eficiência.

Por fim, acreditamos que a excelência na experiência de clientes e usuários depende de uma compreensão mais profunda das interações emocionais e práticas vivenciadas ao longo de suas jornadas. Ao explorar de forma consciente as abordagens discutidas (CX, UX, Service Design e UI), é possível alinhar essas perspectivas e gerar valor. Esse olhar atento e estratégico sobre cada ponto de contato pavimenta o caminho para experiências mais significativas e impactantes.

NESTE CAPÍTULO A GENTE CITOU:

1 **MICHAELIS. Dicionário Brasileiro da Língua Portuguesa.** Disponível em: *https://michaelis.uol.com.br*. Acesso em Jun. 2021

2 **MEYER**, Christopher; **SCHWAGER**, André. Understanding Customer Experience. **Harvard Business Review**, Brighton, v. 82, p. 116-129, fev. 2007.

3 **NORMAN**, Donald A.; **DRAPER**, Stephen W. **User centered system design:** new perspectives on human-computer interaction. L. Erlbaum Associates Inc., USA.: new perspectives on human-computer interaction. Nova Jersey: L. Erlbaum Associates Inc., 1986. 526 p.

4 **NORMAN**, Donald A. **Emotional design:** why we love (or hate) everyday things. New York: Basic Books, 2004.

5 **NORMAN**, Donald A. Logic versus usage. Interactions, [s.l.], v. 13, n. 6, p. 45, 1 nov. 2006. Association for Computing Machinery (ACM).

6 **LOWDEN**, Tim. **User Experience (UX) vs. Customer Experience (CX):** What's the Dif? Disponível em: https://digital.gov/2014/07/07/user-experience-ux-vs-customer-experience-cx-whats-the-dif/. 2014. Acesso em: 08 set. 2024.

7 **NIELSEN NORMAN GROUP.** Disponível em: NNGroup.com/articles/customer-journeys-omnichannel/. Acessado em 2021.

8 **KALBACH**, Jim. **Mapping experiences:** a complete guide to creating value through journeys, blueprints, and diagrams. O'Reilly Media; 2 ed. 2020.

9 **STRONG**, Edward K. **Theories of selling.** Journal of Applied Psychology, 9(1), 75–86. 1925.

10 **DEWEY**, John. **How we think.** DC Health and Company, Boston. 1910.

11 **ENGEL**, James F., **KOLLAT**, David T., **BLACKWELL**, Roger D. **Consumer Behavior.** New York: Holt, Rinehart, and Winston. 1968.

12 **TOWNSEND**, William W. **Bond salesmanship.** H. Holt. 1924.

13 **SCHMITT**, Bernd. Experiential Marketing. **Journal Of Marketing Management,** [s.l.], v. 15, n. 1-3, p. 53-67, abr. 1999.

14 **GENTILE**, Chiara; **SPILLER**, Nicola; **NOCI**, Giuliano. How to Sustain the Customer Experience. **European Management Journal,** [s. l.], v. 25, n. 5, p. 395-410, out. 2007.

15 **KAHNEMAN**, Daniel. **Evaluation by moments**: past and future. In: D. Kahneman & A. Tversky (Eds.), Choices, Values, and Frames (pp. 693-708). Cambridge: Cambridge University Press. 2000.

16 **KAHNEMAN**, Daniel, **FREDRICKSON**, Barbara et al. **When more pain is preferred to less:** adding a better end. Psychological Science, vol. 4, no. 6, 1993, pp. 401–405.

17 **HUI**, Sam K., **MEYVIS**, Tom, **ASSAEL**, Henry. **Analyzing moment-to-moment data using a bayesian functional linear model:** application to TV show pilot testing. Marketing Science, 33 (2), 222-240. 2013.

18 **FREDRICKSON**, Barbara. **Extracting meaning from past affective experiences:** the importance of peaks, ends, and specific emotions. Cognition and Emotion, 14:4, 577-606. 2000.

4

INFORMAÇÃO E CONECTIVIDADE

INFORMAÇÃO E CONECTIVIDADE

O que podemos aprender com o marketing

JÚLIO MONTEIRO TEIXEIRA
Pós-doutorado na School of Industrial Design da Academy of Art University.

PATRICK MARTINELLI VEIGA
Doutorando e Mestre em Design pela UFSC.

HELOUÍSE HELLEN DE GODOI VIOLA
Doutoranda em Ciência da Informação pela UFSC.

ISRAEL DE ALCÂNTARA BRAGLIA
Doutor em Engenharia e Gestão do Conhecimento pela UFSC.

Prezado leitor, primeiramente cabe dizer que, neste capítulo, pretendemos estabelecer uma conexão entre a experiência do cliente, que foi apresentada no capítulo anterior, e o design de conteúdo, que será mais bem apresentado no próximo. Imaginamos que neste ponto da leitura você já esteja sensibilizado de que proporcionar uma boa experiência ajuda a vender e a fidelizar o cliente à sua marca e aos seus produtos e serviços.

A indústria 5.0 é mais democrática no que tange ao acesso à informação e à conectividade. Dessa forma, a organização, além de ser a melhor fonte de informação para o cliente, precisa comunicar-se com ele de forma assertiva e estratégica, considerando desde a escolha da mensagem até o tom de voz, formato e canal. Por isso, abordagens, conceitos, técnicas e ferramentas específicas voltados ao design de conteúdos digitais precisam ser entendidos, incorporados e implementados.

O MARKETING E O DESIGN DE CONTEÚDO ESTÃO ENTRE AS FRENTES QUE COMEÇARAM A ENTENDER PRIMEIRO A INFORMAÇÃO E A CONECTIVIDADE COMO UM CAMINHO A SER EXPLORADO NOS NEGÓCIOS DIGITAIS.

É importante reconhecer que o Design 5.0 tem uma série de outras implicações que vão muito além do marketing e do design de conteúdo. Mas, neste livro, redigimos capítulos inteiros de destaque a esses temas, pois o marketing e o design de conteúdo estão entre as frentes que começaram a entender primeiro a informação e a conectividade como um caminho a ser explorado nos negócios digitais. Portanto, é natural que a gente precise entender bem como isso funcionou e ainda funciona para aplicar sua lógica em outras esferas.

Como também já dissemos, com a chegada da tecnologia 5G (que, no momento em que este livro é escrito, começa a ser viabilizada nas capitais brasileiras), abrem-se outras esferas e formas na exploração de negócios, como, por exemplo, a popularização de soluções de IoT. Assim, faz-se relevante entender como a lógica citada no parágrafo anterior funciona para atuar neste novo contexto de hiperconexão e hiperinformação.

Mercados digitais exploram diferentes maneiras de interagir ao comprar, vender ou mesmo proporcionar outros tipos de experiências de marca aos consumidores. Além disso, eles são mais voláteis e disruptivos. Ou seja, ao mesmo tempo que devastam modelos de negócios ultrapassados, abrem caminho para outros completamente novos. Podemos utilizar como exemplo o universo de oportunidades comerciais a serem exploradas a partir do Metaverso e da Inteligência Artificial.

Se cada vez mais as relações de consumo estão se expandindo nos ambientes digitais, é possível afirmar que, sem essas estratégias, técnicas e ferramentas, será mais difícil ir além dos resultados que você tem hoje.

Boa parte dessas estratégias tem buscado alavancar o crescimento de maneira ágil e, quando possível, exponencial. Diante disso, mostraremos aqui como abordagens, conceitos, métodos e técnicas que envolvem *growth hacking*, marketing e vendas em ambientes digitais podem ser mais bem aproveitados ao considerar o design centrado nas pessoas.

ESTRATÉGIAS DE GROWTH E PROCESSOS DE COMPRA

No passado, por vezes, o processo de compra era empurrado pelo marketing, pela publicidade e pelas vendas. No fim, era como se alguém provocasse insistentemente as pessoas, dizendo: "E aí, vai comprar?" A venda costumava basear-se em uma influência mais artificial sobre o potencial comprador, uma vez que a sensibilização para com as suas reais demandas só podia ser atendida se o seu perfil já estivesse previamente alinhado às características do produto ou do serviço ofertado. E, quando esse alinhamento prévio não ocorria, os envolvidos como a oferta costumavam empregar certa "força persuasiva" para esse encaixe artificial entre a demanda e a solução ofertada. Como consequência, o comprador participava de forma mais passiva no processo e, por vezes, não tinha as suas reais demandas atendidas após a compra.

Antes da internet, era difícil saber quantos clientes estavam satisfeitos ou não com aquela empresa ou produto[1]. As opiniões, antes fechadas a determinados grupos sociais, agora ganham força e alcance no mundo digital, influenciando outros consumidores de forma escalável e progressiva. Em 2018, uma pesquisa realizada pelo SPC Brasil[2] mostrou que 74% dos brasileiros já usavam o smartphone em pelo menos um dos passos do processo de compra na internet. Já em 2019, a versão mais recente da mesma pesquisa[3] aponta que 97% dos internautas buscam informações online antes de comprar em lojas físicas. Além disso, 93% dos consumidores leem os *reviews* para decidir se um produto ou serviço é bom, ou não.

Os consumidores têm considerado cada vez mais as recomendações de seus pares dentro de ambientes digitais. A difusão dessas informações, principalmente a respeito do que uma empresa faz de bom ou ruim, tem sido cada vez mais útil e acessível – muitas vezes essas informações são acessadas de forma instantânea — durante o processo de compra. Como consequência, as pessoas já não aceitam tanto abordagens restritas às informações fornecidas pela empresa e ofertadas de forma impositiva. As marcas precisam transparecer confiança aos seus

O CONCEITO DE CONFIANÇA DO CONSUMIDOR PASSOU DE UM MODELO MAIS VERTICAL E PRESENCIAL PARA UMA ABORDAGEM MAIS HORIZONTAL E DIGITALMENTE CONECTADA.

consumidores da forma mais ampla e fidedigna possível. Para isso, devem entender cada vez mais a psicologia do consumo.

Isso nos leva a concluir que o conceito de confiança do consumidor passou de um modelo mais vertical e presencial para uma abordagem mais horizontal e digitalmente conectada. Dessa forma, o cliente tende a dar mais relevância aos fatores sociais (amigos, família e, principalmente, outros consumidores) do que apenas ao discurso oficial proposto pela marca.

Essa tendência, além de estimular o crescimento de iniciativas e negócios baseados em sistemas de avaliação pública como TripAdvisor, Yelp e Reclame Aqui, também levou as organizações a abordagens mais abertas, integradas e multicanais. Essas abordagens, portanto, vão além de informações em canais institucionais (sites, redes sociais, aplicativos e telefones). Elas envolvem também o monitoramento e o atendimento em canais independentes da organização, como sites e redes sociais de *stakeholders*, avaliações em *marketplaces* e sites específicos de reclamação e recomendação.

Dessa forma, são apresentados a seguir fundamentos, conceitos e estratégias relacionados aos processos de compra e crescimento no digital.

UM POUCO SOBRE MARKETING DIGITAL

O crescimento pode ocorrer de diferentes formas, contudo, cabe destacar aqui a intensificação do marketing e vendas. Entre as abordagens mais difundidas e discutidas nas últimas décadas no marketing e vendas, está o *inbound* e o *outbound*. Mostra-se possível realizar crescimento mais ágil e exponencial por meio de marketing e vendas no meio digital.

Para isso, o primeiro passo envolve transformar os canais de comunicação digital (por exemplo: um portal, um site; um Blog etc.) em um motor de vendas. Isso pode ser criado a partir da idealização de uma jornada de compras e de um funil de vendas — como foi visto previamente no capítulo anterior. Orosco (2020)[4], por exemplo, defende a criação de uma linha de produção em cinco grandes frentes: atração, segmentação, tração, nutrição e retenção. Mas antes de explicarmos esse processo, precisamos discutir alguns conceitos.

- **OUTBOUND MARKETING:** também conhecido como marketing de interrupção, é aquele em que você "interrompe" outras experiências do cliente potencial, sem consentimento prévio dele ou sem que ele indique que está preparado para ser abordado. Isto pode ser percebido em situações corriqueiras quando, por exemplo, há distribuição de panfletos enquanto os carros estão parados no semáforo, quando um programa de televisão é interrompido por um comercial, quando você recebe um e-mail comercial aleatório em sua caixa, ou ainda quando um *banner* digital aparece em um portal de notícias.

- **INBOUND MARKETING:** é o oposto do *outbound*. Ele propõe uma experiência mais orgânica quanto ao fluxo dos acontecimentos e costuma estar relacionado à disponibilização de conteúdo e ofertas para serem encontrados por meio de pesquisa nos motores de busca (Google, Bing etc). Normalmente, o cliente em potencial está buscando saber mais sobre algo e, nesse processo de descoberta, depara-se com os conteúdos e ofertas que a organização produziu. A partir do consentimento sobre o interesse em mais conteúdos e ofertas, é possível planejar um fluxo de nutrição até identificar uma oportunidade comercial.

Em resumo, podemos observar que o *inbound marketing* foca em abordagens onde o conteúdo chega a partir da busca do usuário, enquanto o *outbound* marketing vai ao encontro do cliente. Enquanto o primeiro possui um foco em um público mais específico e segmentado, o segundo se propõe a alcançar a grande massa.

No quadro a seguir, é apresentado um breve resumo das diferenças entre *inbound* marketing e *outbound* marketing para auxiliar na compreensão de suas abordagens e no planejamento das ações propostas ao longo deste capítulo, para explorar o *digital growth*:

CARACTERÍSTICAS	OUTBOUND	INBOUND
Base	Interrupção (o fluxo de informação é empurrado para o potencial cliente).	Permissão (o fluxo de informação é puxado pelo potencial cliente).
Finalidade	Enviar chamadas para potenciais clientes.	Atrair interessados e convertê-los em clientes.
Objetivo	Criar proximidade e familiaridade por meio da recorrência.	Engajar interessados por meio de conteúdos e ofertas de valor.
Audiência	Público de massa.	Potenciais clientes.
Materiais para apresentação de conteúdo e ofertas	Anúncios impressos, anúncios de TV, publicidade ao ar livre, listas de e-mail, telemarketing, marketing de guerrilha; busca paga (SEO pago, por ex. Google AdWords), *cold callings*.	Blogs, e-books, *white papers*, vídeos, podcasts, infográficos, *webinars*, *feeds* etc.; táticas de otimização nos mecanismos de busca (SEO orgânico).
Abordagem de Marketing	Ativa.	Passiva.
Papel do Interessado	Passivo.	Ativo.
Vantagens	Os resultados de campanha podem ser melhor previstos e mensurados; os conteúdos e ofertas normalmente alcançam um público amplo em um curto espaço de tempo.	Maior probabilidade de obter clientes de longo prazo; a abordagem não-intrusiva é melhor recebida pelo potencial cliente; menor CPL – Custo por clique (se comparado ao *outbound*)[4].
Desvantagens	Os efeitos da campanha são mais de curto prazo; as taxas de conversão são mais baixas (se comparado ao *inbound*).	A efetividade das ações de marketing podem demorar. Os conteúdos precisam ser gerados com maior regularidade para manter os potenciais clientes interessados.

Quadro: Diferenças entre o inbound e outbound marketing. **Fonte:** Kinchescki (2020)[5] e complementado pelos autores.

Vimos no capítulo anterior que o **Funil** é a representação conceitual das principais fases dos processos de marketing e de vendas. Ele reúne as diferentes jornadas da audiência de um determinado negócio. As jornadas são os caminhos que potenciais clientes e usuários percorrem até a compra ou uso de um conteúdo, de um produto ou de um serviço. Os assuntos de interesse podem levar a jornadas de compra específicas, e um funil reúne várias dessas jornadas. Veremos a seguir que essas jornadas consistem em trilhas de relacionamento com esse potencial cliente utilizando como moeda de troca: o conteúdo e, depois, a compra.

O funil de marketing costuma ser dividido em topo, meio e fundo. Cabe lembrar que o topo do funil tem a finalidade de atrair a atenção de um potencial cliente. O meio oferece mais detalhes e busca desenvolver relacionamento e engajamento com esse potencial cliente, e o fundo visa identificar oportunidades de venda para esse cliente. Além disso, cada camada do funil exige abordagens persuasivas distintas, ora elas apresentam um apelo mais emocional, ora mais racional. Ou seja, as estratégias de conteúdo devem levar em consideração a abordagem persuasiva adequada ao interessado na respectiva camada em que ele se encontra.

Então, que tal conhecer essas camadas do funil de forma mais detalhada?

Topo de funil

O topo costuma atrair aqueles que estão interessados em aprender e descobrir algo considerado introdutório em um determinado assunto, especialmente para quem já atua naquele negócio. Logo, a produção, publicação, promoção e otimização do conteúdo em motores de busca e redes sociais é fundamental para atrair tais interessados. Nessa camada, a finalidade é capturar, ou seja, persuadir pessoas da audiência a realizarem um autocadastro na base de dados, tornando essas pessoas o que chamamos de: *leads*.

O topo do funil costuma ser a camada com maior volume de acessos, os conteúdos são trabalhados de forma mais ampla, informativa e também indireta no que se refere à venda. Portanto, evitam-se chamadas mais incisivas e diretas para promoção, oferta e venda de produtos, serviços ou mesmo da própria empresa. Vale lembrar que este é um excelente momento para diferenciar a marca da concorrência, todavia, ganhando a autoridade pelo conteúdo e não pelo produto ou serviço que a organização oferece.

No topo, a abordagem **emocional** costuma ser mais utilizada, pois, nessa camada, o interessado está buscando espontaneamente o conteúdo, ora motivado em aprender mais sobre algo, ora em tirar uma dúvida ou entender alguma questão. Portanto, ele costuma ser atraído emocionalmente por essa **descoberta**. Para maior eficácia, recomenda-se uma retórica mais emocional, empática, humana e subjetiva.

Uso de plataformas próprias e de terceiros é de grande valor para a captura de *leads*. Contudo, em plataformas próprias, costuma-se ter mais liberdade para coletar, analisar e utilizar os dados que irão auxiliar na segmentação, relacionamento e na definição de jornadas de conteúdo que o interessado será nutrido pelo negócio.

As plataformas de terceiros, por sua vez, costumam restringir o acesso aos dados sensíveis ou estratégicos da base de dados. Essas limitações emergem tanto de questões legais quanto estratégicas. O instagram, por exemplo, restringe o acesso e o uso dos dados de usuários que seguem um determinado cyber-perfil, tanto por aspectos legais como por aspectos estratégicos, pois a base de cadastros foi construída na plataforma do Instagram, logo, o direito de uso dos dados e a responsabilidade sobre eles é do instagram e não do dono do perfil.

Imagem: elaborada pelos autores do capítulo.

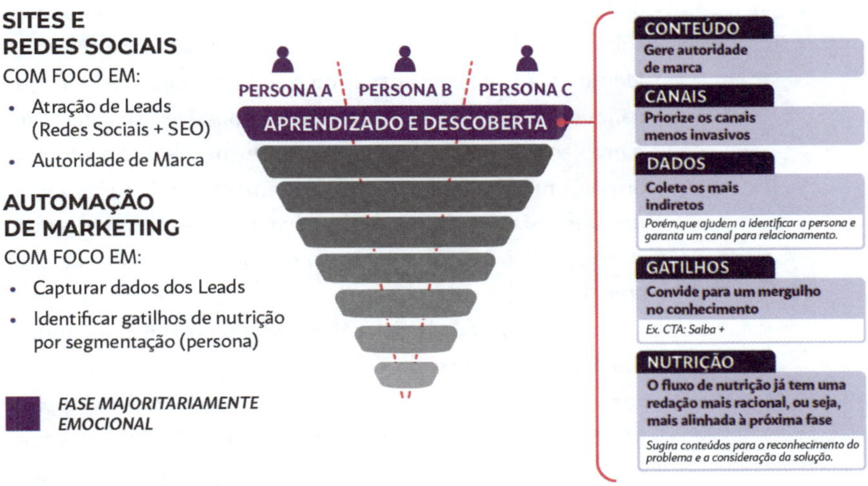

Meio de funil

O meio de funil abriga momentos da jornada de compra, que a literatura do marketing costuma chamar de: **reconhecimento do problema** e a **consideração da solução**. No meio, a captação e qualificação dos *leads* é intensificada e a finalidade é desenvolver relacionamento. No entanto, tanto o topo quanto o meio do funil costumam atrair interessados. Assim, ao acessar a plataforma onde um conteúdo de meio está disponível, o interessado já costuma estar um pouco mais maduro — quando comparado aos visitantes do topo — no processo de compra.

Dessa forma, a abordagem tende a ser mais **racional**, pois, faz-se necessário apresentar ao potencial cliente provas lógicas, como: razões para a solucionar o problema; fatos e os dados que demonstram a relevância do problema ou da solução; e características técnicas dos produtos e serviços. A construção da retórica costuma utilizar dados de fontes de pesquisas, comparações, estatísticas, proporções, enfim, tudo aquilo que orbita mais no campo da razão intensifica o reconhecimento do problema e a consideração da sua solução.

Quanto às ações de automação de marketing, deve-se investir em meios e ferramentas de interação rastreáveis e priorizar a identificação automática de oportunidades por meio do relacionamento, pois, o rastreamento levará ao enriquecimento do banco de dados com informações mais sensíveis e valiosas sobre o *lead*. Essas informações irão auxiliar o algoritmo na identificação de necessidades do *lead* para enquadrá-lo nas jornadas de conteúdo que tratam sobre as possíveis soluções para o problema, priorizando, é claro, as soluções de que a empresa dispõe. Em outras palavras, consiste em um encaixe, no qual, de um lado, existem dores e ganhos demandados de um potencial cliente e, de outro, as soluções que a organização dispõe para atender tal demanda.

A consideração da solução figura como um dos últimos momentos do meio do funil. Nela costuma-se priorizar os conteúdos ligados ao esclarecimento de vendas e comparações[x]. Mas, o avanço do *lead* para a oportunidade de compra, por vezes, depende de deixar claro para o potencial cliente que

x Como já dissemos, no Brasil, 97% dos internautas (boa parte deles, potenciais compradores no mercado B2C) buscam informações online antes de comprar. Para isso, costumam consultar previamente: sites de comparação; Google; ou *marketplaces* como Mercado Livre, OLX e afins. Nos Estados Unidos, 76% dos consumidores consultam especificamente a Amazon e 74% checam o review de produtos antes de comprar. Em resumo, embora as plataformas de consulta possam variar, todos esses consumidores estão com comportamento típico de consideração da solução.

o produto ou serviço é a solução de que ele precisa. Assim, na transição para o fundo — a última camada do funil de marketing —, costuma-se convidar o *lead* para testes gratuitos, simulações, consulta preliminar e afins.

Imagem: elaborada pelos autores do capítulo.

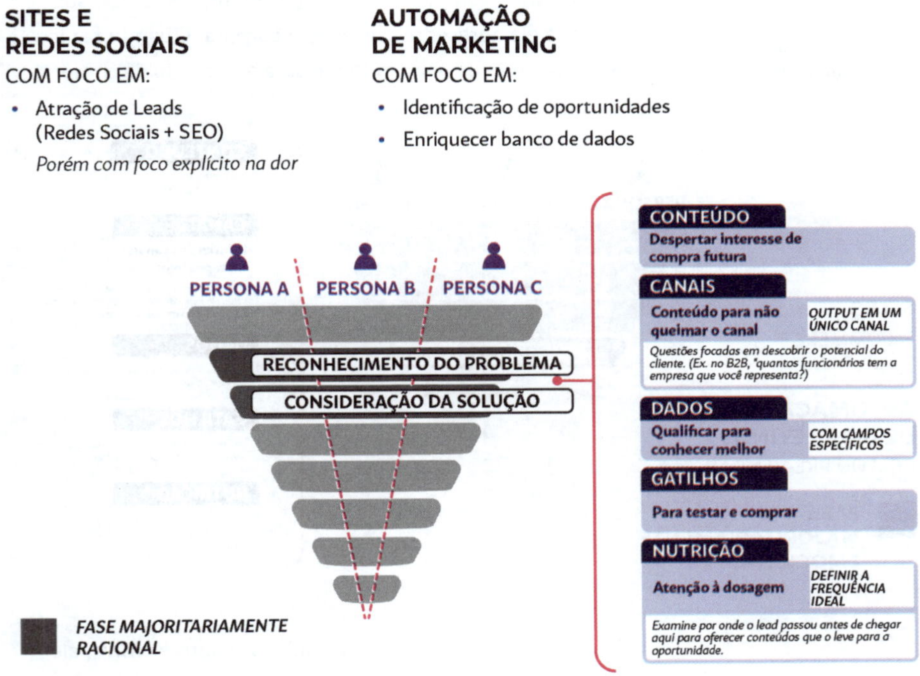

Fundo de Funil

O fundo do funil de marketing abriga as oportunidades mais próximas da venda. Essa camada representa **o primeiro impulso emocional de decisão a respeito da compra**. No B2C ela pode ser representada pela página de vendas de um produto em um *e-commerce* ou pela busca do produto em um *marketplace*. No B2B normalmente é identificada pelo agendamento de uma consultoria de vendas, pelo preenchimento de um formulário de pedido de visita, ou pela abertura de um contato para esclarecimento ou orçamento de produto ou serviço.

A tomada de decisão costuma vir acompanhada de objeções, especialmente em processos de venda mais complexos. Porém, perceba que, quando o potencial cliente aponta objeções, ele na verdade, demonstra que ainda não está preparado para lidar com a oportunidade, normalmente, criando um mecanismo de defesa para a compra que ele julga ser impulsiva. Ou seja, é natural que ele apresente objeções à compra. Quando faz isso, ele está passando da oportunidade para a intenção de compra.

Imagem: elaborada pelos autores do capítulo.

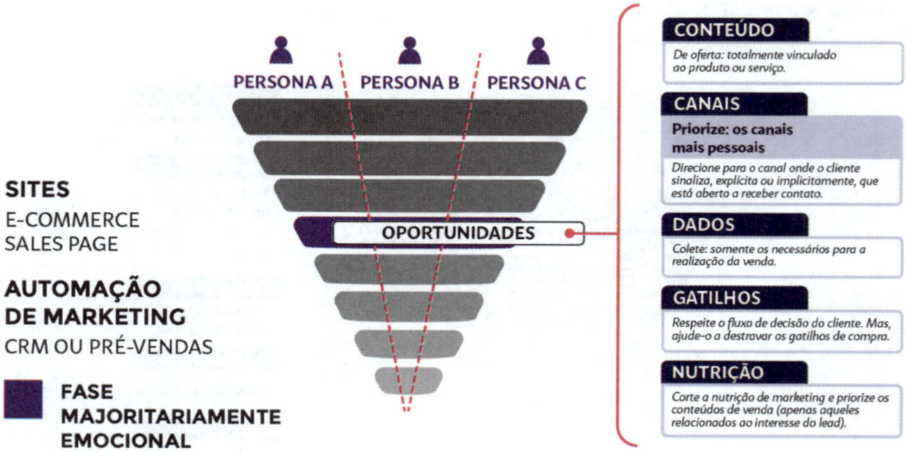

Vamos considerar aqui que o funil completo envolve, além das camadas mais relacionadas ao marketing, também a parte de vendas. A oportunidade marca a transição entre o funil de marketing (parte de cima) e o funil de vendas (parte de baixo).

A parte mais abaixo de um funil completo trata de forma mais intensa e direta as camadas de intenção, avaliação, negociação e fidelização. E, como no marketing, a parte de vendas também possui camadas com abordagens mais emocionais e mais racionais.

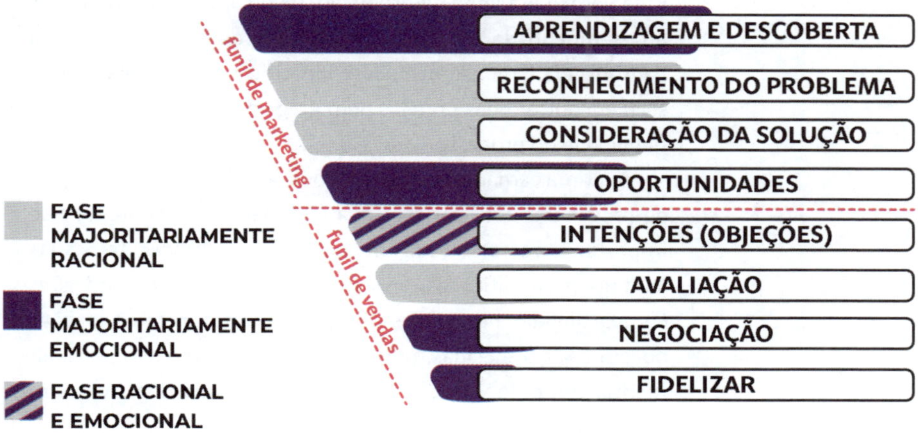

Imagem: elaborada pelos autores do capítulo.

Para contornar essas objeções na camada de **intenção**, recomendamos criar repositórios de argumentos que, quando bem articulados, funcionam como mecanismos de controle, quebra e contorno de objeções. Também é possível se antecipar a essas objeções explorando gatilhos mentais — a seguir conheceremos algumas das principais objeções e quebras e também dos contornos e gatilhos mentais[xi].

As objeções costumam ser similares e recorrentes, e as formas de contorno e quebra precisam virar conhecimento na organização, principalmente no time de marketing e vendas. Ao utilizar esses recursos de quebra e contorno, o vendedor aparenta ser mais especialista e facilita a **avaliação**, que é a racionalização do impulso de compra.

Muitas vezes, é possível treinar o time ou criar modelos preditivos de quebra de objeção e automatizá-los, com base no comportamento padrão dos clientes. Assim, quanto mais a organização e o vendedor souberem sobre o potencial cliente (ou sobre a persona que ele representa), mais terão oportunidade de quebrar previamente a objeção de forma assertiva e cirúrgica.

Segundo Orosco (2020), na camada de **negociação**, especialmente em vendas mais complexas, precisamos parar de pensar no vendedor como um super-herói, ele não pode ser um faz tudo que: prospecta, vende e ainda atende o cliente. Para escalar, precisamos de um processo de vendas que atue como

xi Gatilhos mentais são atalhos que furam o bloqueio racional do neocórtex e ativam determinadas reações automáticas do sistema límbico. Esses estímulos, quando recebidos pelo cérebro, influenciam a tomada de decisão. Por isso, são importantes a serem considerados no funil de vendas e jornada de compra. Aprofundaremos mais sobre isso no próximo capítulo. Só gostaríamos de deixar claro que esses atalhos se aplicam muito bem na transição entre o fundo do funil de marketing e o início do processo de vendas.

uma verdadeira linha de produção, na qual, cada frente dessas é desempenhada por um time; tal time deve atuar de forma padronizada e mensurável. Sem identificar padrões, não é possível encontrar boas práticas nem gargalos, ou seja, não há confiabilidade no processo.

A última camada: **fidelização**, busca cadenciar as vantagens de prover um bom serviço de atendimento ao cliente. Faz-se importante ressaltar que, no digital, a fidelização tem suas vantagens amplificadas, principalmente pelas recomendações compartilhadas nas mídias digitais. Portanto, recomendações devem ser gerenciadas, pois, quando positivas, costumam alimentar um ciclo virtuoso de vendas e, quando negativas, um ciclo vicioso.

Gostaríamos que você encerrasse a leitura deste tópico entendendo que todo o funil é orientado pela experiência do cliente e, que, tudo que for possível medir nessa experiência pode ser melhorado. Só dessa forma é que a experiência do cliente pode ser regida pela performance. Aquela ideia de entregar *leads* para uma fila de vendedores não faz sentido algum no universo rastreável do mundo digital.

A identificação de padrões é que vai indicar qual perfil de vendedor performa melhor para cada perfil de *lead* ou como e para onde o algoritmo deve conduzir o *lead*. Dessa forma, o trabalho de marketing e vendas pelo meio digital pode ser cadenciado como em uma linha de produção, e a esteira de produção envolve: mecanismos de atração (topo e meio do funil de marketing), ferramentas de segmentação e nutrição (meio e fundo de funil de marketing) e, por fim, ações de tração e retenção (funil de vendas).

A VELOCIDADE DE AMADURECIMENTO NO FUNIL EM JORNADAS DE COMPRA SIMPLES E COMPLEXAS

A velocidade de trajetória no funil tende a ser diretamente proporcional ao ticket e ao impacto da escolha. Ou seja, o tempo de amadurecimento no funil ao se comprar uma barra de cereal ou um apartamento é completamente diferente. Contudo, em ambos os casos, a jornada será vivenciada. O primeiro, de forma mais rápida e com objeções mais fáceis de serem quebradas, devido à simplicidade dos fatores envolvidos e ao custo de aquisição do produto — inclusive, muitas vezes, os compradores e vendedores nem notam essa vivência. Já o segundo costuma ser bem mais lento e com as etapas e objeções mais claras, devido à complexidade dos fatores e dos impactos de escolha que envolve.

Na compra da barra de cereal, pode-se refletir, por exemplo, sobre sabor, ingredientes, valor calórico e preço de compra. No entanto, o avanço no funil e a tomada de decisão são mais simples e mais rápidos. Já a jornada de compra de um apartamento envolve aspectos mais complexos, como localização, qualidade de construção, preço, formas de pagamento, custos de condomínio, documentação e principalmente o impacto da escolha, que para alguns pode significar uma mudança na rotina, para outros um financiamento etc. Sendo assim, na compra de um apartamento, existirão objeções mais complexas para trabalhar o conteúdo a fim de converter esse *lead* em um cliente de fato.

A seguir, apresentamos o funil integrado de marketing e vendas, com foco na área de transição. Em alguns contextos, principalmente de B2B e B2C de produtos e serviços complexos, costuma-se chamar essa área de transição de pré-vendas. Além disso, destacamos as principais estratégias, automações e ferramentas utilizadas nesses momentos.

Um pouco mais sobre dados, canais e nutrição

Até aqui, consideramos principalmente o conteúdo na relação com a estratégia de funil. Mas devemos lembrar que a pessoa passa por um processo no qual ela vai de um potencial interessado até se tornar um cliente e, ao fazer isso, perpassa por diferentes camadas, etapas e elementos que atuam junto ao conteúdo. Esses elementos são importantes e precisam ser trabalhados de forma específica. Cabe citar aqui os principais:

- **DADOS:** para cada camada do funil e etapa da jornada, devemos levar em consideração quais dados dos *leads* são relevantes e devem ser capturados para exercício da comunicação e direcionamento de conteúdos e ofertas. No topo do funil, é mais comum a captura de dados que nos ajudam a comunicar e a identificar o perfil do *lead*, como: perfil social, e-mail, idade, profissão, local de trabalho, área de atuação e porte empresarial. Já o meio do funil, por exemplo, busca identificar características mais específicas, "dores", ou dados de contato mais interpessoais, como telefone celular. E, o fundo do funil de marketing e o início do funil de vendas costumam buscar dados mais sensíveis e necessários para a realização da venda, como: CPF, CNPJ, cartão de crédito e endereço.

- **CANAIS:** são basicamente os meios de comunicação que serão estabelecidos com os *leads* e clientes. Neles, estão inclusos, além de canais mais tradicionais como site, e-mail, telefone, whatsapp e redes sociais, também os canais mais específicos em aplicativos, *softwares* e demais ferramentas institucionais que a organização possua para interagir com a sua audiência.

- **NUTRIÇÃO:** está relacionado à construção e manutenção do relacionamento com os *leads*. Seu objetivo é aumentar a credibilidade e autoridade da marca, para que o *lead* sinta segurança e confiança ao dar os próximos passos em direção ao fundo do funil.

A RELAÇÃO ENTRE FUNIL E JORNADA

Para facilitar o entendimento do conceito de jornada, vamos voltar ao nosso exemplo do capítulo anterior. A ilustração a seguir tem o objetivo de tornar a visualização das informações mais simples. Dessa forma, tudo o que for apresentado para a Persona 1 pode ocorrer de forma similar para as demais Personas, embora elas estejam ocultas na imagem.

Imagem: elaborada pelos autores do capítulo.

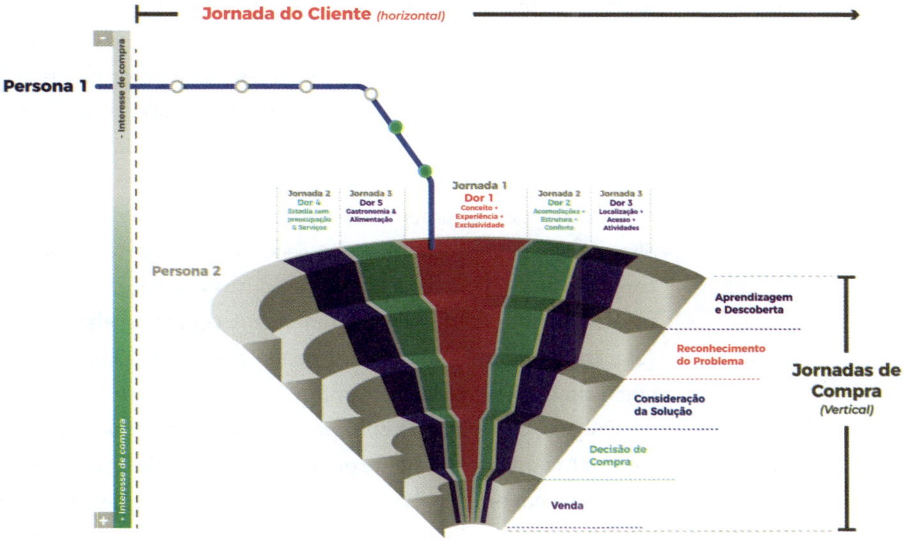

Nesta representação visual, a persona passa por diferentes interações (pontos de afinidade e de contato) que a levam para uma jornada específica (no exemplo da imagem, a persona entra na Jornada 1, Dor 1, mas poderia ter sido atraída por outra dor e ser conduzida em outra jornada). Cada jornada/dor apresenta conteúdos temáticos específicos, os quais são segmentados por graus de profundidade. Neste sentido, quanto mais abaixo do funil, mais próxima da compra a persona está.

Este conjunto de possibilidades de jornadas (jornadas por dores) que as diferentes personas percorrem para chegar até a compra, é comumente chamado de funil. Embora a jornada de compra seja normalmente representada de forma vertical, e a jornada do usuário seja representada aqui em formato horizontal, perceba que elas estão diretamente relacionadas, pois a jornada de compra pertence à jornada do cliente, que é muito mais ampla e envolve fatores que vão além da compra.

Ou seja, a jornada de compra faz parte (e está incluída) na jornada do cliente. Ou ainda, em uma visão mais ampla, a jornada de compra é um pedaço-chave na jornada completa do cliente, também chamada por alguns de experiência do consumidor.

Quando falamos em jornada de compra e funil de vendas, costumamos ver representações simples de um funil, liso, brilhante e colorido, como os que encontramos em casa para passar o café. Este tipo de representação pode gerar a percepção de que tudo ocorre de maneira bastante simples e rápida, como se nosso consumidor entrasse em seu topo e escorregasse de forma suave e linear até seu fundo (venda). Embora fosse o cenário ideal, não é assim que as coisas ocorrem. O funil é representado desta forma (maior na parte de cima e menor na parte de baixo), exatamente pelo fato de que o número de pessoas em cada uma das etapas diminui até o nível de venda. Ou seja, muitas pessoas tomam conhecimento da existência de um produto ou serviço, mas poucas delas reconhecem e consideram que necessitam dele para a solução de um problema. E ainda menor é o número de pessoas que realmente irão efetuar a compra.

Ou seja, a jornada de compra diz respeito ao processo de passagem deste nosso cliente por todas as etapas de nosso funil: aprendizagem e descoberta, reconhecimento do problema, consideração da solução, decisão de compra, intenções e objeções, avaliação, compra e fidelização. Mas, nem sempre esta jornada acontece de forma rápida e linear. Imagine que você não tem nenhuma pretensão de viajar no próximo ano e está olhando uma rede social até que ela te apresenta uma foto ou um vídeo de um lindo quarto de hotel. Por ter gostado da decoração ou do conceito daquele hotel, você resolve curtir sua página. Neste momento, você está em uma fase de aprendizagem e descoberta, porém sem nenhuma pretensão de descer um degrau no funil, afinal, você não quer ou não pode viajar naquele momento. E isso acontece com a maioria dos consumidores, por isso a grande dificuldade do processo de vendas é identificar a persona certa no momento certo.

Em nosso exemplo, foram identificadas 5 principais dores que por sua vez geram 5 principais jornadas compostas por diferentes materiais (posts, ebooks, artigos, ferramentas etc.) e canais (facebook, whatsapp, instagram, telefone etc.).

DOR 1	Conceito + Experiência + Exclusividade
DOR 2	Acomodações + Estrutura + Conforto
DOR 3	Localização + Acesso + Atividades
DOR 4	Estadia sem preocupação & Serviços
DOR 5	Gastronomia & Alimentação

Neste momento, preocupe-se apenas em entender os conceitos apresentados. A sequência deste livro te apresentará de maneira prática e exemplificada como desdobrar e estruturar uma jornada com conteúdos e abordagens para diferentes canais em cada etapa do funil. O importante aqui é compreender que não existe apenas uma possibilidade de jornada dentro de um funil. Isso acontece, pois muitos dos usuários são atraídos por conteúdos superficiais, aos quais posteriormente não apresentam interesse em aprofundar.

No exemplo a seguir, apresentamos uma jornada na qual a persona iniciou atraída pela a Dor 1, mas após as primeiras interações, engajou-se em um link de uma jornada paralela (Dor 2) e, ao longo do funil, foi sendo nutrida por jornadas complementares, perceba que até chegar no momento da compra ela foi evoluindo por dores que são complementares, mas essas dores podem levar ao mesmo produto ou serviço, ou ainda produtos e serviços similares.

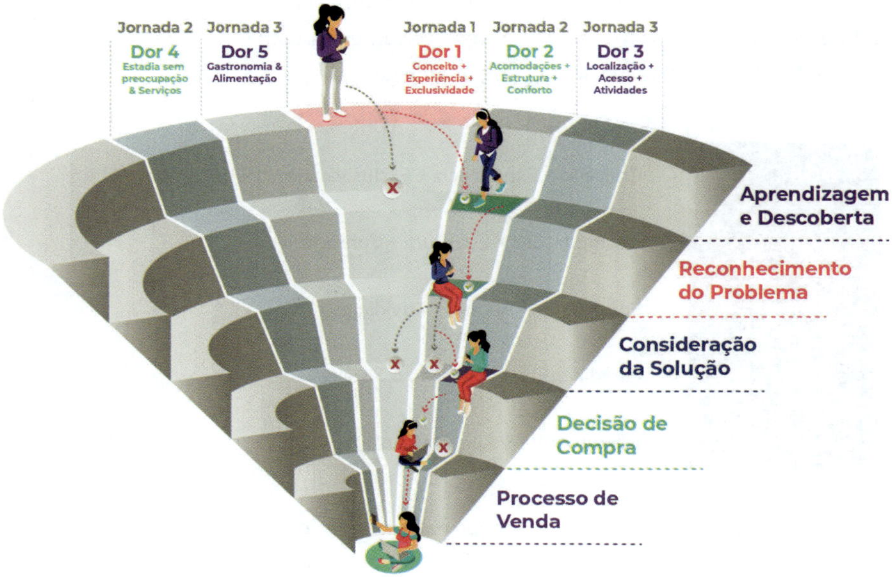

Imagens: elaboradas pelos autores do capítulo.

Agora que já entendemos melhor como a mecânica do marketing e das vendas funcionam, vamos entender como a informação é moldada pelo design de conteúdo na conectividade do mundo 5.0.

NESTE CAPÍTULO A GENTE CITOU:

1 **ROSS**, Aaron; **TYLER**, Marylou. **Receita previsível:** como implantar a metodologia revolucionária de vendas *outbound* que pode triplicar os resultados da sua empresa. São Paulo: Autêntica Business, 2017. 240 p.

2 **SPC BRASIL**. **Consumo pela internet – 2018:** CNDL/SPC Brasil, 2018. 23 p. Disponível em: https://www.spcbrasil.org.br/wpimprensa/wp-content/uploads/2018/07/Analise_consumo_online_junho_2018.pdf. Acesso em: 25 maio 2020.

3 **SPC BRASIL**. **Consumo pela internet – 2019:** CNDL/SPC Brasil, 2019. 26 p. Disponível em: https://www.spcbrasil.org.br/wpimprensa/wp-content/uploads/2019/06/analise_compras_online_junho_2019.pdf. Acesso em: 25 maio 2020.

4 **OROSCO**, Theo. **De zero a 50 milhões:** aprendizados reais de uma trajetória empreendedora. Rio de Janeiro: Alta Books, 2020.

5 **KINCHESCKI**, Geovana Fritzen. **Estratégias de inbound marketing aplicáveis à Secretaria de Inovação da UFSC.** 2020. 138 f. Dissertação (Mestrado) – Curso de Programa de Pós-Graduação em Administração Universitária, Centro Sócio-Econômico, Universidade Federal de Santa Catarina, Florianópolis, 2020.

5

DESIGN DE CONTEÚDOS DIGITAIS

HELOUÍSE HELLEN DE GODOI VIOLA
Doutoranda em Ciência da Informação pela UFSC.

ISRAEL DE ALCÂNTARA BRAGLIA
Doutor em Engenharia e Gestão do Conhecimento pela UFSC.

JÚLIO MONTEIRO TEIXEIRA
Pós-doutorado na School of Industrial Design da Academy of Art University.

JEFFERSON LEWIS VELASCO
Mestrando em Design pela UFSC.

As marcas estão ampliando vertiginosamente o investimento em conteúdos e canais de vendas digitais. Dessa forma, conseguem alcançar sua audiência no lugar em que ela está boa parte do tempo: no ambiente virtual. Entretanto, na economia digital, apenas conteúdos e ofertas superficiais podem não ser suficientes para atrair os interessados. Faz-se necessário, então, dialogar com a audiência de forma humanizada, com uma proposta de valor autêntica. E tal proposta deve ser divulgada no canal em que a parte interessada está. Diante de uma realidade cada vez mais dinâmica, essa autenticidade ajuda a construir a personalidade da marca e a torná-la ainda mais valiosa.

Quando os conteúdos e ofertas atendem tais premissas no momento certo, ou seja, por meio de comunicação assertiva e dentro da jornada individual de cada interessado, os negócios tendem a escalar rápido no digital. Em geral, essas estratégias têm combinado:

- **COMPORTAMENTO DO CONSUMIDOR:** para entender o cliente e assim, saber "o que ele precisa", "o que dizer" e "como apresentar" as soluções.

- **TECNOLOGIAS DIGITAIS:** para integrar, automatizar, catalisar e escalar as experiências.

- **PROCESSOS ÁGEIS:** para propor e adequar procedimentos, métricas e instrumentos que permitam monitorar os interesses individuais, reuni-los por proximidade, e aprimorar jornadas, produtos e estratégias empresariais.

O conteúdo como vantagem competitiva

Como vimos nos tópicos anteriores, a partir do momento em que a marca é exposta, os valores da organização são constantemente avaliados e reverberados pela audiência. Embora essa repercussão deva ser monitorada e, sempre que possível, direcionada aos interesses da marca, o controle não está plenamente nas mãos da organização. Porém, a maneira como ela expõe seu conteúdo e suas ofertas está.

Dessa forma, além de investir em conteúdo, mostra-se fundamental controlar a comunicação e manter um posicionamento consistente. Por exemplo, inspirando, entretendo ou ensinando; neste último, pode-se trazer conteúdos que respondam às dúvidas dos interessados a respeito de um tema no qual a organização tem autoridade. Neste sentido, oferecer soluções da organização em uma rede de conteúdo proprietário tem se mostrado uma importante vantagem competitiva. Isso porque o conteúdo proprietário dá suporte à jornada do cliente junto à organização, podendo, quando bem planejado, tornar-se um motor de crescimento previsível e escalável.

Abordagens mais atuais, especialmente no contexto digital, têm buscado alavancar o crescimento de forma ágil, tornando o marketing e as vendas mais previsíveis e escalonáveis ao centrar o design no cliente. Portanto, o crescimento pelo digital tende a envolver mais estratégias aplicadas à criação e ao gerenciamento do conteúdo, impactando a identificação, aderência, engajamento do público e, consequentemente, nas vendas e na fidelização dos clientes.

O design de conteúdo

O trabalho informacional exercido pela organização como estratégia para crescimento diz respeito ao que denominamos por design de conteúdo. Ora ele é utilizado para ampliar a autoridade de marca, sem promover explicitamente a empresa, ora adquire] viés mais publicitário para persuadir interessados em realizar uma ação específica.

Diferentes autores[xii] entendem o marketing de conteúdo como a estratégia de marketing focada na distribuição de conteúdo relevante, como artigos, ebooks, webinars, eventos ao vivo e postagens em redes sociais. Compreendemos o design de conteúdo como algo que vai desde o nível estratégico, envolvendo, por exemplo: Brand Content e relacionamento com o cliente, passando pelo nível tático que inclui planejamento de postagens, palavras-chave, entre outras frentes, até chegar ao operacional, que envolve criação, formatação, compartilhamento e análise de conteúdos.

xii Entre tais autores, podemos citar: SIQUEIRA (2021)[1]; MACEDO (2017)[2]; REZ, (2017)[3]; ASSAD, (2016)[4].

Conteúdos oferecem muitas vantagens. Podemos listar algumas delas[5]:

- **AUMENTAR A VISIBILIDADE NA INTERNET:** O conteúdo tem ampla influência nas estratégias de SEO[xiii] de um site. Os algoritmos de buscadores, como o Google e a Amazon, vêm se desenvolvendo de forma dinâmica, sempre em favor da experiência centrada no usuário. Gradualmente, esses robôs classificam com maior assertividade os conteúdos e as ofertas mais relevantes para as pessoas.

xiii SEO significa *Search Engine Optimization* (otimização para mecanismos de busca). É um conjunto de técnicas de otimização para sites, blogs e páginas na web que visam alcançar bons rankings orgânicos, gerando tráfego para sites e blog e páginas na web.

- **GERAR DIVULGAÇÃO ESPONTÂNEA:** é claro que os times de marketing e vendas farão a divulgação de conteúdos nos canais digitais. Mas, após alcançar a audiência certa e informá-la sobre algo centrado no que ela precisa, a organização cria maiores chances de que esse público propague o conteúdo e, consequentemente, a marca para a sua rede de contatos. Isso ocorre porque poderão compartilhar o conteúdo com seus pares que, tendo as mesmas dores, poderão se identificar com as soluções propostas pela organização, projetando-se na experiência de quem as compartilha, demonstrando satisfação.

- **NUTRIR AUDIÊNCIA RELEVANTE E SEGMENTADA:** por mais extensa que seja a audiência, nem todas as pessoas estão prontas para consumir o produto ou o serviço naquele exato momento. Isso, porém, não significa que elas nunca serão clientes. Muitas vezes, o que falta é um pouco mais de informação até que essas pessoas vejam valor no que o negócio oferece. Por meio do conteúdo, é possível nutrir esses interessados com material relevante e, consequentemente, prepará-los até que eles estejam maduros para tal.

Até aqui, acreditamos que já tenha ficado claro que o design de conteúdo não deve ser desenvolvido e disponibilizado nos canais digitais sem um planejamento prévio. Para se tornar de fato uma vantagem competitiva, ele precisa de estratégias e objetivos específicos, sempre muito bem alinhados com o posicionamento empresarial. No entanto, como podemos aplicar de forma prática o design de conteúdo? É o que explicaremos a seguir.

Aplicando o Design de Conteúdo

Um dos primeiros passos é identificar as **personas**, o que pode ser feito a partir das suas bases de dados de clientes[xiv]. As personas, como mecanismo de representação de dores e necessidades de grupos de usuários, determinam requisitos importantes a serem atendidos pela estratégia de marketing de conteúdo da empresa. Elas são representadas, tradicionalmente, em uma

xiv Para saber mais sobre isso veja o item: **Ótimo, e agora como eu faço isso?** no próximo capítulo.

ficha que contém seus atributos e que serve de referência a todos que precisam visualizar seus clientes, como marketing de conteúdo, analistas, profissionais de desenvolvimento de *software*, design, saúde e jogos, dentre outros.

Porém, Jesse James Garret[6] explica que, para que se torne uma interface empática e humanizada, a persona deve agregar narrativas aos dados, facilitando sua visualização e a percepção de oportunidades, potencialidades e fragilidades que dados estatísticos normalmente não desvendam. Em última análise, personas são a interface que promove a mediação entre os dados do usuário ou cliente e a equipe.

PERSONAS SÃO A INTERFACE QUE PROMOVE A MEDIAÇÃO ENTRE OS DADOS DO USUÁRIO OU O CLIENTE E A EQUIPE.

Desta forma, oferecemos um roadmap para a criação de personas baseadas em dados, ou **data-driven personas**, de acordo com a ilustração a seguir:

Roadmap *para a criação de data-driven personas*

Imagem: elaborada pelos autores do capítulo.

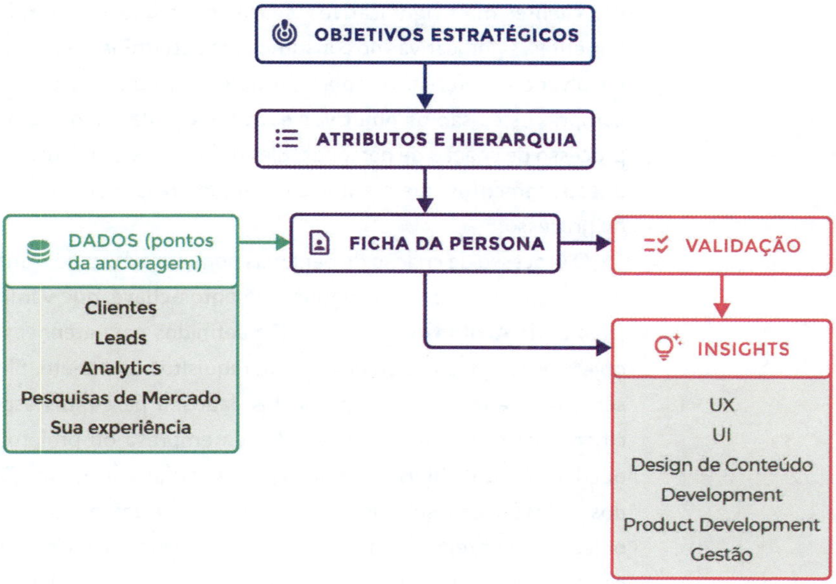

Exemplo prático de construção de Persona

Para ajudar a ilustrar este processo, contaremos aqui o caso de um projeto realizado para uma empresa de moda praia, focada no mercado digital. Mesmo tendo um ponto de venda em uma rua movimentada do centro da cidade, o volume mais significativo de vendas acontece na loja digital.

É importante salientar ao gênero masculino que a compra de itens como biquínis e maiôs não é uma tarefa simples para o público feminino. Há muita coisa envolvida num universo chamado "prova de biquínis e maiôs" que toda mulher entende muito bem. Nem tudo fica bom, nem todos os formatos são adequados. Por vezes, a cliente sente a necessidade de provar; portanto, a decisão da compra envolve muitas nuances. Se a tomada de decisão de compra dessas peças já é difícil nas lojas físicas, imagine a compra deste segmento online. Entretanto, a loja estava crescendo e se expandindo, e era preciso encontrar um foco na divulgação e criação de conteúdo para a comunicação da marca. Para isso, fez-se necessário conhecer os perfis dos clientes mais significativos, se existem diferenças comportamentais significativas no consumo para determinadas regiões, envolvendo preferências sobre produtos e valores gastos por compra. Estes são os **objetivos estratégicos** definidos para o processo de criação de personas. Eles definem os problemas ou questionamentos que a empresa pretende responder no final do processo.

O processo de criação de personas pode ser adaptado a qualquer segmento e envolve alguns elementos-chave, que vamos chamar de **Atributos**. Atributos são definidos para atender os objetivos estratégicos do negócio ou requisitos do projeto. Eles servem para responder, a partir dos dados, a perguntas específicas que satisfazem necessidades da empresa ou projeto e obedecem a uma **hierarquia** que ajuda a definir a segmentação dos dados em análise mais tarde. Tenha sempre em mente estes objetivos estratégicos e sinta-se à vontade para incluir ou descartar qualquer um que não tenha aderência aos seus objetivos. Alguns dos mais comuns são listados a seguir:

- **DADOS SÓCIO-DEMOGRÁFICOS:** uma representação que caracteriza a persona, em linhas gerais, quanto a gênero, idade, formação, atuação profissional, renda etc.

- **FOTO DO PERFIL:** para humanizar a persona e permitir que os envolvidos sintam real empatia com o público que ela representa.

- **MINI BIOGRAFIA:** um texto breve que costura, por meio de uma narrativa criativa, os pontos de ancoragem extraídos da análise dos dados. Ela se utiliza dos dados sócio-demográficos, mas também de dados comportamentais.

- **NECESSIDADES:** problemas que este público precisa resolver e que se relacionam direta ou indiretamente com aquilo que a empresa faz.

- **FRUSTRAÇÕES:** coisas que geram uma postura negativa e reativa neste público e que, de alguma forma, tocam o tema da campanha.

- **PRINCIPAIS DORES:** um resumo, na forma de itens, dos principais problemas da persona de alguma forma relacionados ao produto ou serviço.

- **PRINCIPAIS GANHOS:** as soluções que o produto ou serviço pode oferecer a esta persona, estando diretamente ligados às dores.

- **PRINCIPAIS PRODUTOS COMPRADOS OU DE INTERESSE DA PERSONA:** este é um dado comportamental. Em uma plataforma de e-commerce, poderíamos fazer esta descoberta analisando os dados demográficos dos visitantes das páginas dos produtos vendidos na empresa, das landing pages ou dos dados dos *leads* convertidos em determinados conteúdos.

- **TICKET MÉDIO:** é a média do valor gasto por compra deste perfil de cliente.

- **CANAIS** (COMUNICAÇÃO): são as plataformas ou canais de comunicação pelos quais esta persona prefere ser abordada.

- **LINGUAGEM, A PERSONA DEVE SER ABORDADA:** com base nas informações analisadas e nas narrativas criadas até aqui, é possível visualizar como se comunicar com essa persona. Outra boa forma de tomar decisões quanto à linguagem é a inclusão desta análise quando se faz o *benchmark* da concorrência. Assim, é possível compreender erros e acertos ou ainda traçar uma estratégia de comunicação diferenciada.

- **REFERÊNCIAS E BALIZAMENTO DA LINGUAGEM VISUAL DE COMUNICAÇÃO:** com o auxílio de um painel semântico ou mood board, é possível representar o que foi desenhado em torno da persona, visualmente. Referências visuais representando fontes de informação, marcas importantes, gostos pessoais, assuntos que lhe interessam nas redes sociais, produtos que utiliza no cotidiano, aplicativos que mais usa no celular (que servem, por exemplo, para demonstrar o nível de complexidade ou de maturidade digital que o perfil costuma ter no uso de recursos digitais). Em resumo, demonstra a relação da persona com o mundo que a cerca; tudo isso pode ser inserido no painel.

Como você já deve ter percebido neste livro, entendemos que o Design 5.0 tem como um dos seus pilares a análise de dados (como você pode ver nos capítulos anteriores e ainda verá muito a seguir, analisa-se tudo que foi medido, mede-se tudo que foi registrado). Definidos os atributos, é hora de identificar **fontes de dados** que fornecerão os insumos necessários à composição de cada atributo. Quando há o casamento entre um dado e um atributo, damos a ele o nome de **ponto de ancoragem**. Conte com a ajuda do seu time de tecnologia da informação e com quem usa os sistemas de gestão da empresa para descobrir onde ancorar a sua persona, pois nem sempre as informações necessárias estão em um banco de dados único, ou são gerenciadas por apenas uma aplicação. Em alguns casos, a informação de que você precisa pode estar até fora da empresa, disponível em algum diagnóstico setorial, pesquisa de mercado ou censo.

Mãos à obra! Em nosso exemplo, iniciamos uma análise da base de dados de clientes. De acordo com os objetivos estratégicos definidos pela alta gestão, foram determinados como atributos principais a localização, o ticket médio, as preferências de compra e, em seguida, os dados sociodemográficos. Com a ajuda da turma da tecnologia da informação, foram identificadas as fontes de dados necessárias à alimentação de cada atributo e o design da **ficha da persona** foi definido, determinando a organização visual da informação. Para preencher a ficha, a análise dos dados foi realizada pela equipe. A partir dos atributos principais, a amostra foi segmentada por região, hábitos de consumo e, finalmente, traçados os perfis sóciodemográficos mais representativos. Dessa análise, foram propostas três personas, definidas como:

- Uma persona da cidade de **São Paulo** que representa 34,5% de todas as vendas da marca. Somente a capital paulista representava 62,3% das vendas do Estado.

- Uma persona da cidade do **Rio de Janeiro**, representando 28,4% de todas as vendas da marca. A capital carioca representa 77,9% das vendas do Estado.

- Uma persona de **Florianópolis**, representando 11,3% de todas as vendas da marca. A cidade de Florianópolis representa 62,5% das vendas do estado de Santa Catarina.

1/4

Júlia, 34 anos

Esportes combinados com a rotina de trabalho

Júlia é dentista e aquela pessoa *multitasking* que adora fazer coisas diferentes ao mesmo tempo: ela trabalha, pratica *deep water running*, faz especialização em endodontia, aula de jazz e está aprendendo francês. Ela não consegue ficar parada, e seu espírito inquieto a faz estar sempre atrás de novidades nos assuntos que a interessam. Muito vaidosa e amante dos esportes aquáticos, testou o *deep water running* em sua academia e se apaixonou, principalmente, pelos resultados. Está mais disposta, e sua resistência aumentou muito. Agora ela está à procura de um maiô mais confortável para a prática.

REPRESENTAÇÃO

Feminino: 58%
30/40 anos: 62%
São Paulo: 34% das vendas
Capital: 62,3% das vendas no estado

FRUSTRAÇÕES E NECESSIDADES

Júlia precisa de um maiô com modelagem ampla para praticar atividades físicas na água, que possa se adaptar à prática de mais de um esporte ou ir à praia, ou piscina. O modelo deve ser bonito e confortável. Ela se frustra com trocas demoradas e modelagens pequenas inadequadas para o esporte.

CANAIS

DORES

- Modelagens pequenas;
- Modelos esportivos que não são bonitos;
- Trocas demoradas.

GANHOS

- Variedade de cortes e estampas;
- Devolução fácil e sem custo; e
- Linha esportiva descolada.

Nosso exemplo segue com o detalhamento da persona que representa o público localizado na cidade de **São Paulo**. Vamos chamá-la de Júlia:

Nesta primeira parte da ficha, os itens de identificação da persona são apresentados. Há uma foto, os principais canais de comunicação da marca com a persona e os dados básicos que a identificam. Ao lado, está a construção da narrativa do cenário detalhado, chamada de mini biografia. A biografia narra principalmente quem a persona representa em sua essência, seu cotidiano e o que a leva a ter necessidade de encontrar a marca de roupas de linha de praia do nosso exemplo.

É interessante notar que esta persona não busca algo para a praia, mas para esportes aquáticos. Esta constatação nasce de uma análise do perfil de *leads* que convertem em determinados conteúdos do blog, cruzada com os produtos mais vendidos para o mesmo perfil de cliente na região, o que mostra uma forte associação da moda praia com a prática esportiva longe do litoral.

Logo após a mini biografia, descrevemos suas necessidades e o que a frustra. Para a construção destas fases de cenário, é sempre bom levar em consideração os tipos e os gêneros textuais — que têm foco na escrita. Para o marketing digital, é importante criar textos com foco no **gênero digital** onde, entre outros elementos, destacam-se características tais quais: a produção de textos mais curtos e diretos, o diálogo entre elementos verbais e audiovisuais, as abreviaturas e a linguagem interativa que são características marcantes deste gênero. Já na construção da fase de dores e ganhos, recomenda-se o uso de listas ou tópicos para facilitar a construção de conteúdo para esta persona.

Abaixo da foto, encontramos os pontos de ancoragem. Eles mostram, em termos percentuais, a representação da persona dentro da amostra. Pontos de ancoragem, representados em porcentagens, também podem aparecer em outros pontos da ficha. Basta que o time responsável pela criação da persona sinta necessidade de uma evidência para reforçar um ponto importante da narrativa. Pontos de ancoragem são os principais elementos em uma persona baseada em dados.

2/4

Júlia, 34 anos

Esportes combinados com a rotina de trabalho

PRODUTOS COMPRADOS POR JÚLIA:

- Top Triângulo Vermelho;
- Bottom Fruru Recife;
- Body Manga Longa Annete.

REPRESENTAÇÃO

Feminino: 58%
30/40 anos: 62%
São Paulo: 34% das vendas
Capital: 62,3% das vendas no estado

TICKET MÉDIO POR COMPRA DO PARETO (R$491,48):

1ª compra no site:

- R$198,00 • Top + Bottom • 18/15 recorrências;
- R$189,00 • Body Annet • 4 recorrências; e
- R$73,00 • Cropped • 2 recorrências.

CANAIS

O perfil representa 31% da receita, mas com receita menos recorrente que os demais perfis.

Na segunda parte da ficha, exploramos os hábitos de consumo perante a marca. Aqui buscamos apresentar como esse grupo de usuários se comporta em relação aos produtos ofertados pela marca. Desta forma, recortando as compras realizadas pelas pessoas na região e no perfil, descobrimos os gastos médios e os produtos mais consumidos. Podemos até descobrir as cores e estampas preferidas! Mas uma das coisas mais importantes é saber quanto a persona representa na receita da empresa. Esta informação ajuda a priorizar investimentos de marketing, desenvolvimento de produtos e serviços e pode ser um fator importante no posicionamento da marca como um todo, entre outras utilidades.

3/4

Júlia, 34 anos

Esportes combinados com a rotina de trabalho

CANAIS

Júlia conheceu a marca pelo **Instagram**, seguiu o perfil e, em seguida, entrou no link para a loja *online* para ter acesso a todos os produtos, informações e preços. Contatou a empresa via chat de atendimento disponível no site para tirar dúvidas em relação ao processo de troca e perguntar sobre entrega/retirada. Depois da compra, manteve contato e recebeu informações por e-mail (48% da base).

LINGUAGEM

A linguagem é informal, amigável e próxima, como um papo entre amigos. A cliente deve se sentir confortável para perguntar e tirar dúvidas. Pode-se utilizar gírias e estrangeirismos. Porém, evitar o uso do diminutivo, que pode passar uma imagem infantil ou desrespeitosa.

REFERÊNCIAS:

- Thássia Naves (influencer);
- Gabriela Pugliesi (influencer);
- Hori Clínica (referência profissional);
- Grey's Anatomy (entretenimento); e
- Master Chef (programa de TV).

REPRESENTAÇÃO

Feminino: 58%
30/40 anos: 62%
São Paulo: 34% das vendas
Capital: 62,3% das vendas no estado

CANAIS

A terceira parte da ficha da persona descreve a relação deste público com canais de comunicação e a linguagem mais adequada para uma abordagem. Além disso, identifica referências úteis para compreender suas preferências estéticas ou comportamentais. São informações mais subjetivas, mas que podem ser extraídas de fontes objetivas, como dos perfis de seguidores nas redes sociais da marca.

Por último, apresenta-se um painel visual com recortes das referências da persona. Fazer um painel de linguagem visual ou balizar a percepção imagética da persona tem por objetivo representar uma ideia de como se comporta seu feed, quais são os elementos, estilos gráficos e os tipos de imagem que chamam sua atenção ou que estão presentes no seu dia a dia. Aqui, tentamos identificar na ficha os tipos de imagens, cores, gráficos e informações que compõem o universo da persona. Isso facilitará a concepção de linguagem que tem potencial para despertar o interesse desses clientes.

Júlia, 34 anos 4/4

Esportes combinados com a rotina de trabalho

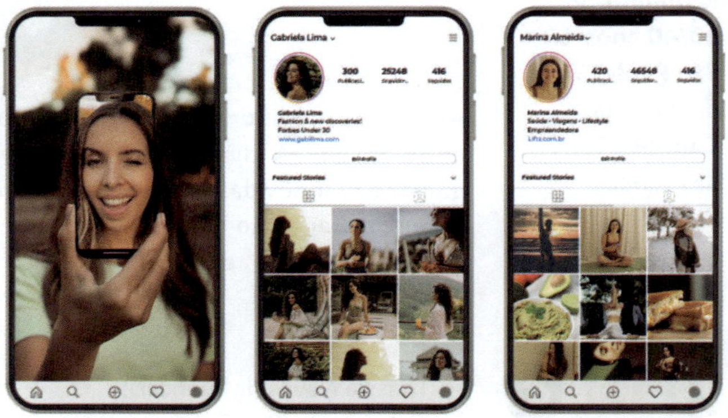

REPRESENTAÇÃO

Feminino: 58%
30/40 anos: 62%
São Paulo: 34% das vendas
Capital: 62,3% das vendas no estado

CANAIS

Observação: Algumas imagens acima foram geradas por ferramentas de inteligência artificial.

O último passo em nosso roadmap é a **validação** das personas. Esse processo pode ocorrer, via de regra, de duas formas: testes em ambientes controlados ou entrevistas/questionários estruturados. Em ambos os casos, o objetivo é descobrir o grau de proximidade entre um indivíduo e as personas da empresa. No primeiro, basta refazer o processo de análise inicial em clientes que compraram ou interagiram com a marca após a construção da persona e comparar os resultados com as análises prévias. No segundo, um algoritmo deve ser construído para tabular as respostas para encontrar esta proximidade. O objetivo é verificar o quanto novos clientes estão aderentes às personas. Se determinado número de testes não tiver um fit acima de 50% com nenhuma persona, é bem possível que os estudos devam ser refeitos.

De qualquer forma, a validação deve se tornar um processo constante, com a finalidade de monitorar mudanças no comportamento do cliente ou no mercado e permitir ajustes nas estratégias de marketing e posicionamento da empresa. A pandemia da COVID-19 é um excelente exemplo onde fatores externos influenciaram os hábitos de consumo online de uma grande parte da população, e uma empresa com processos contínuos de validação de personas poderia detectar essas tendências de forma mais ágil, conquistando uma vantagem importante sobre a concorrência.

Palavras-chave e SEO

Após a definição das personas, o próximo passo é a definição das *keywords* (palavras-chave) que serão trabalhadas. Este é um passo essencial, pois norteará toda a veiculação de seu conteúdo. Consiste em selecionar as palavras que seu potencial cliente utiliza para buscar informações para resolver seus problemas que, por sua vez, estão relacionados ao tipo de solução que você oferece para topo, meio e fundo de funil. Existem ferramentas que podem auxiliar nesse processo, como Google AdWords, Keyword Planner ou Ubersuggest para o buscador do Google e o Data Dive para o da Amazon (ver exemplo na imagem a seguir).

Identificar palavras-chave ideais para cada persona não é fácil. A dica é buscar palavras que se relacionem com os seus problemas e expectativas. Por isso, representamos dores e ganhos na forma de listas ou tópicos. Isto facilita a procura de palavras que se relacionem diretamente com as necessidades da persona. Além disso, é sempre bom considerar as palavras-chave alternativas sugeridas pelas ferramentas. Muitas vezes, elas atingem o mesmo público com mais eficiência e menor custo.

Figura: Análise de buscas por palavras-chave relacionadas ao termo: Longboards na Amazon EUA. Elaborada pelos autores do capítulo.

As personas nos indicam as principais dores e frustrações da audiência que ela representa e, desta forma, nos ajudam a encontrar um caminho para uma abordagem mais efetiva[xv].

Na sequência, classificamos as palavras-chave mais apropriadas a cada etapa do funil, juntamente com a identificação da prioridade que cada *keyword* pode ter no uso do conteúdo a ser estruturado. Na tabela a seguir, ilustramos as palavras que correspondem com as Personas da marca de moda praia.

Nesta tabela, apresentamos 9 palavras-chave, com o mecanismo de busca utilizado (*Keyword Planner* do *Google AdWords*) encontramos:

- **VOLUME:** é a quantidade de buscas mensais pelo termo.

- **NÍVEL DE CONCORRÊNCIA E PREÇO:** trata do nível de concorrência para anúncio no Google AdWords, classificado por essa ferramenta em: alta, média e baixa (existem ferramentas que oferecem classificações mais precisas), e o preço sugerido para compra.

- **ETAPA DO FUNIL:** faz relação entre o termo de busca ou palavra-chave com a posição no funil de marketing, indicando para que tipo de conteúdo a palavra deve ser usada. Essa relação entre o tipo de conteúdo e a palavra pode ser determinada pela equipe de marketing de forma qualitativa, buscando nexo com a narrativa da persona.

xv Neste exemplo, estamos analisando a concorrência de compra da palavra para anúncio de Google AdWords, mas poderia-se considerar também a concorrência para ranking orgânico no motor de busca (SEO).

	PALAVRA-CHAVE	VOLUME	NÍVEL DE CONCORRÊNCIA E PREÇO	ETAPA DO FUNIL	PRIORIDADE
Palavra 1	comprar biquínis online	1600	Alto – R$ 2,26	Fundo	1
Palavra 2	comprar maiô online	210	Alto – R$ 1,96	Fundo	1
Palavra 3	comprar maiô	1600	Alto – R$ 1,58	Fundo	1
Palavra 4	preço de biquíni	1000	Alto – R$ 1,45	Fundo	1
Palavra 5	biquíni preço	720	Alto – R$ 1,59	Fundo	1
Palavra 6	preço de maio	390	Alto – R$ 1,89	Fundo	1
Palavra 7	comprar saída de praia	1000	Alto – R$ 1,60	Fundo	1
Palavra 8	Wetsuit feminino	100 a 1.000	Médio R$ 0,93	Meio	2
Palavra 9	Como lavar o biquíni	100 a 1.000	Baixo – R$ 0,21	Topo	2

Tabela: Pesquisa de palavras-chave relacionadas à moda praia. Elaborada pelos autores do capítulo.

- **PRIORIDADE:** refere-se ao grau de prioridade atribuído à palavra-chave na produção de conteúdo. Esta prioridade pode ser estabelecida conforme a estratégia do negócio. No exemplo, como a loja de biquínis já possui um e-commerce e está totalmente preparada para vender, foi estabelecido como prioridade o fundo do funil. Mas, se a empresa ainda não lançou um produto e está focando em ganhar autoridade de marca, a prioridade pode estar mais no topo do funil.

Veja a seguir um exemplo aplicado a outro contexto. Neste caso, as personas foram criadas para dar suporte a uma campanha de marketing de conteúdo focada na venda de empréstimos consignados para servidores públicos. Neste segmento, duas personas foram criadas a partir dos dados, e as palavras-chave escolhidas em função das dores comuns a ambas as personas.

Servidores Públicos

Marcele, 44 anos

Paulo, 35 anos

Legenda:
AD: Aprendizagem em descoberta
RP: Reconhecimento do Problema
CS: Consideração da Solução
DC: Decisão de Compra

	Palavras-chave (SEO)	Volume - Busca (Mensal - BR)	Concorrência (SEO/AdWords)	Topo/Meio/Fundo (Funil)	Prioridade
Palavra 1	empréstimo desconto em folha	480	Média/Alta	Fundo (CS/DC)	1
Palavra 2	taxas empréstimo consignado	720	Baixa/Média	Meio (CS)	2
Palavra 3	empréstimo pessoal na hora	8100	Baixa/Média	Meio (RP)	3
Palavra 4	tipo de emprestimos	720	Média/Baixa	Topo (AD)	4

Figura: Pesquisa de palavras-chave relacionadas a empréstimo consignado. Elaborada pelos autores do capítulo.

Após a identificação das palavras-chave, inicia-se o processo de planejamento de conteúdo para as personas em cada etapa do funil. Consiste basicamente na criação de títulos ou pequenos textos (frases ou descrições) com o uso dessas palavras-chave para orientar a construção de conteúdos específicos. Bom, vamos voltar ao principal caso deste capítulo. Vejamos o exemplo a seguir:

PERSONA A

Júlia Oliveira

34 anos, dentista

APRENDIZAGEM E DESCOBERTA — Tendências de **maiôs 2019** para todos os tipos de esportes aquáticos.

RECONHECIMENTO DO PROBLEMA — Conheça os modelos de **maiôs ideais para o seu corpo** sem ficar em dúvida na escolha do tamanho correto.

CONSIDERAÇÃO DA SOLUÇÃO — Escolha seu **maiô Krugans** para esportes aquáticos em diferentes estampas e modelos.

Figura: Planejamento de conteúdo relacionado à moda praia. Elaborada pelos autores do capítulo.

No caso da persona Júlia, em nosso exemplo, selecionamos uma das palavras-chave para cada etapa do funil e criamos o título base para a construção de um post em cada uma dessas etapas. Perceba, pela imagem anterior, que para cada etapa do funil sugerimos um título com a palavra-chave.

Na sequência, inicia-se a escrita do texto usando essas palavras. Nota-se que, à medida que se aprofunda no funil, os conteúdos também passam a ser mais específicos. Portanto, nos mais diversos tipos de conteúdos, as personas dão suporte visceral à construção da mensagem. No exemplo, o conteúdo criado estava direcionado a textos de *blog post*:

Construção de conteúdo para persona: *Júlia, 34 anos (esportes combinados com a rotina de trabalho)*

Exemplo de chamada/título e *script*:

TENDÊNCIAS DE MAIÔS 2019 PARA ESPORTES AQUÁTICOS

Se a primeira coisa que vem à sua mente quando se fala em maiô para esporte são aqueles modelos tradicionais de cor preta ou azul-marinho, você está enganada. Os esportes aquáticos estão cada vez mais em alta e com eles o estilo e a diversidade também. As mulheres que praticam esportes aquáticos estão fugindo dos opacos tradicionais, aderindo a novos modelos com design e formatos mais confortáveis para cada tipo de corpo. Neste post, vamos te apresentar algumas sugestões de estampas e modelos que são a tendência do próximo verão.

... [desenvolvimento do texto] ...

A nossa marca entende bem deste assunto e possui modelos exclusivos e indicados para a prática de esportes aquáticos. Clique aqui e confira os modelos e uma seleção especial de dicas para o verão 2019.

Quero saber sua opinião também!

ALICE ALBUQUERQUE
Designer e surfista da ilha na magia ;)

Veja que foi escolhido um tema de topo de funil (aprendizagem e descoberta) e que a palavra-chave "maiôs 2019" foi destaque como elemento principal para o título. A partir daí, foi desenvolvida a escrita do post. Na escrita, é importante ter uma narrativa dissertativa sem perder o foco no objetivo do texto, e sua relevância para a persona e na linguagem definida para ela.

Conteúdos textuais são constituídos por um tipo de texto dissertativo — este tipo de texto é temático, trata de análises e interpretações; o tempo explorado é o presente no seu valor atemporal, mesmo que na palavra-chave conste um ano (2019, no caso); aqui o texto passa por uma introdução onde o assunto a ser discutido é apresentado, seguido por uma argumentação que caracteriza o ponto de vista da autora sobre o assunto em evidência e, por último, sua conclusão. Nesse tipo de texto, a expressão das ideias, valores e crenças são claras, pois é um tipo de texto que propõe a reflexão e o debate. A linguagem explorada é a denotativa, embora o uso da conotação possa marcar um estilo pessoal.

Ao criar conteúdo, é importante ter em mente a jornada de compra da persona através do funil de vendas. Para ampliar as chances de êxito, podemos mapear em construção de conteúdo cada etapa do funil e cada canal com elementos que sejam do interesse da persona. Atualmente, com os avanços das IAs generativas[xvi] e outras ferramentas digitais, essencialmente precisamos de boas estratégias, empatia com o cliente e criatividade para direcionar as máquinas na produção das tarefas mais braçais de conteúdo.

xvi Recentemente, nosso grupo realizou testes de criação de conteúdos visuais e textuais com IAs mais específicas, tais como Vizi.com, ChurnZero, AI Writer e Nichesss. O resultado foi acima do esperado. Também utilizamos estratégias de direcionamento de conteúdo, como título, palavras-chave, tom de voz da marca e textos antigos escritos para aquela Persona, como prompt no ChatGPT, e a produção do conteúdo foi excelente, precisando apenas de pequenos ajustes.

A estratégia por canal para personas

A estratégia por canal consiste em um plano de comunicação que leva em consideração o tipo de canal, o público e a mensagem para cada etapa da jornada. No caso da persona Júlia, os canais que ela utiliza e que possuem relação com a marca de linha de roupas de praia são o google (busca orgânica), e-mail, Whatsapp e Instagram. Portanto, devem ser consideradas no plano de comunicação as etapas da jornada em que cada um desses canais vai ser explorado e com qual mensagem será veiculada em cada uma delas.

Lembramos que, para um mesmo canal, por vezes, a forma e o conteúdo da mensagem podem ter variações de *scripts* bem distintos, sendo uma delas direcionada para o *feed*, outra para *stories* e uma terceira para o *reels*, por exemplo. O mesmo serve para a busca orgânica do Google, ou para mensagens de Whatsapp. As possibilidades são muitas, e você pode então fazer um planejamento de construção de conteúdo para cada persona, exemplificando como a comunicação se dará para cada canal.

A figura a seguir mostra o detalhamento de uma ficha de persona daquela outra situação, referente aos empréstimos consignados. Neste caso, os dados foram ponto de partida para determinar quais canais e plataformas (*website*, YouTube TikTok etc) seriam explorados em cada etapa do funil, considerando topo, meio e fundo. Veja a seguir:

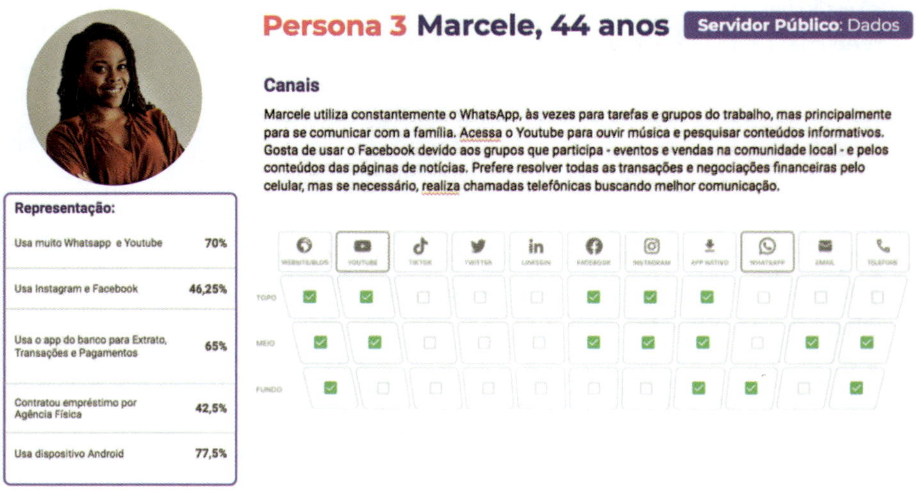

Figura: Exemplo de mapeamento de canais por estágio do funil. Elaborada pelos autores do capítulo.

O tripé formado pela união dos temas/scripts de abordagem, plano de uso de SEO/palavras-chave e estratégia de canais forma a espinha dorsal de uma tática global. O marketing de conteúdo é um dos meios mais fortes de aproximação com a audiência. Por meio dele, a organização ajuda seu público-alvo a resolver seus problemas, tornando-se uma autoridade no assunto. Além de informar as pessoas para que elas respeitem a marca e a tenham como referência, faz-se necessário tornar essas pessoas clientes da empresa. Para isso, faz-se bastante uso da persuasão, trabalhando chamadas para ação e gatilhos mentais nos conteúdos.

CTAs e gatilhos mentais

Os CTAs — *call to actions* — são, de fato, chamadas para a ação. Normalmente, consistem em botões atrativos, com cores contrastantes e sentenças curtas formadas por verbos no modo imperativo. O principal objetivo de um CTA é direcionar os usuários para avançar em um processo de conversão *online*. No caso da Persona Júlia, um bom exemplo de CTA seria: **clique aqui** para conhecer as novidades da nova coleção.

Figura: Exemplos de CTAs.

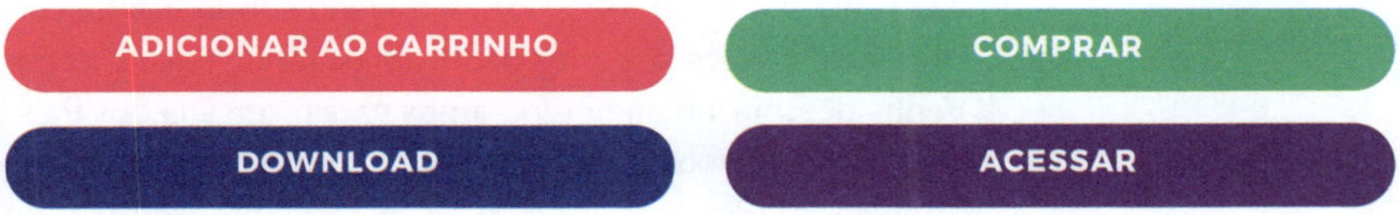

Outro fator-chave no desenvolvimento de conteúdo são os gatilhos mentais. Eles podem ser ativados por meio de um ou mais dos sentidos do ser humano (visão, audição, tato, olfato e paladar). Os mais acessíveis em um ambiente digital são a visão (imagem) e audição (som). Esses gatilhos são capazes de provocar reações nas pessoas, pois são estímulos que agem diretamente no cérebro. Vamos citar aqui os gatilhos mentais mais utilizados em marketing e vendas digitais:

- **GATILHOS DE URGÊNCIA OU ESCASSEZ:** os gatilhos de urgência ou escassez são ativados quando o usuário percebe a possibilidade da oferta ou oportunidade de compra acabar pelo esgotamento do estoque ou do tempo da promoção. Termos como "últimas unidades", "é só até amanhã", "por tempo limitado" são muito comuns. Estes gatilhos têm forte apelo psicológico, ativando o senso de valor aliado ao medo da perda.

- **GATILHO DA AUTORIDADE:** pode ser ativado quando um especialista ou pessoa reconhecida como autoridade no tema assina o conteúdo, ou quando o texto apresenta argumentos e informações em um nível de qualidade que comprova a competência da marca sobre o assunto.

- **GATILHO DA NOVIDADE:** é ativado pelo desejo de ter acesso ao novo, desconhecido, mais moderno ou inovador, apelando à curiosidade ou à necessidade de estar sempre atualizado com relação ao que há de mais atual no mercado.

- **GATILHO DE EXCLUSIVIDADE:** funciona quando a compra daquele item diferencia o consumidor dos seus pares. Uma peça cara, diferente ou customizada empresta ao seu proprietário exclusividade, fazendo com que ele se destaque das pessoas em seu círculo social.

- **GATILHO DA CURIOSIDADE:** é ativado com o uso de convites que ativam a curiosidade do usuário. Frases como "Venha descobrir o que preparamos para o seu Dia dos Pais", "Saiba como resolver o problema em 10 passos simples" ou "Conheça as 5 tendências deste verão" são bons exemplos do uso do gatilho de curiosidade.

- **GATILHO DA RAZÃO:** no caminho contrário dos gatilhos movidos por emoções, o gatilho da razão é ativado com argumentos lógicos que demonstram claramente as vantagens do consumo de determinado conteúdo, produto ou serviço. Chamadas que delimitam um problema e propõem uma solução racional são bons exemplos do uso de gatilhos da razão.

- **GATILHO DE CONEXÃO:** é ativado quando o usuário se identifica com os valores da marca. Isso ocorre por meio de posicionamentos claros quanto às questões ambientais e sociais, por exemplo.

Estes são apenas alguns exemplos. Existem outros gatilhos usados por profissionais de propaganda e marketing há anos, e não é nosso objetivo esgotar o tema, mas tão somente sugerir seu uso. Caso você tenha se interessado pelo assunto, recomendamos pesquisar também os gatilhos mentais da reciprocidade, da prova social, do comprometimento, da antecipação, da comparação e da comunidade.

Infoprodutos

O infoproduto é um artefato pouco tangível. Normalmente, é constituído por um conjunto de informações disponibilizadas em meio digital que pode ser vendidas ou oferecidas gratuitamente na forma de arquivos ou acesso a uma plataforma de conteúdo. O infoproduto compartilha conhecimento, gera aprendizado e envolvimento. Por vezes, tais conteúdos mesclam imagens, sons, mídias e plataformas.

Voltando para o exemplo da persona Júlia, após visualizar uma postagem no Instagram da empresa, clicar no CTA para conhecer as novidades da nova coleção e baixar um infoproduto — que, neste caso, poderia ser o catálogo de produtos da nova coleção —, é preciso saber o que fazer com este usuário. A partir do momento que esta pessoa opta por receber e-mails da marca, deve-se automatizar um fluxo de nutrição de conteúdo que a faça avançar no processo de compra. Ficou curioso sobre como fazer isso? Veja a seguir o que é o fluxo de nutrição.

O fluxo de nutrição

O fluxo de nutrição tem o intuito de otimizar a entrega de conteúdos e ofertas ao *lead*[xvii], acelerando o tempo de maturação para a próxima conversão e gerando vantagem competitiva para a empresa. Isso quer dizer que, de acordo com o conteúdo consumido no momento, podemos deduzir o grau de maturidade do usuário dentro do processo de compra, ou — em outras palavras — o estágio do funil onde ele se encontra. Dessa forma, temos a oportunidade de nos antecipar e levar o *lead* para o próximo estágio do funil antes que a concorrência o faça. Temos tal vantagem competitiva por sabermos exatamente em que camada do funil o *lead* está, uma vez que ele interagiu com um conteúdo da nossa marca e não com o da concorrência.

xvii *Lead* é o nome que se dá ao usuário que converteu em uma ação de marketing digital e forneceu seus dados de contato e consentimento para receber conteúdo diretamente da empresa.

Já vimos que existem diferentes canais de comunicação para fazer nutrição, por exemplo, e-mail, Whatsapp, Telegram e *directs* de Instagram. No momento em que este livro é escrito, o e-mail ainda é um dos principais canais, por conta da facilidade para se conseguir o endereço eletrônico dos *leads*, a assiduidade com que checam suas caixas de mensagens e, principalmente, pelo baixo custo de disparo.

No entanto, ao escolher o canal para o fluxo de nutrição, deve-se considerar a estratégia e o nível de interpessoalidade que é atribuído para cada canal, além das preferências particulares do usuário e aquelas definidas para a persona com a qual ele se identifica. Por exemplo, a organização, ao disparar uma nutrição de topo de funil em um canal como o Whatsapp, provavelmente terá boas métricas de visualização e engajamento. Todavia, ao fazer isso, ela pode estar "queimando" um canal interpessoal forte para uma grande parcela da audiência que não deseja ser abordada em um canal tão pessoal nesta etapa do processo de compra. Como consequência, há o risco de perder a interlocução com esse usuário em uma etapa mais avançada do funil. A abordagem por canal apresentada anteriormente neste capítulo para a persona Marcele oferece um bom norte de como determinar isto.

Depois do exposto neste capítulo, acreditamos ter ficado mais claro que o design de conteúdo é uma peça-chave em uma estratégia de comunicação digital. Entre argumentos e sugestões de aplicação prática, o que foi descrito aqui pode auxiliar empresas a criar conteúdos focados no que é relevante para a sua audiência, a fim de impulsionar seu crescimento digital. Tudo isso, é claro, é mais eficiente se determinadas decisões foram tomadas com base em dados. É disso que vamos tratar a seguir.

Podemos resumir, esclarecendo que o fluxo de nutrição funciona como uma espécie de algoritmo que pode ser **planejado** e depois **implementado** e **automatizado** em uma plataforma de marketing digital, de CRM ou em outras soluções com finalidades similares. O fluxo de nutrição é iniciado a partir de informações-chave que foram capturadas anteriormente. O objetivo do fluxo é entregar conteúdos de valor e adequados ao contexto de cada persona. Lembramos que essas informações-chave dizem respeito a dados coletados no cadastro do *lead*. Normalmente, elas identificam a persona, capturam o canal de contato para envio do fluxo e, principalmente, identificam a sua dor e o seu estágio no funil.

As imagens a seguir demonstram como planejamos, implementamos e automatizamos o fluxo de nutrição em empresas que atendemos. Cabe mencionar, para melhor entendimento dos conteúdos sugeridos no fluxo, que a empresa atua com fomento ao empreendedorismo.

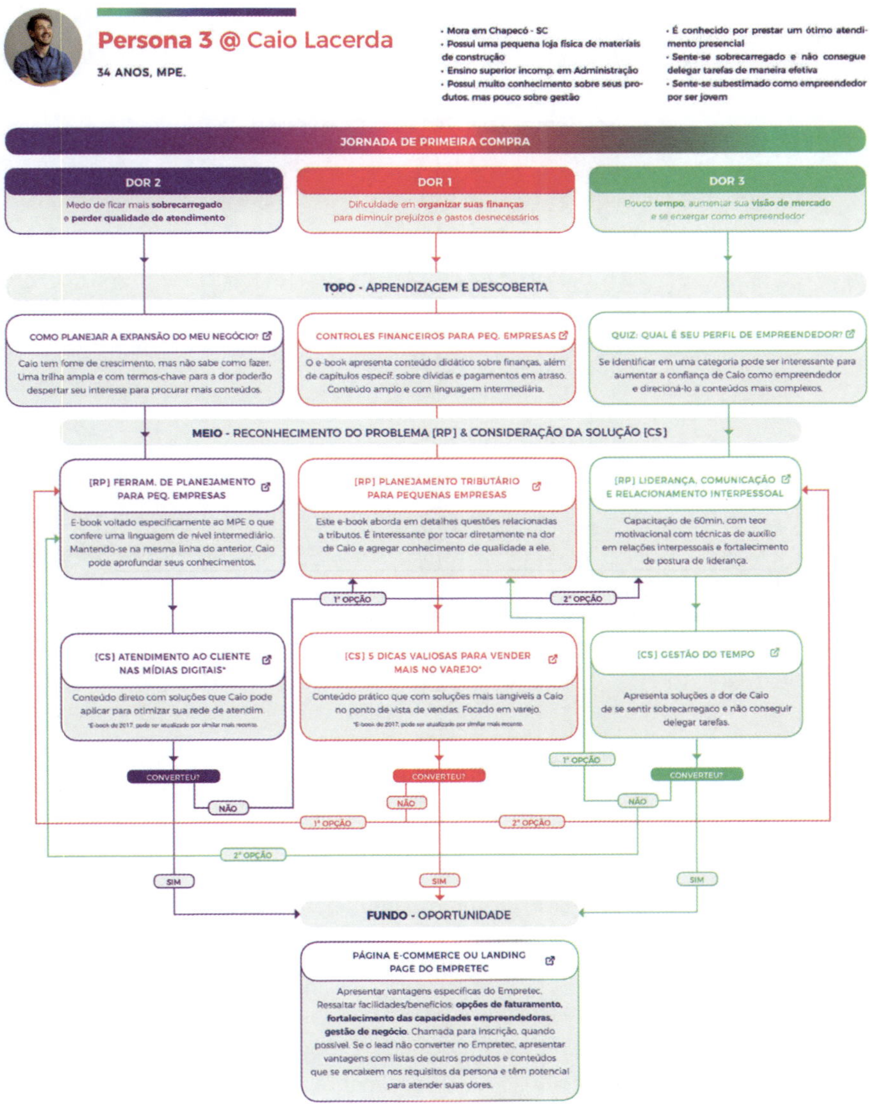

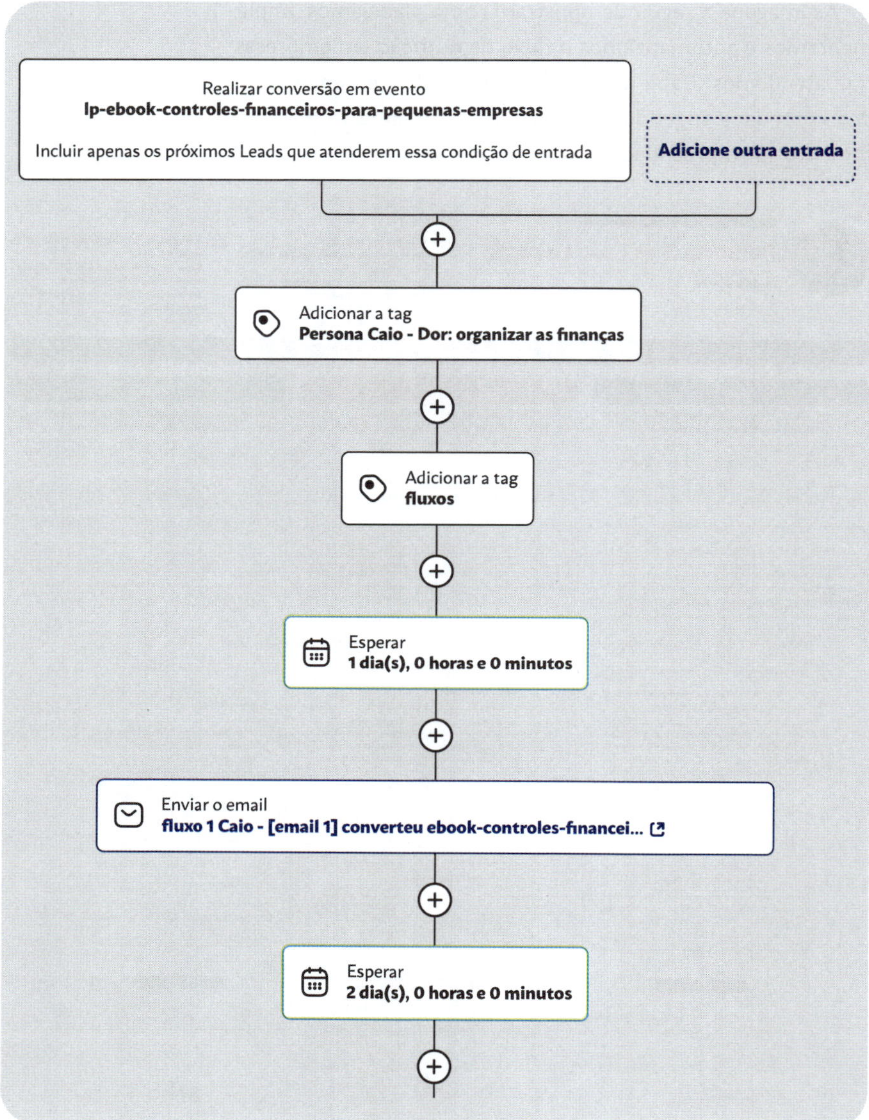

Figura: Exemplo de implementação e automação do Fluxo de Nutrição na plataforma de marketing digital. Elaborada pelos autores do capítulo.

"Vou contar um caso que reforça o valor de aprofundar nas Personas para desenvolver melhores soluções de design.

Em 2015, quando eu lecionava em outra IES, uma equipe de alunos da disciplina de Design de Utensílios desenvolveu como tema de projeto talheres para idosos. Após pesquisarem a literatura sobre ergonomia para o público e aprenderem mais sobre antropometria e diâmetros de pegas, recomendei que aplicassem questionários com fisioterapeutas, cuidadores e idosos.

Após isso, eles identificaram três grupos principais de idosos: Grupo A (coordenação motora plena), Grupo B (falta de força e firmeza leve) e Grupo C (dificuldades motoras moderadas e severas). No entanto, eles não sabiam muito bem como projetar talheres que atendessem aos diferentes grupos identificados. Então, sugeri que fizessem uma imersão em campo com representantes de cada grupo.

Eles iniciaram visitando a avó de um dos alunos, e ela fez uma janta para eles, com direito a bolo e sobremesa. No entanto, ao final, concluíram que "A avó do Gabriel não precisa de talheres especiais, aliás, ela manuseia utensílios de cozinha melhor do que a gente" — ela representava uma típica persona do Grupo A.

Em seguida, levaram um protótipo de talher para um asilo, onde encontraram representantes dos Grupos A, B e C. Surpreendentemente, concluíram que ninguém precisava dos talheres desenvolvidos. Os representantes do Grupo A se assemelhavam à avó do Gabriel, e os do Grupo C recebiam ajuda de cuidadores. Já os do Grupo B rejeitaram o protótipo, considerando-o feio e inútil, preferindo talheres normais. No entanto, um dos alunos suspeitou que a rejeição pudesse ocorrer porque o protótipo era claramente direcionado a pessoas com deficiência.

Então, voltaram para a sala de modelagem, afinaram a extremidade da pega que conectava ao metal, deixaram o cabo em forma de gota, trocaram a cor de azul-bebê para preto-fosco, fizeram um filete dourado na lateral para torná-lo mais elegante, e voltaram ao asilo para testar a segunda versão.

A aceitação foi enorme! Os talheres eram elegantes e não denotavam deficiência, o que fez com que os representantes dos Grupos A e C também desejassem utilizá-los."

PROF. DR. JÚLIO MONTEIRO TEIXEIRA
Designer, líder de pesquisa do grupo Lemme e um dos autores deste livro

O caso ilustra bem como a pesquisa quantitativa e qualitativa são complementares, que protótipos são essenciais para avaliar a experiência e como uma interpretação equivocada pode ocorrer sem um olhar atento e humano do designer.

NESTE CAPÍTULO A GENTE CITOU:

1 SIQUEIRA, André. **Máquina de aquisição de clientes:** práticas modernas para gerar crescimento explosivo e alavancar o seu negócio com alta performance em marketing e vendas. São Paulo: Gente, 2021. 256p.

2 MACEDO, Paulo. **A arte de escrever para a web e produzir conteúdos poderosos.** DVS Editora: São Paulo, 2017.

3 REZ, Rafael. **Marketing de conteúdo:** a moeda do século XXI. DVS Editora: São Paulo, 2017.

4 ASSAD, Nancy. **Marketing de conteúdo:** como fazer sua empresa decolar no meio digital. Atlas: São Paulo, 2016.

5 RESULTADOS DIGITAIS. **Marketing de conteúdo.** 2016. Disponível em: https://resultadosdigitais.com.br/especiais/marketing-de-conteudo. Acesso em: 26 maio 2020.

6 GARRETT, Jesse James. **The elements of user experience:** user-centered design for the web and beyond. 2nd ed. Berkeley, CA: New Riders, 2011.

6

DATA-DRIVEN DESIGN DATA-DRIVEN DESIGN DATA-DRI-
VEN DESIGN DATA-DRIVEN DESIGN DATA-DRIVEN DESIGN
DATA-DRIVEN DESIGN DATA-DRIVEN DESIGN DATA-DRI-
VEN DESIGN DATA-DRIVEN DESIGN DATA-DRIVEN DESIGN
DATA-DRIVEN DESIGN DATA-DRIVEN DESIGN DATA-DRI-
VEN DESIGN DATA-DRIVEN DESIGN DATA-DRIVEN DESIGN
DATA-DRIVEN DESIGN DATA-DRIVEN DESIGN DATA-DRI-
VEN DESIGN DATA-DRIVEN DESIGN DATA-DRIVEN DESIGN
DATA-DRIVEN DESIGN DATA-DRIVEN DESIGN DATA-DRI-
VEN DESIGN DATA-DRIVEN DESIGN DATA-DRIVEN DESIGN
DATA-DRIVEN DESIGN DATA-DRIVEN DESIGN DATA-DRI-
VEN DESIGN DATA-DRIVEN DESIGN DATA-DRIVEN DESIGN
DATA-DRIVEN DESIGN DATA-DRIVEN DESIGN DATA-DRI-
VEN DESIGN DATA-DRIVEN DESIGN DATA-DRIVEN DESIGN
DATA-DRIVEN DESIGN DATA-DRIVEN DESIGN DATA-DRI-
VEN DESIGN DATA-DRIVEN DESIGN DATA-DRIVEN DESIGN
DATA-DRIVEN DESIGN DATA-DRIVEN DESIGN DATA-DRI-
VEN DESIGN DATA-DRIVEN DESIGN DATA-DRIVEN DESIGN
DATA-DRIVEN DESIGN EN DESIGN DATA-DRI-
VEN DESIGN DATA-DRI A-DRIVEN DESIGN
DATA-DRIVEN DES N DESIGN DATA-DRI-
VEN DESIGN DATA-D ESIGN ATA-DRIVEN DESIGN
DATA-DRIVEN DE EN DESIGN DATA-DRI-
VEN DESIGN DATA- A-DRIVEN DESIGN
DATA-DRIVEN DE DESIGN DATA-DRI-
VEN DESIGN DATA-D ESI -DRIVEN DESIGN
DATA-DRIVEN DES DESIGN DATA-DRI-
VEN DESIGN DATA-DR A-DRIVEN DESIGN
DATA-DRIVEN DESIG EN DESIGN DATA-DRI-
VEN DESIGN DATA-DRIVEN DESIGN DATA-DRIVEN DESIGN
DATA-DRIVEN DESIGN DATA-DRIVEN DESIGN DATA-DRI-
VEN DESIGN DATA-DRIVEN DESIGN DATA-DRIVEN DESIGN
DATA-DRIVEN DESIGN DATA-DRIVEN DESIGN DATA-DRI-
VEN DESIGN DATA-DRIVEN DESIGN DATA-DRIVEN DESIGN
DATA-DRIVEN DESIGN DATA-DRIVEN DESIGN DATA-DRI-
VEN DESIGN DATA-DRIVEN DESIGN DATA-DRIVEN DESIGN
DATA-DRIVEN DESIGN DATA-DRIVEN DESIGN DATA-DRI-
VEN DESIGN DATA-DRIVEN DESIGN DATA-DRIVEN DESIGN
DATA-DRIVEN DESIGN DATA-DRIVEN DESIGN DATA-DRI-
VEN DESIGN DATA-DRIVEN DESIGN DATA-DRIVEN DESIGN
DATA-DRIVEN DESIGN DATA-DRIVEN DESIGN DATA-DRI-
VEN DESIGN DATA-DRIVEN DESIGN DATA-DRIVEN DESIGN
DATA-DRIVEN DESIGN DATA-DRIVEN DESIGN DATA-DRI-
VEN DESIGN DATA-DRIVEN DESIGN DATA-DRIVEN DESIGN
DATA-DRIVEN DESIGN DATA-DRIVEN DESIGN DATA-DRI-
VEN DESIGN DATA-DRIVEN DESIGN DATA-DRIVEN DESIGN
DATA-DRIVEN DESIGN DATA-DRIVEN DESIGN DATA-DRI

DATA-DRIVEN DESIGN

JEFFERSON LEWIS VELASCO
Mestrando em Design pela UFSC.

JÚLIO MONTEIRO TEIXEIRA
Pós-doutorado na School of Industrial Design da Academy of Art University.

Já consideramos nos capítulos anteriores que a importância dos dados nos processos de tomada de decisão e desenvolvimento de produtos ou serviços não pode mais ser ignorada. Contudo, precisamos nos convencer de que o assunto não é tão complexo quanto parece, embora demande algum esforço e comprometimento que podem fazer muita diferença se forem considerados os argumentos expostos até aqui.

Como veremos a seguir, nossa capacidade de armazenar dados é, via de regra, muito maior que nossa capacidade de análise. Então, para que possamos aproveitar melhor esse ativo valioso, é necessário desenvolver certas habilidades, das quais falaremos ao longo do capítulo. Esse processo pode ser visto como um investimento pessoal ou uma necessidade de aperfeiçoamento profissional. Por isso, é importante refletir se essa iniciativa é uma busca por um diferencial ou por um requisito mínimo na formação de profissionais e gestores da indústria criativa. Cabe ao leitor entender seu contexto profissional e decidir como encarar esse desafio. O mercado tem se referido a isso como "alfabetização em dados".

Sendo assim, propõe-se aqui um caminho para compreender essa jornada e, quem sabe, fornecer alguns pontos de partida para que você possa buscar essa capacitação. Desde já, antecipamos a principal finalidade do capítulo: fazer você reconhecer que o mundo atual é orientado a dados, e que ele precisa de você!

UM MUNDO ORIENTADO A DADOS

Abordagens que trazem afirmações sem sustentação factual e verificável têm perdido espaço no mercado atual. Embora em algumas situações isso ainda possa acontecer, é uma situação que tende a ser cada vez mais incomum. No cenário 5.0, quase tudo pode ser verificado com um pouco de esforço, dedicação e inteligência.

Essa realidade tem origem em fenômenos pregressos. As imagens a seguir ajudam a entender de forma evolutiva a relação entre os meios e a capacidade de armazenamento que originaram esse cenário.

Armazenamento Global de Informações: em bytes idealmente compactados

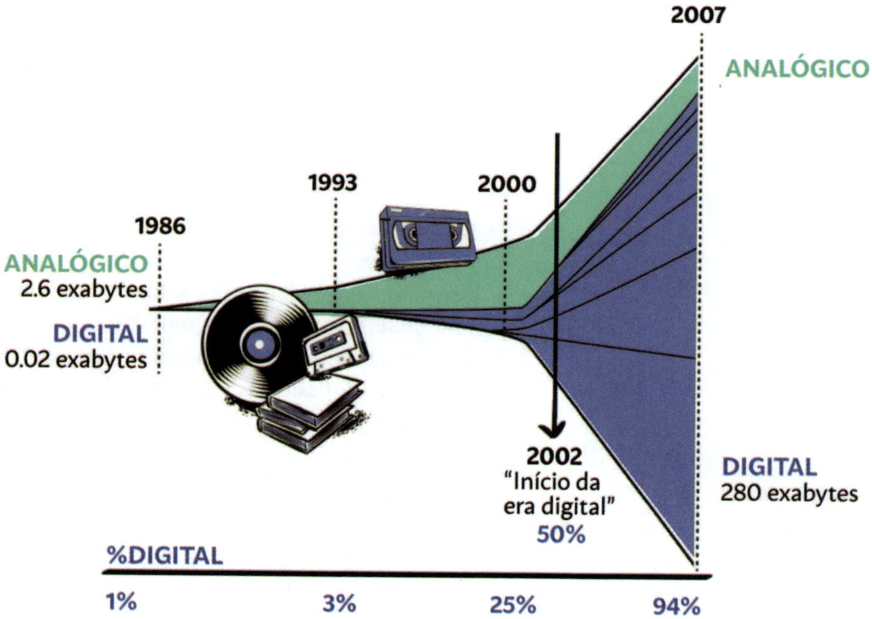

Fonte: Adaptado de Hilbert (2011)[1].

Em 2018, sete anos após a publicação que orientou a construção desta figura, o professor Martin Hilbert[2] descreveu a transição para o digital a partir do armazenamento de informações. Para ele, o ano de 2002 — que figura no infográfico acima como início da era digital — é, na verdade, o ponto de inflexão entre o analógico e o digital. O gráfico, que parte da mesma linha de pesquisa desenvolvida pelo autor, nos ajuda a entender melhor essa ideia.

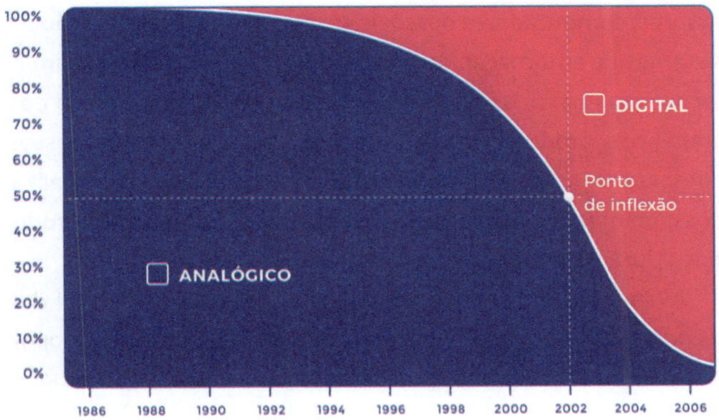

Fonte: Adaptado de Hilbert (2018).

A produção e armazenamento de dados em meios analógicos impunha desafios óbvios. Em primeiro lugar, a produção de dados acontecia em função das perguntas. Estudos eram realizados a fim de atender a objetivos específicos e bem definidos e, muitas vezes, eram limitados por questões de custo ou logística. Uma pesquisa de mercado envolvia o desenvolvimento e impressão de questionários, o treinamento de pesquisadores, a colocação das equipes de pesquisa em campo já distribuídas nas áreas de interesse geográfico, bem como a hospedagem, alimentação, supervisão e recebimento dos formulários preenchidos para a eventual tabulação dos resultados. É possível calcular, a partir dessa descrição simples, os custos e o número de pessoas envolvidas em um estudo que hoje pode ser criado e disparado por um único pesquisador.

Em segundo lugar, a auditoria dos resultados também não era menos trabalhosa. Auditar um estudo realizado no ano anterior (o que vai além de apenas analisar os resultados tabulados) poderia envolver buscas em depósitos de papel, refazer cálculos e apresentar divergências em relatórios impressos. Todas essas dificuldades poderiam tornar os erros mais frequentes e caros, além de favorecer uma possível manipulação dos resultados ou sua interpretação por meio de vieses.

Na medida em que os processos de produção, venda e distribuição de produtos e serviços passaram a se apoiar em ferramentas digitais, como máquinas controladas por computadores, computadores pessoais em escritórios, implantação de sistemas de automação de pontos de venda (para citar algumas tecnologias nascidas entre o final dos anos 60 e o começo dos anos 90) a produção de dados relacionados a esses processos aumenta exponencialmente. Estudos podem agora ser realizados com mais agilidade, já que muitos dados estão sendo produzidos durante as operações de rotina.

Avance 30 anos no futuro, e o crescimento exponencial das tecnologias de produção e processamento de dados nos proporcionam um cenário onde toda e qualquer atividade no mundo digital produz dados. A inteligência competitiva reside cada vez mais na capacidade de formular perguntas relevantes. Essa nova realidade oferece não só fartura de dados, mas também alta rastreabilidade ou auditabilidade sobre o que se afirma.

Perguntas relevantes e grandes massas de dados oferecem oportunidades, mas também impõem desafios. A expectativa dos tomadores de decisão nunca esteve tão alta com relação à análise de dados. Relatórios básicos tendem a figurar cada vez mais como *commodities,* e o diferencial passa a residir na capacidade de interpretar nuances, ambiguidades, oportunidades e insights que estão "ocultos" nesses cenários — reportados por meio de uma análise mais minuciosa — onde muitas vezes se buscam vantagens que nos tornem capazes de executar ações de forma automatizada e, quando possível, de forma prescritiva. Ao menos por algum tempo, esses diferenciais deverão conferir à organização certa vantagem competitiva, antes de também se tornarem commodities.

Do ponto de vista do usuário, entregar seus dados pode oferecer vantagens e desvantagens. O uso indevido de dados pessoais — que pode ir desde a fraude até a oferta invasiva de publicidade — pode ser um problema real. No mundo inteiro, a capacidade dos legisladores de absorver novas tecnologias e regular seu uso é limitada. São muito poucos e de formação insuficiente para lidar com toda a carga inovadora que se produz. Aos poucos, governos e seus órgãos reguladores estão criando mecanismos para proteger os consumidores no ambiente digital, para garantir a livre concorrência e promovendo a quebra de monopólios tecnológicos.

Em contrapartida, o ganho para os consumidores é substancial. Usando dados de navegação, comunicação e consumo (desde que com a devida autorização do usuário), robôs são capazes de direcionar ao usuário publicidade de seu interesse, com ofertas e produtos que estão em sua cabeça naquele momento. Estes dados podem ser usados para desenhar jornadas de experiência do usuário de acordo com suas preferências pessoais. Podem ajudar a direcionar conteúdo relevante e de qualidade e a customizar opções em canais de atendimento que já são a sua preferência. Se percebermos ainda nesta conta o uso dos dados que serão produzidos por tecnologias baseadas em 5G, até a customização de produtos e serviços pode ser possível.

No momento em que este livro é escrito, estamos percebendo o crescimento gradual de ofertas, conteúdos e produtos extremamente individualizados, boa parte deles oriundos da leitura de dados e processados por sistemas computacionais cognitivos. Esse é um dos pontos de transição da indústria 4.0 para a 5.0. Se hoje, na maioria das vezes, analisamos dados para construir uma imagem de um consumidor que representa uma parcela importante do mercado, desenvolver um produto que atenda aos anseios de uma grande parte do público ou criar conteúdo que entregue valor a um grande número de pessoas, também já convivemos com uma série de algorítimos (por exemplo, no Instagram, Tik Tok, Twitter — ou no novo nome X, Nexflix e Amazon) que usam dados individuais de um usuário para compreender o que ele precisa, entregar a solução exata no momento certo e esclarecer as dúvidas acerca dos problemas que o desafiam naquele instante. A nova quebra de paradigma nos leva do estudo amplo de dados para a compreensão de objetos específicos, para o estudo dos dados particulares de cada indivíduo, para a compreensão de suas dores e a criação de remédios adequados ao momento, já que as pessoas e suas necessidades mudam constantemente.

Diante de tudo isso, não se mostra exagerada a seguinte provocação: quem não sabe reconhecer e utilizar o potencial dos dados coletados no universo digital está ficando para trás, pois uma das competências essenciais da indústria 5.0 é a fluência em dados. Seria leviano, no entanto, afirmar que designers e demais profissionais da indústria criativa não fazem análises de dados. É possível afirmar que fazem, sim, e com muita competência. A grande maioria se sente muito confortável com análises qualitativas que permitem o emprego pleno de sua capacidade de abstração, criatividade e a formulação de insights importantes para o negócio, por meio de técnicas narrativas. E muitas vezes essas técnicas ajudam a explicar motivações e comportamentos, deixando um pouco de lado o processo objetivo, e por vezes cansativo, da análise quantitativa — que se dedica a explicar a natureza do fenômeno em dimensões mais objetivas.

Os negócios, portanto, precisarão garantir o nível de excelência tomando, cada vez mais, melhores decisões a partir de dados. Podemos afirmar que, em sua maioria, as tomadas de decisão deverão ser sustentadas por dados, e que estas serão provenientes de um ambiente digital.

Este ambiente está migrando. A quinta geração de rede de internet móvel não vai possibilitar apenas mais velocidade em celulares, tablets e aparelhos semelhantes. Conexões mais estáveis e cobertura mais ampla serão garantidas por novas tecnologias baseadas no uso de frequências de rádio mais eficientes, o que vai permitir que mais aparelhos se conectemsimultaneamente à rede, sem interferências. Isso deve impulsionar o mercado ainda pequeno da internet das coisas. Geladeiras inteligentes que avisam quando sua comida preferida está acabando, carros autônomos, drones de entrega, panificadoras domésticas que buscam as receitas perfeitas para você na internet, todos esses devices inteligentes serão fontes importantes capazes de elevar a análise de dados para outros patamares.

Assim, é possível afirmar que organizações que não fomentam uma cultura de dados não vão estar prontas para o que deve ocorrer nos próximos anos. Um prazo muito curto onde investimentos em *data literacy*[xviii] e infraestrutura devem andar

xviii Com base no prefácio da publicação: PROVOST, Foster; FAWCETT, Tom. Data Science for Business: what you need to know about data mining and data-analytic thinking. Sebastopol: O'reilly Media, Inc, 2013.

juntos com o cultivo da cultura de dados. Aqui cabe aos gestores um compromisso pessoal: não basta investir em um data lake e em treinamento para os colaboradores se na hora de tomar decisões, os resultados do esforço analítico do time ainda forem postos de lado em favor de uma opinião pessoal ou uma decisão monocrática. Mudanças culturais em um ambiente organizacional só serão bem-sucedidas se houver comprometimento da alta gestão.

Logo, a tendência representada pelo termo *data-driven design* pode ser vista como uma reação às exigências e oportunidades proporcionadas pela evolução tecnológica que bate às nossas portas. Cabe a nós, como profissionais da indústria criativa, assumir nosso papel neste contexto e embarcar no desafio.

UM MERGULHO EM DATA-DRIVEN DESIGN: A IMPORTÂNCIA DA CULTURA DE DADOS

O que é *data-driven design*? Embora tenhamos percebido uma crescente profusão de termos análogos, como *data-driven decision-making*, *data-driven development*, *data-driven marketing* e *data-driven innovation*, o termo ***data-driven design*** ainda não é tão amplamente conceituado e difundido.

Algumas publicações científicas[xix] tratam do tema ou tangenciam sua definição. Entretanto, diante da ausência de consenso e de definições mais categóricas, neste livro entendemos *data-driven design* como a prática de tomar decisões ligadas ao universo da indústria criativa a partir de análises de dados. Essa prática resulta em dinâmicas de trabalho que evitam decisões predominantemente intuitivas e autocentradas, estimulando um processo criativo mais coletivo e, é claro, ancorado na realidade. Nesse contexto, o *data-driven design* busca integrar dados, informações e conhecimentos para apoiar designers e demais envolvidos em processos criativos e de tomada de decisão. Sendo assim, fazer design baseado em dados pode se comparar a um grande experimento social, onde usuários e consumidores são observados por meio dos registros que deixam em suas interações com os produtos e serviços que consomem.

xix Confira os exemplos de Agrawal, Papalexakis e Golshan (2016)[4] e Zakaria e Lim (2017)[5].

ENTENDEMOS DATA-DRIVEN DESIGN COMO A PRÁTICA DE TOMAR DECISÕES LIGADAS AO UNIVERSO DA INDÚSTRIA CRIATIVA A PARTIR DE ANÁLISES DE DADOS.

Dados e inovação caminham juntos, e quem não for capaz de ler e interpretar dados correrá o risco de não conseguir acompanhar o ritmo 5.0. Isso não deveria limitar a criatividade no design, mas sim servir de ferramenta para guiar processos criativos, como uma base de conhecimento sobre a qual podemos formular hipóteses, abstrair conceitos, analisar contextos e criar cenários, narrativas, ofertas e soluções. Os dados em si não impõem limitações, mas a forma como são utilizados pode criar esse problema. Cabe aos líderes de equipes, gestores de projeto e executivos compreenderem os limites comportamentais que separam um incentivo em forma de questionamento de uma poda categórica na criatividade do time.

Desta forma, aquilo que chamamos genericamente de cultura de dados se consolida como um hábito, um olhar diferente sobre o negócio. E para que esse olhar seja possível, o profissional não precisa se tornar um marinheiro experiente para navegar mares inexplorados; ele pode contar com a ajuda de uma tripulação: a equipe de tecnologia. Mas deve saber aonde quer chegar e como comunicar esse objetivo ao time.

É importante, neste ponto, destacar o uso ético de dados e consentimento do usuário. Toda operação que coleta dados deve deixar isso claro para quem cede a informação. Mais do que isso, deve garantir que não serão comercializados ou cedidos a terceiros sem autorização prévia. Um termo de consentimento deve ser redigido de acordo com a legislação vigente e as atividades da organização acompanhadas por um *data protection officer*[xx] (DPO).

xx O oficial de proteção de dados atua de forma independente, sendo responsável por garantir que a organização respeite a legislação de proteção de dados em vigor.

O desenvolvimento de uma cultura de dados na organização pode trazer muitos benefícios. Não é algo fácil, já que implica na mudança na forma de ver quase tudo que se faz. Trata-se de algo mais significativo e profundo, que tende a resultados mais eficazes no longo prazo. Para garantir a plena utilização de inteligência baseada em dados, é preciso cultivar e desenvolver um pensamento analítico, capaz de atuar na solução de todo tipo de problema, mesmo que seja para ser descartado se não for aplicável a qualquer caso específico. Em todo caso, essa deve se tornar a primeira abordagem sempre que possível.

Imagem: elaborada pelos autores do capítulo.

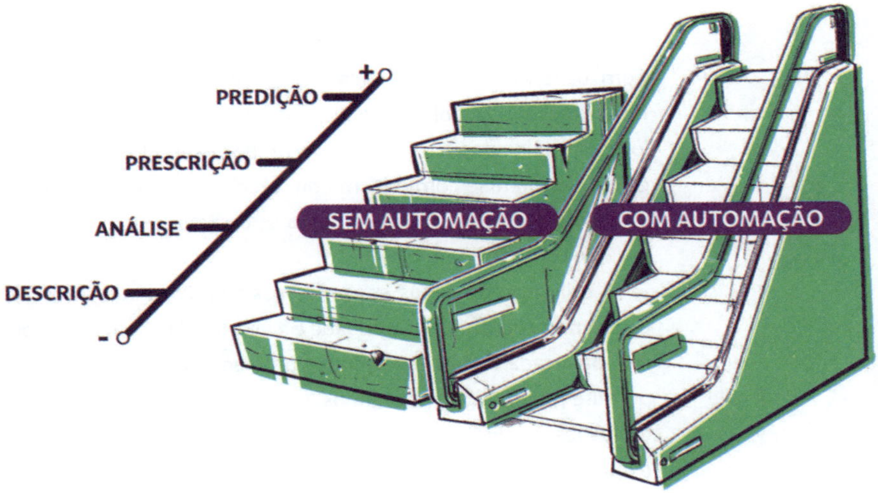

Vale acrescentar que essa jornada evolutiva de mentalidade e maturidade analítica pode se desenvolver a partir dos degraus representados na página anterior. É necessário salientar que eles representam um aumento de complexidade, mas não necessariamente uma relação hierárquica.

Em cada um dos degraus representados anteriormente, existem desafios a serem superados. Os dois primeiros degraus, **descrição** e **análise**, consistem na nossa capacidade de criar informação, na maioria das vezes, na forma de relatórios, dashboards ou indicadores. Nesses casos, normalmente esbarramos em lacunas de informação e percepção que poderiam ser suplementadas por dados para, em seguida, descobrir novas dificuldades, como confiabilidade e qualidade. Essas dificuldades são sensíveis e precisam ser trabalhadas nas fontes para que os profissionais da indústria criativa possam desenvolver soluções inovadoras, desde as incrementais até as mais disruptivas.

Nos degraus mais avançados, **predição** e **prescrição**, o conceito fundamental é o de determinar a semelhança entre fenômenos que podem ser identificados por meio de dados. Essa capacidade forma a base para várias tarefas específicas que podem, por exemplo, encontrar grupos de clientes semelhantes a um determinado cliente, ou um estereótipo específico, como uma persona. Para isso, utilizam-se algoritmos de predição que estimam um valor-alvo, como os gastos de um indivíduo ou a probabilidade de um *lead* converter em uma campanha. Uma ferramenta que utiliza essas técnicas é o Facebook Lookalike. Com base nesses diagnósticos, é possível também atuar de forma prescritiva, colocando um potencial comprador em uma jornada mais adequada ao seu perfil, por exemplo. Esses conceitos também se comunicam com técnicas de *clustering*, que agrupam elementos de acordo com as características ou recursos que compartilham[3].

A utilização de dados em processos criativos pode começar com uma avaliação de maturidade e a escolha da abordagem correta para cada ambiente, cenário e problema. A experiência nos permite propor alguns caminhos. Cada um deles carrega potencialidades, fragilidades e indicações de aplicação que podem ajudar a decidir como iniciar o uso de dados em sua organização.

Ações paliativas

Acontecem principalmente (mas não exclusivamente) em organizações ou projetos que ainda estão amadurecendo a cultura de dados. Elas servem para produzir aquelas informações que não estão disponíveis para consulta e análise nas aplicações e sistemas de gestão (quando não existem relatórios ou dashboards para prover a informação), como em um *e-commerce* ou um ERP[xxi]. Operacionalmente, consistem em perguntas de escopo bem definido feitas aos bancos de dados que, realizando consultas pontuais, podem construir amostras, na forma de *datasets*, capazes de fornecer as respostas necessárias. Os resultados são geralmente analisados em planilhas ou ferramentas de *business intelligence*.

xxi *Enterprise Resource Planning*, ou Sistema integrado de Gestão Empresarial.

Para planejar essas perguntas, podemos partir da formulação de hipóteses ou da idealização de soluções, que servem como "pontos de ancoragem" para as análises. Os dados poderão servir a uma etapa de diagnóstico ou definir requisitos para um projeto, porém haverá um momento em que eles não trarão mais respostas objetivas ou simplesmente não existirão. Neste momento, a criatividade vai suprir as lacunas deixadas pelos dados. Durante o desenvolvimento de personas, por exemplo, os dados podem ajudar a traçar um perfil sociodemográfico muito preciso, mas o desenvolvimento da história da persona e

NESTE MOMENTO, A CRIATIVIDADE VAI SUPRIR AS LACUNAS DEIXADAS PELOS DADOS.

Imagem: elaborada pelos autores do capítulo.

a descrição de suas dores e preferências são idealizadas a partir de processos criativos.

Essa idealização, contudo, não deve ocorrer de forma desorganizada, e sim trabalhada pela equipe a partir dos pontos de ancoragem. Os produtos dessas ações complementam uma interpretação da realidade que faz sentido a partir de um consenso, uma narrativa ou um conhecimento tácito, e as hipóteses a serem investigadas devem se relacionar com objetivos estratégicos da organização ou do negócio. Funciona de forma similar a um jogo de ligar pontos: quanto mais pontos de ancoragem, mais precisa tende a ser a representação e a análise do fenômeno. Caso concorde com o provérbio chinês, "uma imagem vale mais que mil palavras", apenas olhe novamente para as nossas Mona Lisas.

Levantamentos complementares

Devem ser usados quando se deseja reduzir as incertezas ou as chances de erro de interpretação sobre um fenômeno já conhecido ou observado, como a definição de *targets* para uma campanha de marketing específica a ser rodada na base de clientes ou a avaliação comparativa do desempenho de determinados canais de atendimento.

Normalmente, tais complementos ocorrem por meio de novas buscas ou de extrapolações de uma análise prévia a partir de situações análogas que podem ou não partir de uma infraestrutura de dados pré-existente ou ações paliativas anteriores. Se a empresa já conta com painéis de monitoramento que atendem às suas necessidades, mas não respondem a perguntas específicas e circunstanciais, por exemplo, este é o caminho. Se, como parte do desenvolvimento de um novo produto ou serviço, não há segurança quanto ao comportamento dos clientes potenciais a partir dos dados existentes nos bancos da organização, é possível criar uma campanha de e-mail marketing com teste A/B para obter dados complementares ou validar hipóteses.Essas informações adquiridas a partir da campanha teste constituem um levantamento complementar.

Tais levantamentos podem exigir ampliação ou o ajuste em variáveis como o tempo de pesquisa, o tamanho da amostra, do objeto da análise ou o monitoramento temporário de um indicador, e às vezes demandar novos investimentos.

Modelos de monitoramento e ferramentas estruturais

São soluções na forma de processos que analisam dados periodicamente ou continuamente a fim de monitorar indicadores importantes para o negócio. Quando processos operacionais que deveriam depender de modelos estruturais orientados a dados não contam com eles, é fundamental estudar o processo de tomada de decisão da organização e compreender os motivos que impedem a implementação desse tipo de abordagem.

Normalmente, modelos e ferramentas estruturais visam explorar a correlação de dados transacionais com objetivos estratégicos ou metas operacionais. Dados transacionais são aqueles produzidos e consumidos pelos sistemas gerenciais nas transações cotidianas da organização. O sistema de faturamento de uma empresa de cobrança guarda dados de clientes, faturas, confirmações de liquidação e atraso e assim por diante. Ao mesmo tempo, a empresa mantém uma estrutura informacional específica para analisar esses dados transacionais e produzir indicadores de produtividade. Estes são os dados analíticos que dão suporte à gestão e à tomada de decisão.

Modelos e ferramentas estruturais são soluções tecnológicas implementadas como processos contínuos, que devem ser desenvolvidos de acordo com a realidade da organização. Servem para tornar possível a exploração ágil de dados, que serão processados com frequência e usam recursos técnicos mais especializados como ferramentas de *business intelligence* e técnicas de *data science*, como a construção de um *datalake*, o que permite que as equipes trabalhem com mais independência e criatividade, podendo se debruçar diretamente sobre os dados.

A partir disso, um indicador pode disparar um alerta. Um exemplo típico é o esgotamento de um recurso, como o estoque de um produto. Para os designers e profissionais da indústria criativa, o alerta pode se configurar em confrontos com meta de vendas, quebras de sistemas de pagamento, alarmes para queda de vendas de determinados produtos etc.

ABORDAGEM	VANTAGENS	DESVANTAGENS	INDICADO PARA:
Ações paliativas	Menor custo, flexibilidade, velocidade e facilidade de execução.	Maior grau de incertezas, limitadas ao escopo da pergunta específica. Oferecem retratos estáticos no tempo.	Projetos e validação de hipóteses. Situações de projeto ou operacionais com prazo e orçamento enxuto que carregam maior grau de incerteza e riscos ou para validação/descarte de hipóteses pontuais. Nesses casos, podem levar a um **ganho mais imediato e perceptível.**
Levantamentos complementares	Expande o escopo de análises prévias ou implementa melhorias em análises já em andamento.	Podem consumir mais tempo e até recursos, se comparados às ações paliativas.	Projetos e melhoria em processos. Situações com prazo e orçamento maiores. Normalmente, levam a **soluções incrementais ou de otimização.**
Modelos e ferramentas estruturais	Os dados podem ser estruturados em um data lake único e as visões e análises podem ser construídas com independência pela equipe de análise.	Investimentos financeiros e de esforço são significativos. Recomenda-se avaliação criteriosa das tecnologias disponíveis com melhor custo-benefício e aderência ao ambiente transacional no médio e longo prazo.	Processos e operações de rotina. São soluções recomendadas para **integração, consumo e visualização de dados a serem monitorados ao longo do tempo.** Podem evoluir em complexidade conforme as demandas, tipos de análise e os canais de consumo, podendo ser descritivos, diagnósticos, preditivos ou prescritivos e usar tecnologias mais complexas relacionadas à ciência de dados como dashboards, big data, IA, etc.

Para ajudar a compreender as características de cada abordagem, elaboramos o quadro anterior, resumindo os pontos fortes e fracos de cada uma delas, bem como a sua indicação de uso.

Com termos ou definições diferentes, certamente o leitor já deve ter conhecido ou participado de, ao menos, uma ou duas dessas abordagens. Mesmo assim, o que é proposto aqui pode ser pouco usual para alguns profissionais da indústria criativa, uma vez que para nós não é comum avançar em uma investigação assumindo temporariamente pressupostos ou hipóteses como verdade. Isso acontece porque às vezes pode ser mais barato para o projeto assumir temporariamente a incerteza e descobrir o erro ou o acerto em um processo de validação posterior.

Vale ressaltar que quanto maior o projeto e o investimento, mais riscos envolvidos e mais perigoso é assumir suposições. O gerente do projeto deve levar isso em consideração para tomar decisões criativas. Ações paliativas servem exatamente para minimizar o impacto de vieses e abstrações sem ancoragem em dados. Mas, quando conseguimos implementar processos de inovação orientados por dados, profissionais e equipes acostumados ao uso da razão e da emoção tendem a aplicar sua intuição e conhecimento tácito sobre esses pontos de ancoragem. E isso, quando combinado com a capacidade de humanizar as relações por meio da tecnologia, tende a resultar em inovação e sucesso nos negócios digitais.

Observe que projetos têm início, meio e fim bem definidos, enquanto processos organizacionais persistem no tempo. Usar análise de dados para alimentar um projeto, como a ancoragem do desenvolvimento de determinado produto ou serviço, pode ser exaustivo e caro, mesmo que necessário. Mas a análise de dados pode ir além, estruturando-se em um processo, modelo ou ferramenta para revisão estratégica, ou avaliação de desempenho. Ela pode acompanhar todo o ciclo de vida do produto e, a partir disso, identificar novas oportunidades, pode ajudar a corrigir e aperfeiçoar as experiências dos usuários, a aprimorar jornadas e a revisar os perfis de público. Não estamos falando apenas em ações de marketing, estamos falando da experiência como um todo, podendo aprimorar o posicionamento do negócio e da marca e o desenvolvimento do produto ou do serviço.

Projetos para o desenvolvimento de produtos e serviços tendem a demandar tempo e esforços significativos, envolvendo equipes multidisciplinares, aplicação de testes, ajustes e correções. É um investimento substancial que precisa ser aproveitado ao máximo. Assim, é importante considerar que a coleta e análise de dados seja contemplada também como um processo a ser implementado de forma permanente no final do ciclo de desenvolvimento de um projeto, como uma entrega de valor cuja finalidade é monitorar o desempenho do produto ou serviço e seus processos adjacentes. Se a organização fez este investimento uma vez, vale a pena gastar mais um pouco para ter os benefícios deste investimento de forma contínua.

O que queremos dizer, em termos mais práticos, é que tanto o desenvolvimento de projetos como os processos e operações de rotina podem levar em consideração a implantação de soluções que permitam replicar, monitorar e otimizar as análises de dados por meio de modelos estruturados. Cabe à organização avaliar a relação custo-benefício antes de optar por uma abordagem de caráter mais permanente ou pontual. Se esses modelos existirem, levantamentos complementares podem ser feitos a partir da mesma infraestrutura, com baixo custo e alto impacto. Incertezas pontuais podem ser tratadas com agilidade, e hipóteses testadas com mais liberdade e menor risco.

É A PARTIR DAS SUAS EXPERIÊNCIAS PRÉVIAS, CONHECIMENTO TÁCITO E INTUIÇÃO QUE OS INSIGHTS SURGIRÃO E OS PROCESSOS INOVADORES ACONTECERÃO.

Independentemente da abordagem adotada ou da infraestrutura criada para suportar esses processos investigativos, no *data-driven design* é importante estimular o pensamento coletivo, trazendo as pessoas para o centro do processo de inovação. É a partir das suas experiências prévias, conhecimento tácito e intuição que os insights surgirão e os processos inovadores acontecerão. Torna-se parte da cultura de dados acostumar-se a questionar ideias e opiniões com perguntas como "Como você chegou a esta conclusão?" ou "O que os dados da empresa dizem a esse respeito?" ou ainda "Você verificou esta hipótese no banco de dados?" Porém, é preciso deixar claro que estes questionamentos não são puras objeções, mas provocações que convidam o profissional a embarcar numa jornada mais assertiva e segura baseada em dados concretos.

FALAR SOBRE DADOS NÃO DEVE DOER

Para falar sobre *data-driven design*, é preciso afastar um preconceito: o domínio do assunto "dados estruturados" não é exclusivo das ciências exatas, do pessoal de tecnologia da informação (TI), da estatística ou da ciência da informação. Esse assunto atravessa várias áreas, entre elas o design, e um vocabulário comum é necessário ao profissional que deseja demandar atividades de especialistas que possam ajudar a responder às suas perguntas. O objetivo deste tópico é municiar o leitor de elementos para se comunicar de forma eficiente com os colegas ou parceiros da área de TI a fim de atingir seus objetivos de uma forma mais eficiente.

Para começar, é preciso saber que dados são joias brutas e, sozinhas, não possuem um significado relevante. Mas, se forem combinados, ordenados e organizados, transformam-se em informações que, por sua vez, são perfeitamente capazes de agregar significado e valor em determinados contextos. A palavra **contexto** é muito importante. É a cola que une dados e lhes dá relevância. Uma data sozinha é apenas uma data, mas se colocada ao lado do nome de uma pessoa, pode significar um evento, tornando-se uma data de nascimento ou casamento. É assim que dados imbuídos de contexto se transformam em informações.

Esse foi um exemplo simples, mas conforme o volume de dados vai aumentando, é necessária uma certa organização. Costumamos fazer isso utilizando planilhas e tabelas. Elas ampliam o contexto das informações, relacionando muitos dados a um registro. Em uma tabela, uma linha é um registro e as colunas são os dados. Conceitualmente, os nomes das colunas definem o significado do dado, dando-lhe contexto.

A palavra contexto deve ser compreendida também de forma mais ampla. Ela agrega uma série de conceitos particulares ou não, relacionados às atividades da empresa e que ajudam a construir um corpo de conhecimento tácito que vamos chamar de "domínio do negócio", sem o qual o profissional que se propõe a fazer *data-driven design* corre sérios riscos de falha ou superficialidade. Para fazer boas análises, é preciso, antes de tudo, mergulhar no assunto. Falaremos mais sobre isso depois.

Uma informação pode ser composta de um conjunto de dados presentes em uma única tabela ou a partir da relação de várias tabelas. Um conjunto de tabelas relacionadas que alimenta um sistema ou aplicação pode ser chamado de banco de dados.

Sistemas informatizados são uma via de mão dupla. Eles constroem informação a partir de entradas e saídas de dados. Eles armazenam aquilo que digitamos ou capturamos nos bancos, para depois recuperar e transformar esses dados, agregando ou criando outros novos a partir de cálculos e funções. É o que acontece quando abrimos nossa tela de cadastro em um aplicativo e informamos um novo endereço de e-mail (entrada), emitimos um relatório ou solicitamos o cálculo final de uma compra no sistema (saída). Assim que dados inseridos em um sistema, reunidos e apresentados com contexto, eles se tornam informações. Um aplicativo de assistência de tráfego só faz sentido se muitos motoristas estiverem conectados, informando suas posições e velocidade (automaticamente) ou problemas (ativamente) para que o sistema possa estimar corretamente o tempo de chegada. Aqui é importante lembrar que estamos falando em dados transacionais e não em dados analíticos.

Sistemas são organizados em camadas. Uma forma de representar simplisticamente essas camadas e suas interações está no infográfico a seguir. A realidade, no entanto, é bem mais complexa e está fora do nosso escopo no momento.

Imagem: elaborada pelos autores do capítulo.

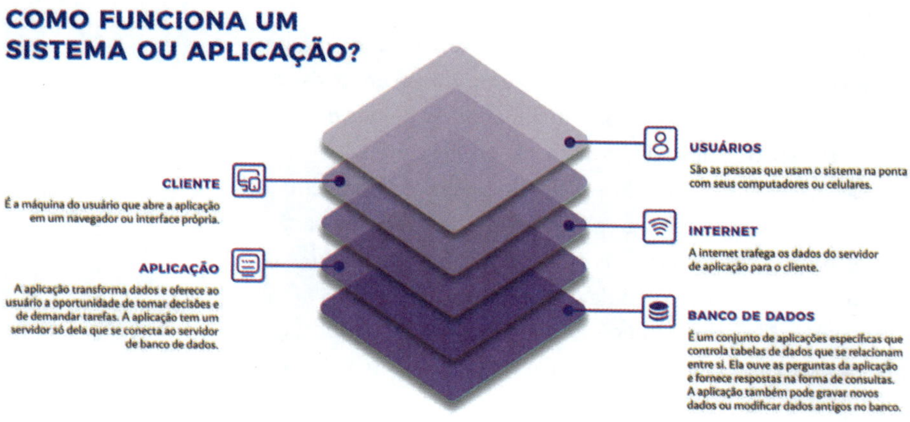

Como já comentamos anteriormente, um banco de dados é um conjunto de tabelas organizado por uma aplicação específica (a última camada no nosso infográfico) que não é visível para o usuário. Essas tabelas se relacionam e guardam dados que podem ser utilizados por outras aplicações ou sistemas. No nosso caso, usaremos aplicações de análise para ler os dados do sistema de cadastro, ou de faturamento, ou de qualquer outra fonte que for interessante para a investigação à qual nos propomos. Agora já estamos falando em dados analíticos.

Por exemplo, um sistema de CRM[xxii] tem a função de gerenciar as relações de uma empresa com seus clientes ou possíveis clientes. Ele se conecta a um banco de dados que provavelmente guarda uma tabela de "pessoas". Nesta tabela existem vários dados importantes como nome, endereço, CPF etc. O CRM também guarda "endereços" em outra tabela, que se relacionam com as "pessoas" através de "chaves". Chaves são campos usados para estabelecer essas relações ou indexar informações para que sejam encontradas rapidamente pelo sistema. Assim, a pessoa 3 está relacionada ao endereço 1 porque na tabela de "endereços" essa informação também está guardada na coluna "id_pessoa". Simples assim! Chaves são usadas

xxii Customer Relationship Management, ou Gerenciamento de Relacionamento com Clientes (nota dos autores)

Imagem: elaborada pelos autores do capítulo.

PESSOAS

id_pessoa	nome_pessoa	dt_nascimento_pessoa	nr_cpf_pessoa
1	Ana Clara Souza Silva	30/01/1985	999.999.999-99
2	Rafael de Oliveira Santos	24/10/1978	888.888.888-88
3	Beatriz Ferreira Gomes	03/02/1952	777.777.777-77

ENDEREÇOS

id_endereco	logradouro_endereco	cep_endereco	id_pessoa
1	Rua da Alegria, 123	99.999-99	3
2	Avenida da Saudade, 321	88.888-88	4
3	Estrada da Amizade, 789	77.777-77	9

para criar relacionamentos entre tabelas, permitindo que elas sejam "juntadas" para a realização de consultas mais complexas e completas, ampliando o contexto das informações armazenadas no sistema.

Usando essa lógica também podemos juntar muitos dados de várias tabelas diferentes a fim de construir respostas para as nossas perguntas. Essa descrição serve para os tradicionais bancos de dados relacionais que alimentam a grande maioria das aplicações que usamos. Existem outros ainda, como bancos de dados geoespaciais, otimizados para armazenamento e representação de informações em mapas ou os mais avançados bancos de dados de grafos, que organizam e relacionam informações de uma forma mais moderna e eficiente, entre outros. O conceito de relacionamentos entre dados, entretanto, permanece mais ou menos o mesmo.

É preciso entender que antes de se consolidarem em tabelas e números, dados com contexto são ideias bem definidas — como um nome, um endereço eletrônico ou a data de um evento — e é mais importante para o leitor compreender o funcionamento de um banco de dados em termos conceituais do que ser capaz de fazer consultas em código SQL[xxiii] ou configurar as várias camadas de aplicações necessárias para fazer funcionar um sistema. A partir dessa compreensão, é possível fazer perguntas melhores, já que há a segurança de que a informação necessária para a resposta existe e só precisa ser garimpada. É neste ponto que a esfera técnica começa a interagir com o universo do design.

xxiii Structured Query Language, ou Linguagem de Consulta Estruturada, é uma linguagem usada para elaborar consultas em bancos de dados relacionais baseada em comandos específicos e operadores lógicos (nota dos autores).

Para melhorar sua conversa com o profissional de TI, aqui vão alguns termos importantes. Podemos dizer que uma tabela, normalmente, guarda uma coleção de dados relacionados a um tema. No vocabulário da TI, essas tabelas podem ser chamadas de "objetos". O objeto pode ser "pessoas", "compras", "faturas", "endereços" etc. Em uma tabela, cada coluna representa um dado e são normalmente chamadas de "campos". Os campos têm tipos pré-definidos que restringem seu conteúdo: datas, números inteiros, texto e assim por diante. Cada linha representa um registro, um conjunto de dados sobre um fato, indivíduo ou evento e podem ser chamadas pelo pessoal da TI de "entidade".

Alguns campos são usados como "chaves" para criar relacionamentos entre as tabelas. Estes relacionamentos atribuem significado e contexto aos dados, ampliando a sua interpretação. Análises podem ser feitas por meio de consultas ao banco de dados, chamadas de *queries*. Uma *query* funciona como uma pergunta — como "Quanto um determinado cliente comprou nos últimos seis meses" — e é escrita em código. Hoje contamos com um ferramental mais completo que pode eliminar a necessidade de escrever *queries*, como ferramentas para criação de *dashboards*, tabelas dinâmicas ou aplicações de análise de dados. Ainda assim, por baixo dos panos, todos eles estão fazendo perguntas ao banco de dados.

Chaves também são dados que identificam individualmente um registro. A chave primária de uma tabela normalmente é um número sequencial indexado gerado automaticamente pelo sistema, que identifica cada linha. Chamamos esse número de "índice". É importante salientar que nem toda chave é um índice, embora uma chave também possa ser indexada pelo sistema para facilitar as consultas. Isso não impede que possamos comparar outros campos para criar relacionamentos e fazer análises.

É possível identificar, por exemplo, um registro na tabela de pessoas tanto pelo índice quanto pelo CPF. O campo CPF pode não ser o índice da tabela, mas podemos considerar que ele é uma chave secundária. Se a tabela de pessoas não tem uma coluna para o CPF, é possível pensar em uma chave secundária combinando informações de campos diferentes. Nome completo, nome da mãe e data de nascimento são uma combinação clássica para a identificação precisa de pessoas. Podem existir homônimos na sua base de dados, mas dificilmente farão aniversário no mesmo dia ou são filhos da mesma mãe.

Já aprendemos que as chaves são usadas para criar relacionamentos entre as tabelas e assim a aplicação pode juntar os dados para realizar operações, como montar um relatório ou mostrar os dados de uma fatura na tela. Estes relacionamentos podem ser únicos (um registro para outro registro) ou múltiplos (um registro relacionado a muitos, ou muitos relacionados a muitos). Da mesma forma, usaremos esses relacionamentos para preparar os dados para nossas análises. Não se preocupe com a mão na massa, esse é um trabalho técnico que você deve demandar ao time de TI. Basta saber como as tabelas que lhe interessam se relacionam para explicar o que você quer e como esse time deve lhe atender. Para isso, eles poderão transformar suas perguntas em *queries*, caso a empresa ou organização não disponha de outras ferramentas de análise de dados. Este é um cenário bem comum na abordagem paliativa.

Para obter uma resposta, a *query* se utiliza de operadores lógicos para fazer junções entre tabelas. A título de curiosidade, para responder à pergunta "Quanto um determinado cliente comprou nos últimos seis meses" uma *query* seria escrita algo como:

[selecione o nome da pessoa e a soma do valor das compras, agrupando o campo "valor_fatura" através de uma função de soma, lendo a tabela "pessoas" juntando-a com a tabela "faturas", onde a pessoa em "faturas" é mesma pessoa em "pessoas", dado um intervalo de seis meses no campo "data_fatura"].

Obviamente, essa pergunta seria feita usando comandos apropriados em código SQL ou em algum tipo de interface visual de uma ferramenta de BI, e embora você não precise aprender nada disso, é importante compreender a complexidade das tarefas que impomos ao pessoal de apoio. Todas as perguntas que fazemos a esse time implicam esforço e dedicação ao resultado. Vale o exercício da empatia, comprometendo-se com diálogo e responsabilidade com o tempo dos outros e vice-versa.

Embora essa *query* seja considerada muito simples, é um bom exemplo de como começar uma **ação paliativa**: perguntas diretas com respostas objetivas sem necessidade de investimentos além de algum tempo do pessoal de TI. Mesmo assim, consultas mais complexas podem compor a análise e compreender a junção de várias tabelas por meio de operadores lógicos.

Como se tudo isso não bastasse, precisamos ainda falar de metadados. Eles são dados sobre os dados. Quando entramos em um aplicativo e inserimos nossos dados para realizar um cadastro, criamos uma série de informações complementares que registram nossas ações no sistema. O tempo de permanência do usuário em uma página, ou o percentual de rolagem da barra lateral em um artigo de blog, por exemplo, são metadados que podem ser utilizados para revelar estatísticas importantes para a avaliação de determinado produto, conteúdo ou jornada. Metadados são uma fonte importante que ainda é pouco explorada pelos analistas da indústria criativa.

Voltando ao exemplo anterior, em uma situação real, você deve ser capaz de compreender que em seu sistema de CRM a tabela de pessoas se relaciona com as tabelas de endereços, pedidos e pagamentos, direta ou indiretamente. Essas, por sua vez, se relacionam com os dados de tráfego do seu site e os dados das aplicações de *inbound marketing*. Achando os pontos de conexão entre dados e metadados você pode solicitar ao pessoal de apoio a criação de um *dataset* específico dentro de um escopo pré-definido para responder a uma pergunta: "Quem são e como se comportaram os clientes que converteram através de determinados canais de atendimento durante a sua última campanha de marketing?"

QUEM SÃO E COMO SE COMPORTARAM OS CLIENTES QUE CONVERTERAM ATRAVÉS DE DETERMINADOS CANAIS DE ATENDIMENTO DURANTE A SUA ÚLTIMA CAMPANHA DE MARKETING?

Aqui temos um bom exemplo de um **levantamento complementar** que visa medir o desempenho de um evento específico em determinadas condições, por meio de uma possível expansão dos monitoramentos de dados já existentes. Essa expansão pode aproveitar uma infraestrutura de BI existente, criando painéis específicos para o monitoramento da campanha que podem ser facilmente reaproveitados em situações futuras.

Notem que a pergunta foi estruturada em cima do conhecimento que o profissional criativo tem sobre o contexto, as fontes de dados existentes e seus relacionamentos. Ele sabe que a tabela de pessoas tem informações suficientes para traçar o perfil demográfico do usuário, com o qual é possível criar relações com as estatísticas de tráfego (metadados) e *inbound marketing*. Sabe que do mesmo *dataset* pode extrair um perfil socioeconômico desses usuários, descobrir quanto gastaram durante a campanha e por quais canais houve melhores resultados em número de vendas ou valor médio do ticket. Isso só é possível porque ele conhece as variáveis disponíveis nas diversas fontes de dados, sabe como compará-las e como extrair disso tudo *insights* valiosos para a empresa. Esse conhecimento é domínio sobre o negócio.

Chamamos este processo de **análise**, e ela deverá ser uma boa companheira ao longo da sua vida profissional. A análise possibilita a construção de conhecimento a partir de dados que, contextualizados, têm o potencial de transbordar os limites de seu contexto inicial para promover insights estratégicos e operacionais que levam à inovação. Este conhecimento, ou a capacidade de produzi-lo, pode ajudar a transformar você em um profissional mais preparado para a indústria 5.0.

Conforme discutimos no começo do capítulo, pensar em análise de dados como um processo de negócio permanente deve ser considerado se deseja manter-se competitivo durante a transformação que bate à nossa porta. Para a otimização desses processos, pode ser necessário analisar grandes volumes de dados todos os dias, em tempo real, a fim de manter os painéis atualizados e melhorar a tomada de decisões. Consultas analíticas como essas costumam ser onerosas aos bancos de dados de produção. Em outras palavras, quando seu dashboard tentar calcular as vendas totais dos últimos 30 dias ele estará concorrendo com o sistema de faturamento por recursos do banco de dados transacional, e o resultado é que tanto a sua consulta quanto o sistema poderão ficar lentos a ponto de ninguém conseguir trabalhar adequadamente.

Os cenários, descritos no parágrafo anterior, pedem **modelos ou ferramentas estruturais**. É importante notar que estamos falando de modelos completos, que vão desde a concepção do dado a ser coletado até o planejamento e desenvolvimento dos pontos de coleta, dentro das aplicações e processos de relacionamento com o cliente ou usuário. Um modelo não está otimizado se ele se baseia apenas naquilo que as ferramentas proporcionam em suas funções mais básicas. Quem se baseia apenas no que os *web analytics* oferecem está se posicionando na média, usando os mesmos recursos que todos no mercado utilizam. O modelo só estará maduro quando estiver alinhado às necessidades estratégicas do negócio, oferecendo as respostas mais desafiadoras.

Este problema tornou-se importante a ponto da indústria de TI desenvolver uma série de soluções para análises de dados, criando uma área de conhecimento específica que se conhece por *Data Science*. A quantidade de dados e metadados produzidos pela navegação na internet, pelas interações entre usuários e websites, e pela grande quantidade e variedade de dispositivos que utilizamos no dia a dia — de smartphones e computadores a televisões, geladeiras, veículos e sistemas de alarme, só para citar alguns exemplos, é tão massiva que técnicas específicas se fizeram necessárias.

Deste universo, achamos que você deve conhecer alguns conceitos da ciência de dados. São técnicas, ferramentas ou estratégias concebidas para resolver o problema do volume de dados a serem analisados:

- **BIG DATA:** é uma nova área de conhecimento que congrega o que se estuda acerca da produção, armazenamento, processamento, consulta e análise de grandes volumes de dados. Os problemas e soluções tratados pela área de *big data* são normalmente caracterizados por: grandes volumes de dados; alta complexidade proporcionada pela diversidade de negócios e pela variedade de formatos; fragmentação em diferentes fontes; e necessidade de retornar resultados em alta velocidade, seja na produção dos dados ou em seu tratamento e análise. O termo vem sendo empregado na literatura não especializada de uma forma mais abrangente para definir uma tendência muito parecida com o *data-driven*. Há, entretanto, diferenças fundamentais que este capítulo vem tentando elucidar. Ao passo que *big data*, como disciplina, estuda profundamente problemas técnicos específicos e desenvolve soluções tecnológicas focadas nesses problemas, sendo parte integrante do que se compreende por ciência de dados, *data-driven design* é uma tendência analítica e propositiva.

- **DATA LAKE:** um lago de dados é um repositório onde são armazenados todos os dados da organização em seu formato mais bruto ou natural. Ele serve como uma fonte de consulta fidedigna e unificada para analistas que buscam realizar estudos de fontes diversas e usando dados inicialmente não relacionados. *Data lake* é mais do que uma ferramenta, é uma forma de organizar dados para análise de modo amplo a fim de evitar dificuldades técnicas para consulta e cruzamento. Há críticos do seu uso que argumentam que as confusões geradas a partir dos seus conceitos acabaram por deturpar seu uso, levando ao fracasso de muitas iniciativas em organizações que não souberam planejar sua implementação. Não vamos entrar nessa discussão. No nosso domínio de interesse, basta saber que empresas que implementam grandes repositórios de dados brutos com sucesso proporcionam oportunidades únicas e ambientes ricos para analistas de dados detalhistas.

- **DATA WAREHOUSE:** um armazém de dados também é um repositório, mas ele difere de um *data lake* em alguns pontos importantes. Em primeiro lugar, ele lida melhor com dados já estruturados, o que pode ser uma limitação para algumas organizações. Além disso, as soluções técnicas associadas aos armazéns são menos flexíveis, escaláveis e mais caras do que aquelas empregadas em *data lakes*. Por isso, os data *warehouses* costumam armazenar dados estruturados que passaram por um processamento prévio, uma espécie de triagem que os liga aos objetivos da organização, configurando *datasets* e amostras de interesse. Para o analista, o benefício se apresenta como uma etapa trabalhosa já vencida.

- **BUSINESS INTELLIGENCE:** em português, chamada de inteligência empresarial, consiste no processo de produção de subsídios para gestão e tomada de decisões baseadas em dados, normalmente combinando técnicas e ferramentas de análise para a construção de inteligência usando interfaces visuais. Não se resume, no entanto, somente aos populares painéis de BI. Todo o processo de produção da informação, desde a identificação das fontes até o design do *dashboard*, passando pela elaboração, teste e refinamento das regras que implementam os indicadores estão contemplados em *Business Intelligence*.

A IMPORTÂNCIA DE CONTAR

Via de regra, quando desejamos entender o comportamento de um determinado grupo, analisamos uma parte dele (no caso, uma amostra probabilística) com cuidado e assumimos que ela representa significativamente o todo. A estatística nos explica como fazer isso. Bons livros vão ensinar a determinar a população alvo e a calcular um tamanho de amostra adequado para um estudo. Entretanto, a estatística básica que aprendemos na graduação ataca normalmente o problema de um ponto de vista um pouco diferente. Ela busca produzir os dados, por meio de estudos bem planejados, a fim de responder aos questionamentos vinculados a um objetivo maior, algo que poderia se traduzir, por exemplo, a partir da seguinte pergunta problema: "Quais as preferências dos homens consumidores de vinhos na região sul do Brasil entre julho e setembro de 2021?"

Para responder a esta pergunta, uma pesquisa de mercado bem estruturada poderia partir da definição de uma amostra condizente com a população em foco, de um questionário bem estruturado que coletasse não só as preferências dos indivíduos, mas também seus dados demográficos e uma estratégia que garantisse a aplicação da pesquisa em uma distribuição geográfica que representa o mercado-alvo, bem como o espaço temporal pretendido. Em outras palavras, os dados serão coletados para atender a este estudo específico, o que não é um cenário muito comum. É mais fácil encontrar massas de dados armazenadas em repositórios, produzidas pelas atividades do dia a dia, e por isso a estratégia aqui pode ser um pouco diferente.

Com os objetivos de um estudo em mãos, com o conhecimento das fontes de dados disponíveis e seguros do seu domínio sobre o negócio, profissionais da indústria criativa podem identificar variáveis de interesse e contar as ocorrências do fenômeno alvo.

Por exemplo, se o objetivo é "avaliar o desempenho de um pacote de viagem para as festas de Natal no ano passado junto a clientes brasileiros", um analista pode separar os dados de vendas desse pacote nos 12 meses do ano anterior, identificar as variáveis disponíveis na base de dados para traçar o perfil dos clientes, verificar seu grau de satisfação por meio de dados oriundos de outros pontos de interação da jornada do cliente (CX) e ainda verificar quais poderiam ser os destinos de interesse para essas pessoas para o ano seguinte, buscando dados de conversão a partir dos conteúdos oferecidos e consumidos por essas pessoas nas diversas etapas de funil de vendas onde se encaixam.

Nesse cenário, não temos ainda hipóteses muito claras. Apesar da grande variedade de dados disponíveis, o estudo é mais exploratório do que um questionário fechado que busca validar algumas poucas hipóteses. Elas serão descobertas a partir da identificação de tendências apontadas pelos dados. Para isso, vamos usar técnicas simples de análise estatística e algumas mais avançadas de análise multivariada, área da estatística que se dedica a estudar três ou mais variáveis simultaneamente.

Não vamos transformar este diálogo em uma aula de estatística. Mas vamos salientar que esse conhecimento é muito importante e deve ser conquistado em outras fontes. Ainda assim, vamos falar de duas possibilidades — a título ilustrativo — que podem ajudar a entender como análises de dados podem funcionar na prática: volumetria e análise de *clusters*.

Volumetria é um termo emprestado da química. Você deve lembrar, lá nas aulas do ensino médio, que a análise volumétrica existe para determinar a quantidade de determinado elemento em uma solução. Embora a aplicação da técnica na química laboratorial seja bem diferente (adicionar volume a uma solução com concentração conhecida até que ela reaja com a solução de concentração desconhecida), o objetivo é o mesmo: verificar a quantidade de determinado elemento em uma amostra.

Para nós, isso significa contar ocorrências de determinado evento em uma variável e determinar o valor percentual na amostra. Ao considerar, por exemplo, a faixa etária dos clientes que compraram o pacote de natal, é possível contar as ocorrências de idade (X clientes têm 32 anos, Y clientes têm 33, Z clientes 34 e assim por diante) e estabelecer uma escala para agrupamento dos dados que faça sentido. Assim, você poderia determinar que 10% dos clientes têm entre 20 e 30 anos, 38% entre 31 e 40 anos, 22% entre 41 e 50 e os 30% restantes acima de 51 anos.

O mesmo processo pode ser feito em todas as outras variáveis — renda, localização, conversão por conteúdo etc. — e a interpretação dos números segmentada em camadas. Dentro de cada faixa etária, qual é a preferência de canal de atendimento? Quando segmentada por sexo, como a amostra se comporta com relação à forma de pagamento?

Quando o número de variáveis e de resultados possíveis para cada uma delas é simplesmente grande demais, talvez seja necessário o uso de uma técnica um pouco mais robusta e dependente de conhecimento especializado. Análise de *clusters* consiste em dividir dados em grupos coerentes ou úteis para fins de análise e interpretação ou reutilização[xxiv]. Para que isso aconteça, uma matemática complexa relacionada a funções estatísticas de distribuição é utilizada, especialmente quando a amostra ou *dataset* é grande demais para uma interpretação mais intuitiva.

Não é a nossa proposta mergulhar nisso agora. Esse é o papel de um estatístico ou de um cientista de dados familiarizado com as ferramentas de análise estatística que fazem a clusterização de dados automaticamente, usando funções analíticas apropriadas. Mas precisamos entender o valor que essa prática pode entregar para o profissional criativo que se dedica a entender o comportamento de usuários baseado em dados.

xxiv Oficial de proteção de dados atua de forma independente, sendo responsável por garantir que a organização respeite a legislação de proteção de dados em vigor.

NÚMERO ESTIMADO DE CLUSTERS: 3

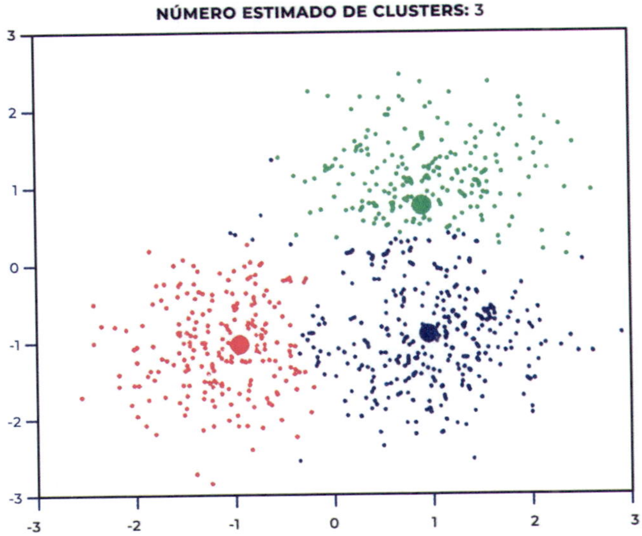

Imagem: elaborada pelos autores do capítulo.

Pense na amostra como um grande grupo de pontos espalhados em um plano. Inicialmente, a posição deles neste plano pode parecer aleatória, já que não compreendemos todas as variáveis e valores envolvidos. Um método de análise de *clusters* (k-means, por exemplo) vai encontrar similaridades entre os dados, considerando as variáveis de interesse, e agrupá-los conforme o número de *clusters* determinado para a análise. A partir dos grupos determinados pelo algoritmo, é possível fazer as médias das variáveis de interesse ou realizar análises volumétricas em cada um deles para extrair perfis de mais fácil visualização.

Vale ressaltar que, a partir deste ponto, volta a ganhar importância o olhar sensível do profissional criativo que, baseado nos resultados assertivos proporcionados pela análise de *clusters*, pode melhor desenvolver personas, serviços, conteúdos etc. mais eficientes.

COMPARANDO BANANAS COM MAÇÃS: PONTOS DE CONEXÃO PARA UMA BOA INVESTIGAÇÃO

Ficou claro até aqui que dados não são difíceis de analisar quando já existem relacionamentos sólidos entre as diversas tabelas que compõem um banco de dados estruturado. A situação passa a ser um pouco mais complexa quando comparamos dados que estão em fontes ou bancos de dados diferentes. Por exemplo, o sistema de faturamento tem um banco de dados separado do CRM, e toda vez que um *lead* converte em venda, alguém — funcionário da empresa ou o próprio cliente — digita o cadastro novamente com os dados que geram uma fatura ligada àquela pessoa.

A pessoa passa a existir então em dois bancos de dados diferentes, o que nos dá indícios de como suas relações com a empresa são estruturadas. A palavra jornada já apareceu na sua cabeça? Deveria, pois isso tem tudo a ver com as camadas internas da jornada do cliente, aquelas que não aparecem para ele, mas que devemos conhecer para fazer um mapeamento dos dados gerados a cada etapa e criar análises baseadas neles.

Relacionar dados entre dois sistemas estruturados normalmente passa pela identificação de chaves comuns entre eles. No nosso exemplo, é possível que em uma parte da jornada o usuário tenha informado apenas o nome e o endereço de e-mail, e a chave composta pelas duas informações seja usada para juntar os dados do *lead* com os dados do faturamento, e permitir que o conjunto seja analisado como um todo.

Mais uma vez, esse é o trabalho do profissional que gerencia o banco de dados, mas não custa entender esse processo, já que em muitas empresas de pequeno e médio porte este profissional simplesmente não existe. *Software as a service* nasceu para que você não precise ter administradores de bancos de dados e engenheiros de *software* na folha de pagamento. Esses profissionais fundaram seu próprio negócio e desenvolveram a plataforma de marketing e vendas digitais que você usa. Normalmente, elas fornecem integrações com *softwares* de análise de dados ou a possibilidade de fazer o download dos dados para analisar com qualquer ferramenta que você tenha à disposição, até mesmo planilhas de cálculo.

Mas é possível que você tenha sequências dessa jornada fora da plataforma principal, e é aqui que esse conhecimento ganha valor. Mesmo que um profissional da área de dados seja contratado para esse trabalho, ele vai precisar da sua orientação.

Neste ponto, já descobrimos como comparar bananas com maçãs. Achamos um ponto em comum: são frutas. Bases de dados privadas e estruturadas, mesmo que diferentes, podem ser comparadas objetivamente por meio de relacionamentos criados através de chaves. Mas o que fazemos quando queremos comparar dados mais subjetivos com estudos mais amplos?

Digamos que a nossa plataforma nos ajuda a montar um perfil de usuário baseado em educação, atividade profissional, renda e localização. Analisando essas variáveis, podemos afirmar que boa parte dos nossos clientes têm curso superior completo, exercem funções técnicas, ganham em média entre oito e dez mil reais e estão localizados na região sudeste do país. Existem outros estudos sobre os hábitos de consumo, dores e necessidades dessas pessoas? Provavelmente sim. Pesquisas de mercado, perfis de consumo e outras análises mais abrangentes publicadas por agências ou entidades de classe, por exemplo, podem ajudar a preencher lacunas nas nossas análises ou fornecer elementos para validar uma hipótese ou levantar outras ainda não percebidas.

Em uma análise realizada em nosso grupo de pesquisa, uma massa de dados de meio milhão de *leads* levou à criação de personas focadas nos principais produtos de uma grande empresa. Para validar a análise, um estudo realizado por serviços de fomento ao empreendedorismo foi posteriormente avaliado. Verificou-se não só que os resultados da análise eram aderentes aos segmentos empresariais em foco, mas que por meios diferentes o estudo chegou às mesmas conclusões, validando tanto a metodologia quanto os resultados.

Este tipo de aderência verificada através de resultados análogos pode permitir ainda agregar novas informações às análises por afinidade demográfica, geográfica, econômica etc., de forma que é importante se perguntar quem já olhou para o assunto no passado, como fez isso e que resultados foram obtidos. Um levantamento complementar pode estar pronto à sua espera, se um pouco de esforço for colocado na procura.

Acreditamos que já tenha ficado claro o valor das análises e das narrativas, como facilitadoras humanas para assimilar resultados. Data-Personas é apenas um exemplo de técnica que faz essa combinação. É importante alertar sobre possíveis equívocos no uso de técnicas e na interpretação de resultados.

Destacamos ao longo do capítulo a importância da imaginação e criatividade para ligar os pontos[xxv]. Mas, para evitar um erro comum, recorremos ao Kahneman (2012)[6], que ilustra o papel da semelhança em previsões com um exemplo descritivo (que, aqui entre nós, casa muito bem com a narrativa de personas).

xxv Ver ilustração das Mona Lisas no item anterior deste capítulo em: "Ações paleativas".

Um indivíduo foi descrito por outro como segue:

"Steve é muito tímido e retraído, invariavelmente prestativo, mas com pouco interesse nas pessoas ou no mundo real. De índole dócil e organizada, tem necessidade de ordem e estrutura, e uma paixão pelo detalhe." Há maior probabilidade de Steve ser um bibliotecário ou um fazendeiro? (Kahneman, 2012)[xxvi]

xxvi O leitor vai encontrar o exemplo na íntegra bem no início do livro, para os leitores do e-book, mais precisamente na posição 130.

Para o autor, a semelhança da personalidade de Steve com a de um bibliotecário estereotipado vem à mente na mesma hora, mas considerações estatísticas igualmente relevantes quase sempre são ignoradas. Você chegou a considerar que há mais de vinte fazendeiros homens para cada bibliotecário nos EUA?

Devido à grande desproporção, de acordo com Kahneman (2012), é altamente provável que mais pessoas com índoles "dóceis e organizadas" sejam encontradas dirigindo tratores do que trabalhando em bibliotecas. No entanto, os participantes dos experimentos que eram expostos à descrição acima ignoravam os fatos estatísticos relevantes e confiavam apenas na semelhança como uma forma simplificada de fazer julgamentos difíceis (provavelmente você também fez o mesmo ao ler).

Em resumo, cuidado ao ligar pontos — sempre que possível, deixe claro o que é fato e dado, e o que é criatividade narrativa. As pessoas podem confiar justamente na criação para humanizar os dados, e não no ponto, como a âncora para a representação da realidade.

ÓTIMO, E AGORA, COMO EU FAÇO ISSO?

Começar um estudo baseado em dados pode ser complicado para quem não está acostumado com o tema, então vamos propor um esquema de passos que podem ajudar a estruturar seu trabalho em casa. Longe de ser definitiva, essa lista também não é obrigatória. Sinta-se à vontade para usar apenas o que faz sentido e complementar com aquilo que faz falta para o seu cenário.

Uma pré-condição, no entanto, é absoluta: entender a motivação do estudo. Já conversamos sobre isso antes, mas vale a pena ressaltar novamente. Precisamos entender os objetivos da organização e as necessidades dos interessados antes de começar. Isso vai nos ajudar a tomar decisões e resolver conflitos de opinião, pois a compreensão adequada dessas premissas vai servir de norte durante todo o processo, gerando economia de tempo e recursos. Com isso em mente, podemos entrar no estudo propriamente dito.

Objeto

Para desenvolver uma boa investigação, precisamos ter clareza sobre o objeto de estudo. Isso pode pode parecer óbvio, mas nem sempre está bem descrito de forma clara e objetiva para todo o time envolvido qual é o foco. Estamos falando de um produto ou serviço, de um evento (como compra, reclamação, consumo de conteúdo etc.) ou de pessoas (clientes, fornecedores etc.)? Compreendendo o objeto da análise, como ele se relaciona com os objetivos estratégicos da empresa ou as necessidades dos interessados? Esse questionamento nos leva ao próximo passo.

Perguntas

Com um objeto claro para o estudo e com as necessidades dos interessados em mente, podemos fazer um exercício mais amplo, idealizando perguntas a serem respondidas. Partimos do amplo para específico, procurando transformar perguntas generalistas como "Como anda o desempenho do carro-chefe?" em perguntas mais assertivas como "Qual o desempenho de vendas do produto X em comparação com o mesmo período no ano passado ou com os produtos Y e Z, dadas as respectivas campanhas de marketing em andamento?". Se necessário, é possível e aconselhável quebrar perguntas generalistas em mais de uma pergunta para confrontar os envolvidos em busca de confirmação. Isso ajuda as pessoas a organizar e refinar os pensamentos, colocando todos na mesma página.

Estas perguntas também podem ser usadas na forma de hipóteses a serem verificadas pelo estudo. As vendas online estão aumentando em função de fatores externos? A diversificação dos canais de atendimento e comunicação aumenta as conversões? Além disso, perguntas objetivas devem ajudar a definir melhor as dimensões da análise, que vamos discutir no próximo passo.

Dimensões da Análise

Depois de elaborar perguntas relevantes para o estudo, a partir delas é possível estabelecer dimensões de análise, ou seja, delimitar o estudo de acordo com as características desejadas para os resultados. Isso vai influenciar a definição da amostra e na identificação de fontes de dados e variáveis de interesse. Dimensões de análise podem ser demográficas (idade, gênero, classe social, ocupação e grau de instrução), etnográficas (aspectos culturais e comportamentais de determinados grupos sociais), socioeconômicas (renda, consumo e outros indicadores sociais), geográficas (localização), temporais (recorte no tempo que limitam o intervalo de dados) e comportamentais (padrões de comportamento dos usuários na plataforma), entre outras.

É importante conhecer estes conceitos para entender o que demandar dos times que vão operar a extração de dados, mas também para pensar na visualização dos resultados durante a análise dos dados.

Amostra

Em estudos onde a coleta de dados é feita em campo, com objetivos específicos, como a aplicação de um questionário, a realização de entrevistas, testes A/B e campanhas de *marketing*, por exemplo, o cálculo do tamanho da amostra é muito importante e deve seguir as orientações das técnicas de análise estatísticas presentes na literatura especializada. Em cenários onde toda a amostra consiste no conjunto de dados disponíveis, como o cadastro de clientes da empresa, por exemplo, esta preocupação diminui. Em qualquer um dos casos, no entanto, existem cuidados para que a amostra selecionada não esteja viciada ou enviesada, isso é, que ela não privilegie a presença de objetos que possam alterar a percepção do resultado de uma forma que o torne mais distante da realidade.

Fontes de Dados

De posse do objeto da análise e das dimensões estabelecidas para o estudo, é possível identificar as fontes de dados a serem usadas na investigação. Em algumas situações, os dados estão reunidos em um sistema de gestão totalmente integrado como um ERP, mas normalmente as coisas não são tão fáceis assim. Para a criação de personas como objeto de uma análise, por exemplo, podemos definir dimensões demográficas, socioeconômicas, geográficas e comportamentais. O perfil demográfico e socioeconômico pode ser pesquisado no cadastro de clientes e verificado ou apoiado pelas análises providas pelo Facebook da empresa. As geográficas podem vir também do cadastro de clientes, ou dos dados do Google Analytics a partir da localização dos IPs de quem acessa o *e-commerce* da empresa. Já a análise comportamental pode ser feita a partir de fontes como desempenho de postagens em redes sociais, dados de navegação do Google Analytics, conversão e acesso a conteúdo.

Variáveis

Sabendo quais fontes de dados podem abrigar os dados que nos interessam, agora é hora de procurar, nessas fontes, as variáveis que vão materializar as dimensões. As equipes que administram os bancos de dados devem ajudar nessa parte, mas cabe aqui tudo o que já discutimos ao longo do capítulo. Fale a língua deles, entenda suas respostas e argumente com propriedade para explicar o que você precisa. Um produto possível aqui é um modelo de *dataset*, na forma de uma planilha exemplo com as colunas definindo as variáveis de interesse e as linhas especificando o formato do dado. Note que, se você conhece um pouco do cenário tecnológico, as fontes de dados e a organização das tabelas disponíveis e suas relações, seu modelo de *dataset* vai estar muito mais próximo do factível. O que economiza tempo e frustração, à medida em que as etapas anteriores são mais aderentes à realidade.

Cabe salientar que um *dataset* bem desenhado influencia sobremaneira o processo de design da informação visual. Quando os dados estão bem organizados, em uma sequência lógica de variáveis, fica muito mais fácil sumarizar resultados durante a análise, e isso afeta a qualidade da camada de visualização.

O desenho do *dataset* final também deve levar em conta a "granularidade" do dado. Neste ponto, é interessante começar a pensar em unidades. Se o desejo é analisar um fenômeno, digamos, o desempenho de um produto dentro do catálogo de uma empresa, qual poderia ser a minha menor unidade de análise, um código? Um SKU? Ou alguma outra coisa? A venda de uma unidade desse produto ou o registro de uma prospecção proporcionado por uma *landing page*? A ciência de dados chama isso de granularidade.

Independentemente da granularidade escolhida, ela deve representar uma interação entre o usuário e a empresa em sua menor unidade possível e depois ser acrescida dos dados cadastrais do usuário. Dessa forma, teremos uma tabela onde cada linha representa uma interação e cada coluna uma informação relevante desta interação, tais como produtos comprados, data e horário da transação, forma de pagamento, origem do *lead* ou canal de atendimento e valor do ticket, acrescidos de colunas que trazem informações sobre o comprador, tais como endereço, data de nascimento, ocupação, escolaridade e quaisquer outras informações que possam ajudar a traçar um perfil do indivíduo.

Extração

A tarefa de extração de dados normalmente é delegada ao time de tecnologia. Esta equipe vai trabalhar em cima dos requisitos definidos pelo estudo ou orientado pelo modelo de *dataset* definido para o estudo. Para nós, o aspecto mais importante desta etapa é o formato de entrega da extração. Ela pode ser entregue em formato de planilha eletrônica, em um banco de dados na forma de uma tabela ou visão, ou ainda dentro de um data lake corporativo, para ser lida diretamente pela aplicação de *business intelligence* que será usada na fase de análise. Logo, especificar com antecedência o formato de entrega pode facilitar o começo da análise e evitar tarefas desnecessárias de conversão que podem, ainda, injetar erros ou consumir tempo e recursos desnecessários.

Análise

Chegamos ao ponto crucial do processo. A análise propriamente dita é o começo do trabalho em si, pois até agora estávamos apenas nos preparando da melhor forma para realizar a tarefa principal. É agora que entra a estatística. Vamos isolar as variáveis e contabilizar a influência dos fenômenos quantificados usando todas as técnicas de análise estatística à disposição. É possível, inclusive, construir tabelas secundárias que sumarizam os dados e fornecem uma informação semi-digerida para as ferramentas de análise, facilitando o processo de análise visual e extraindo melhor desempenho das ferramentas.

As ferramentas de *business intelligence* já têm funções estatísticas pré-definidas embutidas em componentes gráficos que facilitam muito a sua utilização. Mesmo assim, é aconselhável entender conceitualmente o que cada função dessas faz, a fim de fazer uma leitura adequada dos resultados. Não negligencie o conhecimento em estatística em nenhum momento. Ele sempre vai agregar valor ao resultado final, seja para planejar a investigação, para sumarizar dados, analisar resultados ou formular *insights*.

Aqui, os exemplos dados no texto — volumetria e clusterização — se materializam e proporcionam a oportunidade para obter as primeiras respostas para as perguntas que foram definidas no começo do processo, a identificação de tendências ou o mapeamento de indicadores a serem monitorados.

Insights

Chegou o momento de visualizar e discutir os resultados, revisitando os objetivos mapeados no início do processo, as hipóteses levantadas e as perguntas que precisavam de respostas. É aqui que podemos determinar o sucesso da investigação a partir da extração de insights que sejam relevantes para o negócio. Neste ponto, é importante a participação dos interessados e das pessoas que participaram das fases iniciais do estudo em reuniões de avaliação.

Nestes eventos, é muito comum que surjam questionamentos ou sejam formuladas hipóteses que demandem estudos complementares ou novas investigações, bem como a identificação de indicadores a serem monitorados. Ainda assim, haverá aquelas zonas de incerteza sobre as quais não existem dados disponíveis ou suficientes. Aqui, o papel do profissional da indústria criativa é — como já sugerimos — usar a criatividade dentro dos parâmetros impostos pelos dados disponíveis até aqui para preencher lacunas, testando hipóteses a serem verificadas através de dados em estudos complementares posteriores.

A investigação pode terminar aqui ou ter desdobramentos, principalmente no que tange ao monitoramento de dados, o que vamos discutir no último passo.

Monitoramento

Daqui para frente, é preciso avaliar se os resultados obtidos até aqui devem ser monitorados ao longo do tempo. Saímos, neste momento, da ótica de projeto — com início, meio e fim bem definidos — e entramos na ótica de processo contínuo, de avaliação e melhoria, de prescrição de ações e automação. Monitoramento pressupõe uma infraestrutura de dados mais madura, um time de tecnologia da informação capaz de implementar os fluxos de dados e pessoas de olho no comportamento dos indicadores para tomar decisões. Desta forma, a implementação de ações de monitoramento e a construção de indicadores podem demandar um projeto separado.

01	**OBJETO** O que vamos analisar?	• Eventos • Produtos • Serviços • Pessoas	
02	**PERGUNTAS** O que queremos descobrir?	• Olhar para os objetivos estratégicos da empresa vinculados ao objeto da análise • Construir hipóteses a serem validadas ou descartadas pelo estudo	
03	**DIMENSÕES DA ANÁLISE** Sob quais aspectos vamos olhar para os dados?	• Demográfica • Etnográfica • Sócio-econômica	• Geográfica • Temporal • Comportamental
04	**AMOSTRA** Dentro do meu universo de dados, qual o recorte ideal para o estudo?	• Deve representar a população alvo • Cuidado com as amostras viesadas que podem influeciar os resultados	
05	**FONTE DE DADOS** Onde encontrar os dados necessários ao meu estudo?	• Cadastro • Gestão • Relacionamento	• Vendas • Navegação • Redes Sociais
06	**VARIÁVEIS** O que pode nos interessar realmente?	• Capazes de representar as dimensões escolhidas • Quaisquer outras descobertas durante o processo	
07	**EXTRAÇÃO** Como entregar os dados para a análise?	• Tarefa da TI • Entrega a amostra no ambiente de análise (planilhas, datawarehouse, data lake etc)	
08	**ANÁLISE** Vamos começar a ter alguns resultados?	• Volumetria • Clusterização • Ident. de tendências	• Indicadores • Respostas preliminares
09	**INSIGHTS** O que nossos dados nos ensinaram até agora?	• Construção de *dashboards* e gráficos • Validação de hipóteses • Formulação de novas hipóteses	
10	**MONITORAMENTO** Como este estudo pode nos beneficiar a longo prazo?	• Fluxo contínuo de dados • Monitoramento de indicadores • Ações preditivas e prescritivas • Automação	

NESTE CAPÍTULO A GENTE CITOU:

1 HILBERT, Martin. **Information & Communication Quantity**. 2018. Disponível em: https://www.martinhilbert.net/information-communication-quantity/. Acesso em: 23 jun. 2020.

2 HILBERT, Martin. **The world's technological capacity to store, communicate, and compute information**. 2011. Disponível em: https://www.martinhilbert.net/WorldInfoCapacity.html/. Acesso em: 25 jun. 2020.

3 TAN, Pang-Ning; STEINBACH, Michael; KARPATNE, Anuj; KUMAR, Vipin. **Introduction to Data Mining**, 2019. Disponível em: https://www-users.cs.umn.edu/~kumar001/dmbook/index.php. Acesso em: 25 jun. 2020

4 AGRAWAL, Rakesh; PAPALEXAKIS, Evangelos; GOLSHAN, Behzad. **Toward Data-Driven Design of Educational Courses**: a feasibility study. Journal of Educational Data Mining, v. 8, 2016.

5 ZAKARIA, Anies Faziehan; LIM, S.C. Johnson. Design and development of a training module for data-driven product-service design. In: **2017 IEEE International Conference on Industrial Engineering and Engineering Management (IEEM)**. IEEE, 2017. p. 1149-1153.

6 **KAHNEMAN**, Daniel; **Rápido e devagar**. Objetiva. Edição do Kindle, 2012.

7

LEMME DIGITAL GROWTH

Impulsionando resultados de negócios e vendas digitais por meio do design estratégico.

GABRIEL ALBERTO ALBRECHT DE JESUS
Bacharel em design pela UFSC.

JÚLIO MONTEIRO TEIXEIRA
Pós-doutorado na School of Industrial Design da Academy of Art University.

Ao longo deste livro, apresentamos as possibilidades do Design 5.0 e defendemos seu potencial, que vai da conquista de novos espaços à transformação de mercados. Para isso, adentramos conceitos e práticas que protagonizam esse cenário e são cada vez mais relevantes. Neste capítulo, algumas das ações e diretrizes recomendadas no decorrer da discussão reúnem-se em uma única proposta, que objetiva facilitar o desenvolvimento de projetos com essa temática. Tal proposta agrupa as melhores práticas identificadas pelo grupo de pesquisa para resolver situações de mercado. Ao final, apresentamos cases que ilustram esse conjunto de práticas sendo utilizado em projetos reais.

O Lemme Digital Growth (LDG) consiste em um conjunto de práticas projetuais com foco em design para inovação digital. Seu objetivo é ser um facilitador no desenvolvimento de projetos que impulsionam resultados de negócios e vendas digitais, visando o crescimento e a melhoria contínua das organizações. Explore, nas próximas páginas, detalhes sobre a proposta, considerando as principais instruções, dicas e casos levantados.

ENTRANDO NO MINDSET

Baseado em práticas conhecidas dos campos das engenharias e do design, reunimos aqui conceitos teóricos e ações experienciadas.

Além de ser aplicado no mercado, por meio de consultorias e projetos de pesquisa e extensão universitária, em 2020 o LDG começou a abranger o contexto de ensino, ao servir de guia para o módulo de Projeto de Design para Inovação Digital, no curso de graduação em design na UFSC. Considerando diferentes situações, o Lemme Digital Growth já foi aplicado em centenas de empresas e organizações. No início de 2022, serviu como guia em projetos de inovação aberta com duas spin-offs, uma relacionada a entregas rápidas (spin-off A) e outra voltada para entretenimento (spin-off B), ambas pertencentes a uma grande corporação brasileira do setor de bebidas. Essa empresa é uma das principais fabricantes de bebidas do país e controla uma parcela significativa do mercado nacional, sendo reconhecida por sua atuação na produção de cervejas, refrigerantes, energéticos, sucos, chás e água.

Além de auxiliar profissionais da indústria criativa a atuar no desenvolvimento de soluções no cenário da indústria 5.0, o LDG também explora a capacidade analítica e exercita a tomada de decisões por parte dos projetistas.

Em sua estrutura, o Lemme Digital Growth conta com três grandes etapas, com entregáveis sugeridos para cada uma delas. Complementarmente, é acompanhado de um grupo de técnicas e ferramentas, nomeado **LDG toolbox**, que visa facilitar a gestão e desenvolvimento dos projetos. As ferramentas disponíveis são recomendadas conforme a necessidade e o contexto, podendo ser aplicadas em mais de uma etapa.

Visando compreender projetos de diferentes conjunturas relacionadas à inovação digital, a LDG toolbox sugere combinações de ferramentas para o planejamento e melhoria de ambientes digitais, estratégias de design de conteúdo e desenvolvimento de negócios com abordagens digitais.

Contudo, duas práticas são especialmente recomendadas para o sucesso na aplicação do Lemme Digital Growth. A primeira, como detalhado pelo Capítulo 6, é a implementação do

uso de dados sempre que possível para maior assertividade em projetos de inovação. A segunda indica a utilização desses dados para a construção e validação de estratégias, ofertas, produtos, jornadas e uso de soluções digitais. Dessa maneira, é possível compreender o público de maneira mais realista, propiciando o uso de *data-driven design* no desenvolvimento e validação do projeto.

Imagem: elaborada pelos autores do capítulo.

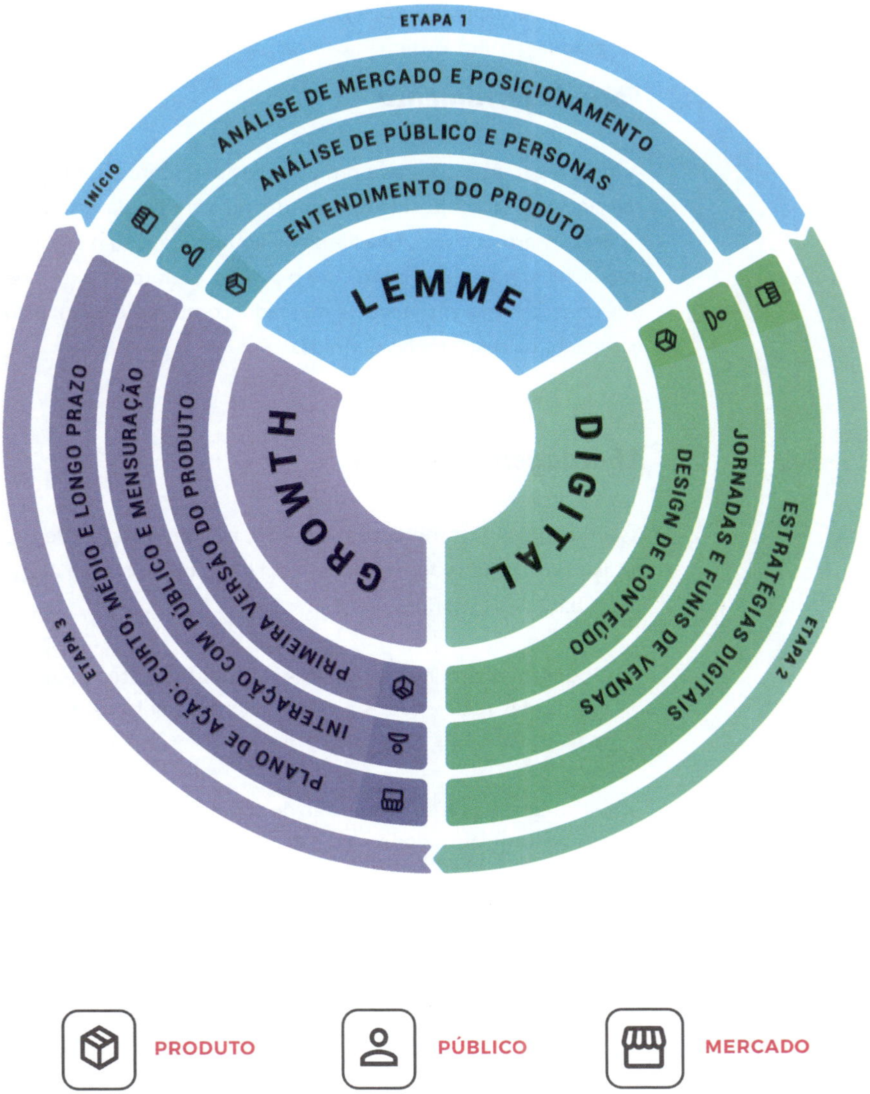

Nas próximas páginas, estão descritas as etapas da proposta Lemme Digital Growth, seus objetivos e orientações gerais, a fim de auxiliar sua aplicação por novos projetistas. Ainda, cada etapa vem acompanhada das ferramentas e técnicas recomendadas pela LDG toolbox. Além da indicação de uso por etapas, as ferramentas sugeridas possuem classificações adicionais, conforme o **foco da ferramenta** e **abordagem projetual**.

Foco da ferramenta

A ideia é garantir que cada projeto considere: fatores internos, relacionados à proposta de produto ou serviço da empresa; fatores intermediários, relacionados ao público e suas necessidades, incluindo sua relação com o produto; e fatores externos, que considerem a realidade de mercado, como posicionamento e impacto das estratégias definidas

Abordagem projetual

Assim como o Lemme Digital Growth, as combinações de técnicas e ferramentas apresentadas pela LDG toolbox estão otimizadas para três cenários:

- O desenvolvimento e melhoria de ambientes digitais, sejam eles relacionados a negócios puramente digitais ou mais tradicionais.

- Estratégias e práticas de design de conteúdo que aproveitem as oportunidades do Design 5.0.

- A proposição de negócios digitais inovadores que, preferencialmente, também se apoiem em ambientes digitais e estratégias de design de conteúdo.

Além da classificação por abordagem, o LDG é recomendado para diferentes tipos de projetos, com variações no nível de adaptação. Confira a seguir alguns exemplos.

Quadro: elaborado pelos autores do capítulo.

TIPO DE PROJETO	NÍVEL DE ADAPTAÇÃO		
	NULO/BAIXO	MÉDIO	ALTO
INTERFACES DIGITAIS Sites, aplicativos e plataformas de gestão, conteúdo, EaD, vendas, etc.	☑		
MARKETING E VENDAS DIGITAIS Estratégias e ações para promoção, aquisição e manutenção de clientes.	☑		
CONSULTORIAS DIGITAIS Principalmente aquelas com foco em clientes e usuários.	☑		
SOFTWARE AS A SERVICE (SAAS) Soluções de *software* oferecidas por meio de assinaturas e acessadas online.		☑	
OMNICHANNEL EXPERIENCE Iniciativas que buscam a experiência integrada entre canais.			☑
PROGRAMAS DE FIDELIDADE Sistemas de recompensa por meio de pontos, descontos e benefícios.			☑

Acesse a página do LDG através do link ou código QR

LEMME.UFSC.BR/LEMMEDIGITALGROWTH/

Acesse a versão mais recente do LDG através do link ou do código QR acima. Explore as opções interativas do Lemme Digital Growth que podem facilitar a aplicação em projetos e descubra conteúdos relacionados à proposta. **Também disponíveis no site da Alta Books.**

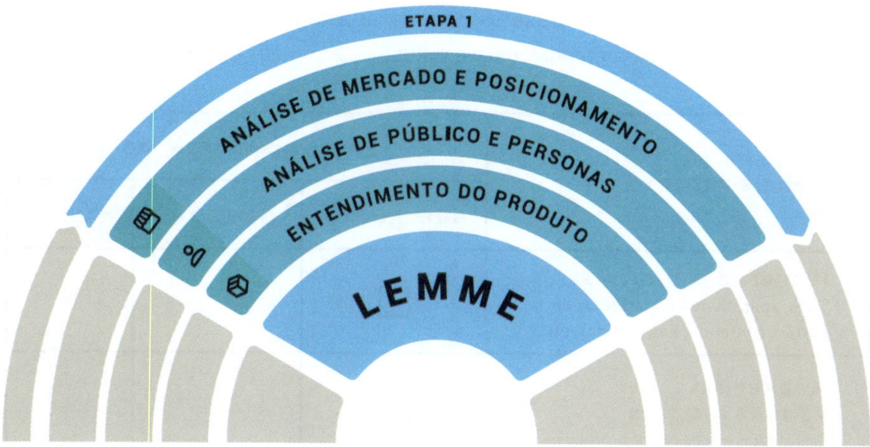

ETAPA 1: LEMME

Esta etapa consiste em uma imersão na realidade do negócio. Portanto, deve-se manter a mentalidade de pesquisa, diagnóstico e compreensão do contexto.

Objetivo

Definir as estratégias do projeto, do negócio ou da organização, após compreender o contexto do negócio sob três lentes: produto, público e mercado. Isso levará a entender a organização, permitindo solucionar necessidades específicas e atingir resultados relevantes. Para isso, é importante contar com um bom levantamento de informações e um diagnóstico preciso.

Produto – Entendimento do produto

Nesta etapa, é importante entender o produto e o serviço do cliente, seu contexto de uso e demais estratégias relacionadas ao produto[xxvii].

xxvii Nesse momento, refere-se aos itens que geram valor ao público: o(s) produto(s) negociado(s), o(s) serviço(s), a comunicação, a(s) ofertas(s) entre outros.

O conceito de valor proposto por Michael Porter se alinha ao Entendimento do Produto, na Fase Lemme. O valor, nesse contexto, é definido pela diferença entre os benefícios percebidos e os custos percebidos.

Percepção de valor

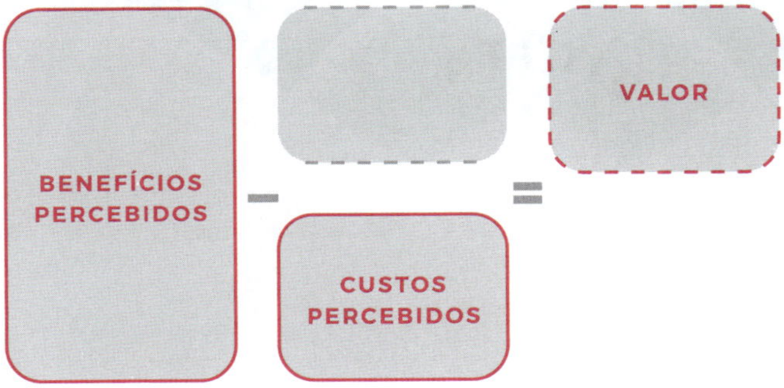

Figura: elaborado pelos autores, com base em Porter (1985).

PORTER, Michael E. **Competitive Advantage:** creating and sustaining superior performance. New York: Free Press, 1985.

Nesse sentido, deve-se entender que ampliar benefícios ou reduzir custos de maneira indiscriminada nem sempre gera maior valor. No caso de uma Ferrari, por exemplo, a redução de custos pode comprometer o benefício de status, e, consequentemente, diminuir o valor percebido.

Público – Análise de público e personas

Este é o momento de entender o público do negócio e materializá-lo por meio de perfis estereotipados (personas) — quando possível, embasados em fatos e dados.

Mercado – Análise de mercado e posicionamento

Para finalizar esta etapa, é preciso juntar as informações coletadas sobre o produto, o público consumidor e entender como a empresa está posicionada no mercado em relação à presença, ao *share* de mercado, à concorrência, às estratégias etc.

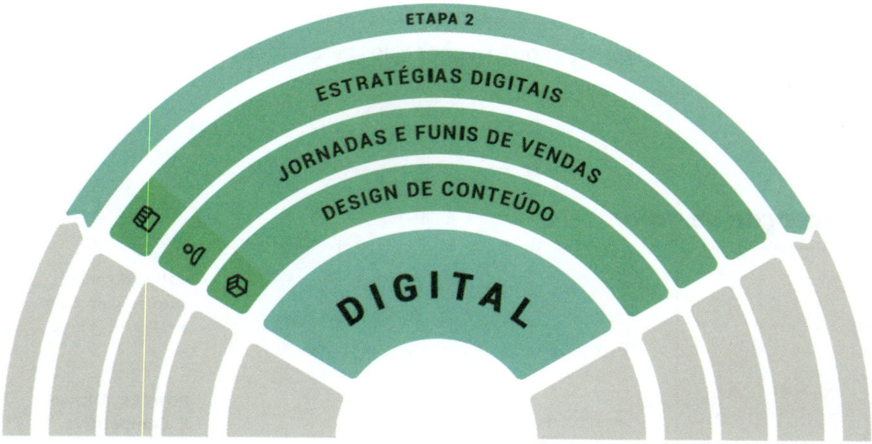

ETAPA 2: DIGITAL

Esta etapa explora caminhos de projeto através da ideação. Dessa forma, a criatividade é exercitada para explorar ideias de soluções digitais aplicáveis aos desafios identificados.

Objetivo

Com base nas informações coletadas na etapa Lemme, busca-se gerar ideias que atendam aos objetivos do negócio, desenvolver as mais promissoras e validar sua implementação por meio de experimentos.

Produto – Design de conteúdo

Com o conhecimento adquirido sobre o negócio, este é o momento de propor como o Design de Conteúdo pode comunicar as características descobertas.

Público – Jornadas e funis de vendas

Com as personas definidas na etapa Lemme, este é o momento de mapear as jornadas *as-is* (atual) e *should be* (futura) e relacioná-las ao Design de Conteúdo, ao serviço ou à navegação.

Mercado – Estratégias digitais

As definições idealizadas para as personas e os conteúdos juntam-se às melhores práticas de mercado identificadas na etapa Lemme. Juntas, devem compor uma estratégia digital para a organização.

Ao aplicar o LDG no desenvolvimento de interfaces digitais, o nível de fidelidade do protótipo deve variar conforme a etapa. Protótipos de menor fidelidade são mais indicados para a Etapa Digital, pois permitem explorar e validar conceitos mais iniciais. Ao compartilhar esses protótipos com a equipe, clientes ou usuários, a percepção de que se trata de um rascunho faz com que as pessoas se sintam mais confortáveis para fornecer feedbacks, focando na essência da proposta e não em detalhes visuais.

Figura: elaborado pelos autores, com base no material de Renata Pôrto (**Mobile Apps – Prototyping Kit**), disponível na comunidade do Figma.

Observação: Algumas imagens foram geradas por ferramentas de inteligência artificial.

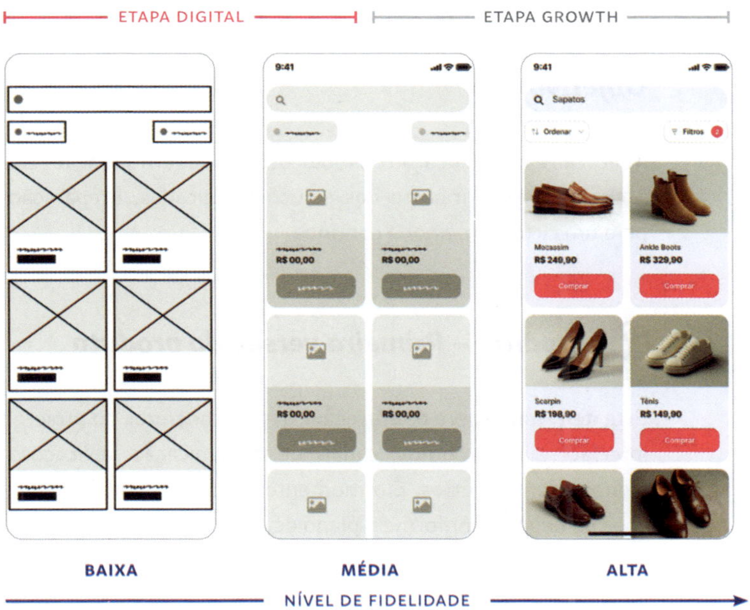

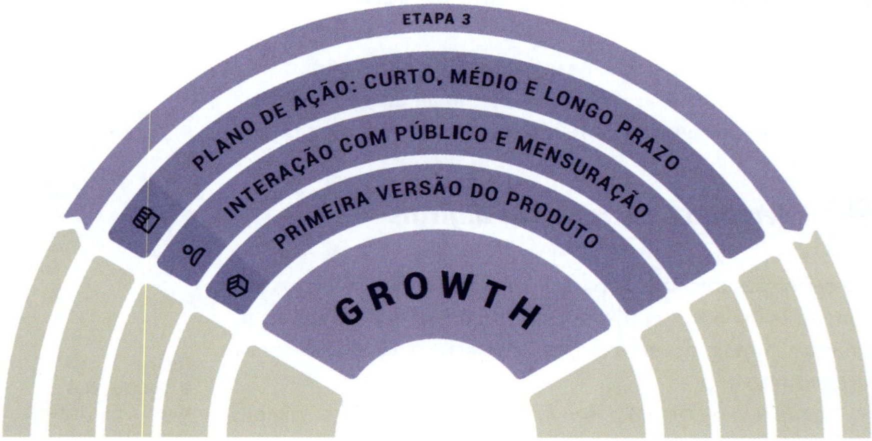

ETAPA 3: GROWTH

A etapa Growth tem como base a implementação. A mentalidade é a de colocar as ideias e diretrizes das etapas anteriores em prática. Este é o momento de materializar, intensificar e medir o sucesso das estratégias definidas.

Objetivo

Aplicação e intensificação das soluções digitais em situação real. Mensuração do impacto das soluções aplicadas. Preparação para um ciclo de melhoria contínua.

Produto – Primeira versão do produto

Este item trata sobre os entregáveis mais concretos do projeto: interfaces, infoprodutos, canais de comunicação, aplicações digitais, dentre outros. É o momento de implementar as soluções no negócio conforme o plano de ação.

Neste momento, os protótipos de maior fidelidade são indicados pois permitem testar e validar o produto de forma próxima à versão final. Ao compartilhá-los com *stakeholders*, é possível avaliar fluxos de navegação, design da interface e funcionalidades específicas. O maior nível de detalhamento tende a proporcionar uma visão mais prática, facilitando *feedbacks*.

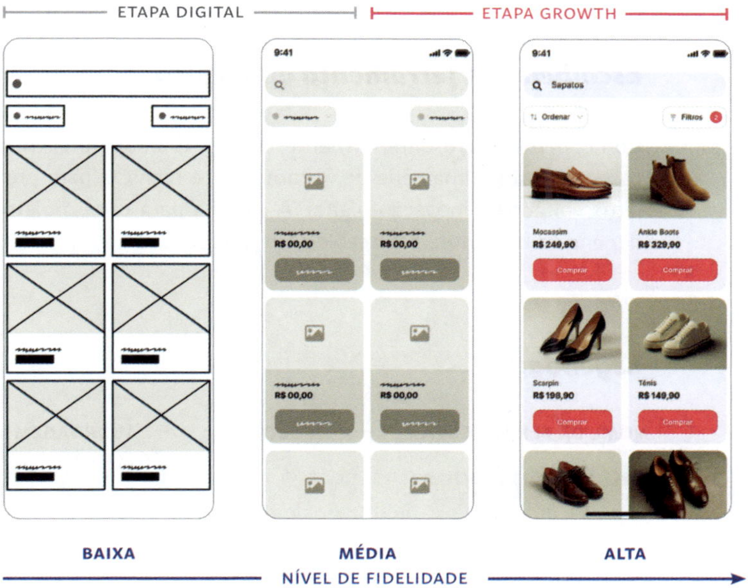

Figura: elaborado pelos autores, com base no material de Renata Pôrto (**Mobile Apps – Prototyping Kit**), disponível na comunidade do Figma. **Observação:** Algumas imagens foram geradas por ferramentas de inteligência artificial.

Público – Interação com o público e mensuração

Na etapa Growth, é essencial que exista a interação dos entregáveis do projeto com o público representado pelas personas. Ao medir os resultados da interação, é possível traçar melhorias de forma contínua.

Mercado – Plano de ação: curto, médio e longo prazo

Visando dar continuidade às ações iniciadas pelo projeto, um plano de ação de curto, médio e longo prazo deve orientar o cliente na aplicação contínua das estratégias planejadas, assim como sugerir melhorias e mudanças por ordem de prioridade na organização.

LDG TOOLBOX

Nas próximas páginas estão listadas as ferramentas sugeridas pela LDG toolbox, bem como as classificações propostas para cada ferramenta, visando orientar sua aplicação.

Escolhendo a ferramenta ou técnica

Como mencionado anteriormente, a LDG toolbox apresenta como sugestão uma série de ferramentas e técnicas para projetos voltados à inovação digital. A escolha para cada projeto dependerá do contexto percebido em cada situação.

Legenda:

· NOME DA FERRAMENTA · — FOCO — — ABORDAGEM —

Análise de Dados | AD DC ND

Produto

Público

Mercado

AD Ambientes Digitais

DC Design de Conteúdo

ND Negócios Digitais

Lemme — Etapa 1

Ferramenta	Produto	Público	Mercado	AD	DC	ND
Análise de Dados	✓	✓	✓	AD	DC	ND
Analytics	✓	✓	✓	AD	DC	ND
Arquétipos		✓				
Arquitetura da Informação	✓	✓	✓	AD	DC	
Benchmark	✓	✓	✓	AD	DC	ND
BMG Canvas	✓	✓	✓	AD		ND
Briefing	✓	✓	✓		DC	ND
Cenário	✓	✓	✓	AD	DC	
Cliente Oculto	✓	✓		AD	DC	ND
Data-Driven Design	✓	✓	✓	AD	DC	ND
Ficha de Persona		✓			DC	ND
Matriz de Requisitos	✓			AD		
Peso de Persona	✓		✓		DC	ND
Pesquisa com Usuários/Clientes		✓	✓	AD	DC	ND
Proposta de Trabalho	✓	✓	✓		DC	ND
SWOT	✓	✓	✓		DC	ND
Web Analytics	✓	✓	✓	AD	DC	ND

Produto · Público · Mercado

AD Ambientes Digitais · DC Design de Conteúdo · ND Negócios Digitais

Digital

Ferramenta						
Análise de Dados	✓	✓	✓	AD	DC	ND
Analytics	✓	✓	✓	AD	DC	ND
Arquitetura da Informação	✓	✓	✓	AD	DC	
Benchmark	✓	✓	✓	AD	DC	ND
Blueprint de Jornada	✓	✓	✓	AD	DC	
BMG Canvas	✓	✓	✓	AD		ND
Briefing	✓	✓	✓		DC	ND
Cenário	✓	✓	✓	AD	DC	
Cliente Oculto	✓	✓		AD	DC	ND
Data-Driven Design	✓	✓	✓	AD	DC	ND
Estratégia de Funil	✓	✓	✓		DC	ND
Estratégia de Escala	✓	✓	✓		DC	ND
Ficha de Persona		✓			DC	ND
Fit de Persona			✓		DC	ND
Fluxo de Nutrição	✓	✓	✓		DC	ND
Jornada CX	✓	✓	✓	AD	DC	ND
Jornada de Compra	✓	✓	✓		DC	ND
Jornada Metrificada	✓	✓	✓		DC	ND
Jornada do Usuário	✓	✓	✓	AD	DC	ND
Lemmex	✓	✓	✓		DC	ND
Linhas Editoriais	✓	✓	✓		DC	

Etapa 2

Ferramenta	Produto	Público	Mercado	AD	DC	ND
Mockups (Peças de Divulgação)	✓	✓	✓	AD	DC	
Monitoramento de Indicadores	✓	✓	✓		DC	ND
Operação de Marketing	✓	✓	✓		DC	ND
Operação de Vendas	✓	✓	✓		DC	ND
Otimização de Persona		✓			DC	ND
Peso de Persona	✓		✓		DC	ND
Pesquisa com Usuários/Clientes		✓	✓	AD	DC	ND
Pitch		✓	✓		DC	ND
Proposta de Trabalho	✓	✓	✓		DC	ND
Proposta de Valor	✓		✓		DC	ND
Prototipação de Baixa/Média Fidelidade	✓			AD	DC	
Prototipação de Média/Alta Fidelidade	✓			AD	DC	
Script de Abordagem	✓	✓			DC	ND
SEO e SEM			✓		DC	
SWOT	✓	✓	✓		DC	ND
Valuation			✓		DC	ND
Web Analytics	✓	✓	✓	AD	DC	ND

Produto | Público | Mercado

AD Ambientes Digitais | **DC** Design de Conteúdo | **ND** Negócios Digitais

Growth

Análise de Dados	📦	👤	🏪	AD	DC	ND
Analytics	📦	👤	🏪	AD	DC	ND
Arquétipos		👤				
Arquitetura da Informação	📦	👤	🏪	AD	DC	
Brainstorms	📦	👤	🏪	AD		ND
Cap Table	🏪					ND
Cliente Oculto	📦	👤		AD	DC	ND
Data-Driven Design	📦	👤	🏪	AD	DC	ND
Data-Driven Innovation	📦	👤	🏪		DC	ND
Estratégia de Funil	📦	👤	🏪		DC	ND
Estratégia de Escala	📦	👤	🏪		DC	ND
Expansão de Clientes		👤				ND
Fit de Persona			🏪		DC	ND
Fluxo de Nutrição	📦	👤	🏪		DC	ND
Go-To-Market			🏪			ND
Jornada CX	📦	👤	🏪	AD	DC	ND
Jornada de Compra	📦	👤	🏪		DC	ND
Jornada Metrificada	📦	👤	🏪		DC	ND
Lemmex	📦	👤	🏪		DC	ND
Monitoramento de Indicadores	📦	👤	🏪		DC	ND
Operação de Marketing	📦	👤	🏪		DC	ND

Etapa 3

	Produto	Público	Mercado	AD	DC	ND
Operação de Vendas	✓	✓	✓		DC	ND
Otimização de Persona		✓			DC	ND
Pesquisa com Usuários/Clientes		✓	✓	AD	DC	ND
Pitch		✓	✓		DC	ND
Prototipação de Baixa/Média Fidelidade	✓			AD	DC	
Prototipação de Média/Alta Fidelidade	✓			AD	DC	
Provas de Conceito	✓			AD		ND
SEO e SEM			✓		DC	
Teste de Usabilidade	✓	✓		AD		
Testes A/B	✓	✓	✓	AD		
Valuation			✓		DC	ND
Web Analytics	✓	✓	✓	AD	DC	ND

Produto · Público · Mercado

AD Ambientes Digitais · DC Design de Conteúdo · ND Negócios Digitais

APLICANDO O LEMME DIGITAL GROWTH: DATA-DRIVEN PERSONAS PARA UMA FINTECH

O objetivo desta seção é apresentar um projeto onde o Lemme Digital Growth foi utilizado na solução de desafios de uma empresa de atuação nacional. O relato deste projeto foca na aplicação do LDG como guia e na escolha de ferramentas da LDG toolbox ao longo desse processo. O negócio em questão será aqui chamado ConsignaPlus, para fins de confidencialidade.

A ConsignaPlus é uma fintech de crédito consignado que atende diversos públicos. Um dos desafios da empresa é o de comunicar-se efetivamente com seus diferentes perfis de consumidores — considerando suas necessidades e especificidades.

O projeto foi executado em um período de três meses — de abril a junho de 2022 — e integraram a equipe: um coordenador, um analista de dados e um designer.

Seguindo o modelo LDG, o projeto foi segmentado em três etapas, nas quais foram aplicadas ferramentas da LDG toolbox, que permitiram o alcance dos entregáveis desejados. Esse processo é detalhado nos próximos parágrafos.

1. Lemme

As ferramentas desta etapa permitiram a imersão no contexto da empresa, a fim de compreender os principais desafios e definir os objetivos do projeto.

Briefing DC ND

Para isso, o processo iniciou com um briefing, onde foram identificadas as principais dores da empresa, possíveis ganhos a serem percebidos e maior compreensão sobre os serviços oferecidos.

Benchmark

AD DC ND

Visando entender o mercado no qual a empresa está inserida, foi realizado um *benchmarking*. Este processo abordou percepção e consistência das marcas e analisou a compatibilidade entre oferta de serviços e comunicação.

Concorrente	Fit de produto	Avaliação de produto	Fit de comunicação	Avaliação de comunicação
Concorrente A		Trabalha também empréstimo FGTS		Linguagem parecida, porém mais descontraída
Concorrente B		Concorrente trabalha apenas crédito pessoal		Linguagem parecida, em especial pela informatividade e educação financeira
Concorrente C		Concorrente trabalha apenas crédito pessoal		No site e blog a linguagem é similar, mas nas redes sociais é muito descontraída
Concorrente D		Mesma cartela		Comunicação bem mais séria e polida
Concorrente E		Sem cartão consignado		Muito parecida, porém mais descontraída
Concorrente F		Cartela se assemelha a outros bancos		Menos informativa, mais sobre ações e promoções

● Empresa ● ● ● ● ● ● Concorrentes

Figura: Apresentação do benchmarking com foco em fit de posicionamento e de serviços.

No projeto em questão, foram estudadas aplicações das marcas concorrentes em diferentes pontos de contato — website, redes sociais e vídeos promocionais -, o posicionamento percebido e os serviços ofertados por cada empresa.

Para sintetizar as informações coletadas, foi construída uma apresentação das principais percepções. Futuramente, essa análise ajudou a considerar padrões de mercado ao definir estratégias de comunicação, facilitando o estabelecimento de diferenciais.

Análise de Dados

AD DC ND

A fim de aprofundar a compreensão sobre o público-alvo da empresa, foram analisadas duas bases de dados com informações relativas aos clientes. Neste momento, foi possível avaliar dados demográficos e comportamentais e relacioná-los aos diferentes perfis de consumidores.

Data-Driven Design AD DC ND

Como finalização desta etapa, os dados analisados foram segmentados em perfis, conforme representatividade nos resultados encontrados, e baseados na compatibilidade dos dados com cada serviço oferecido.

	1 Persona 1		2 Persona 2		3 Persona 3	
	Demografia					
Gênero	Feminino	40,67%	Masculino	34,45%	Feminino	40,67%
Faixa Etária	30 a 35 anos	44,59%	36 a 45 anos	39,49%	46 a 55 anos	10,83%
Renda	Até 3 mil	12,44%	3 a 5 mil	13,88%	3 a 5 mil	3,83%
Formação	Superior completo	17,70%	Pós-graduação	10,53%	Superior completo	7,18%
	Comportamentos					
Uso de internet	Trabalho e Notícias	91,08%	Trabalho, amigos e notícias	89,38%	Trabalho, Interesses e notícias	88,75%
Uso de redes sociais	WhatsApp, Instagram e YouTube	68,15%	WhatsApp, Facebook e Instagram	60,93%	WhatsApp e Facebook	60,51%
Uso do App do banco	Extrato, Transações e Pagamentos	80,25%	Extrato, Transações e Pagamentos	80,25%	Extrato, Transações e Pagamentos	80,25%
Gastos pessoais	Manutenção do carro, Dívidas e Lazer	25,05%	Dívidas, Parcelamento do Cartão e Estudos	28,03%	Aluguel, manutenção do carro e dívidas	25,05%

Figura: Quadro com três perfis, construídos com base nos dados mais expressivos na análise de público-alvo.

A figura ilustra os dados apresentados como mais relevantes para um dos públicos-alvo da empresa. Neste momento, foi possível validar com o cliente os insights obtidos e definir os próximos passos conforme as preferências estratégicas do negócio*.

Foram selecionados cinco perfis para a construção das personas: três destes por serem os mais representativos nos perfis relacionados aos três serviços da empresa, um sendo o segundo perfil mais representativo para um serviço com alta demanda, e um quinto perfil visando explorar um público potencial para a organização.

***É IMPORTANTE QUE, ALÉM DOS DADOS, SEJAM CONSIDERADOS OUTROS ASPECTOS NA DEFINIÇÃO DE ENTREGÁVEIS E ESTRATÉGIAS. É PAPEL DOS PROJETISTAS CONSIDERAR E PONDERAR ESTES ASPECTOS.**

2. Digital

Ficha de Persona

DC ND

Neste momento, foram desenvolvidas as fichas das personas baseadas nos dados analisados e segmentados na etapa anterior. As fichas de persona são a consolidação dos perfis identificados no público-alvo da empresa. É comum que representem dados demográficos e comportamentais de forma a promover a identificação e a humanização do público.

O **Capítulo 5 apresenta detalhadamente o processo de construção de personas baseadas em dados,** relacionando-as a SEO e Estratégias de Funil. No contexto deste projeto, as fichas de personas consideraram: minibiografia, necessidades, frustrações, dores e ganhos, linguagem, canais de comunicação e a representatividade de cada persona nos dados da empresa.

SEO e SEM

DC

Como base para as estratégias digitais estruturadas para os diferentes públicos, essa etapa focou em encontrar e definir palavras-chave relevantes para cada persona. Para isso, uma pesquisa relacionada ao volume de buscas e à competitividade de termos nos mecanismos de pesquisa foi realizada.

Já neste momento, as palavras-chave inicialmente sugeridas relacionavam-se tanto às necessidades identificadas na pesquisa e refletidas nas fichas de persona, quanto às etapas e necessidades do funil de vendas.

Estratégia de Funil

DC ND

A definição de palavras-chave permitiu o planejamento e distribuição de temas relevantes na jornada de compra de cada público, representado pelas personas. Os temas definidos foram relacionados às necessidades e conteúdos esperados nas etapas do funil de vendas.

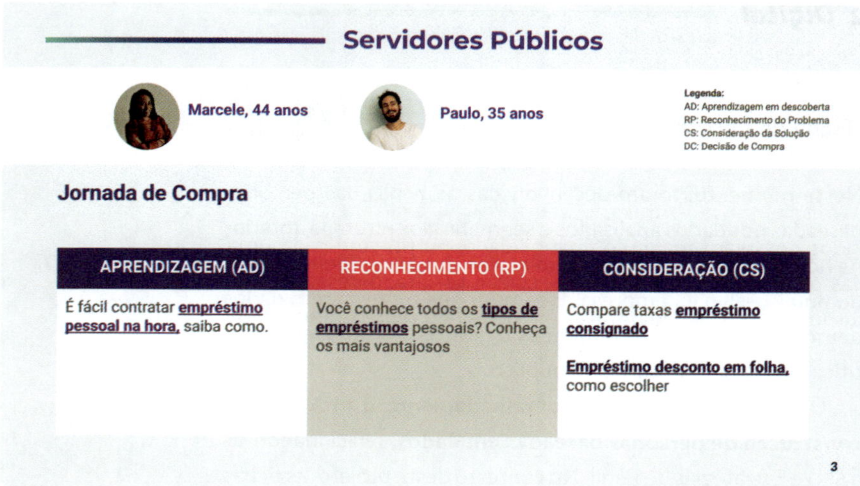

Figura: Sugestões de conteúdo para cada etapa na jornada de compra das personas.

Linhas Editoriais

DC

Por fim, foram criados exemplos de conteúdos para cada persona, considerando suas preferências de comunicação, linguagem e canais. Esses exemplos, ou *templates*, ajudam a materializar os conteúdos planejados aliando-os às estratégias definidas.

Com avanços tecnológicos, é possível replicar em escala o estilo de discurso, forma de abordagem e o tom de voz da marca para cada persona, por meio de IAs como o ChatGPT. Essa abrangência de uso envolve desde *blogposts*, redes sociais, respostas aos comentários, BOTs, mensagens individuais e comandos de voz.

3. *Growth*

Fit de Persona

DC ND

A etapa Growth objetiva planejar ou estruturar a implementação das estratégias do projeto. Um dos objetivos da etapa é o de interagir com o público-alvo da empresa, a fim de coletar informações e validar os entregáveis propostos.

Portanto, foram aplicados formulários com pessoas que estivessem no perfil de possíveis clientes da empresa ou que pudessem estar interessadas em algum dos serviços ofertados.

Pesquisa com Usuários AD DC ND

As respostas do formulário permitiram avaliar quais entrevistados possuíam maior compatibilidade, ou *fit*, com cada uma das personas definidas. Assim, com o resultado dessa análise, tornou-se possível identificar os melhores "representantes" de cada persona dentre a amostra selecionada.

Em seguida, coube aos projetistas comparar as informações providas pelos entrevistados com as informações definidas para a persona de maior compatibilidade. Neste momento, são avaliadas as hipóteses e discutidos possíveis ajustes nas personas e estratégias.

À MEDIDA QUE AS IAS SE APRIMORAM, HÁ UMA TENDÊNCIA EM DIREÇÃO À PERSONALIZAÇÃO EM ESCALA, [...] UMA VEZ QUE ESSAS FERRAMENTAS TÊM A CAPACIDADE DE APRENDER INTERAGINDO COM O CLIENTE EM NOME DA MARCA.

ESCALANDO A SOLUÇÃO DE PROBLEMAS GLOBAIS: UM CASO DESENVOLVIDO EM COLABORAÇÃO COM UM ESTÚDIO DE DESIGN

O caso anterior apresentou a aplicação do Lemme Digital Growth em um projeto de data-driven personas. Agora, exemplificamos também o potencial de aplicação da proposta em projetos de inovação aberta. No primeiro semestre de 2024, três grupos de alunos do Projeto de Inovação Digital da graduação em Design da UFSC buscaram, por meio do LDG, melhorar o relacionamento de um estúdio de design com seus clientes e projetos. Trata-se de uma empresa focada em soluções inovadoras para clientes globais.

O desafio projetual da disciplina era desenvolver soluções de gestão da informação que permitissem escalar a qualidade e eficiência das entregas do estúdio, facilitando a transferência de conhecimento, padronizando processos e com foco em resultados.

Para isso, os estudantes precisavam compreender e capturar a essência dos processos colaborativos da empresa, que envolvem projetos para mercados internacionais, em diferentes cenários, contextos, culturas e utilizando diferentes ferramentas.

1. Lemme

Na fase de imersão, o foco era absorver ao máximo a realidade da empresa para definir estratégias.

Briefing DC ND

Foi realizado um briefing para alinhar as expectativas com a empresa. Nesta ferramenta, além de escolher as perguntas certas, buscou-se sintetizar as informações buscando preservar detalhes fundamentais, considerando as complexidades dos diferentes serviços, tipos de projetos e os perfis de clientes do estúdio. Nesse momento, as interações diretas com as equipes da empresa também possibilitaram o entendimento das necessidades dos *stakeholders*.

SWOT DC ND

A análise SWOT revelou que, embora a empresa se destaque pela qualidade e agilidade das entregas, contando com clientes fiéis e uma equipe dedicada, ainda enfrenta desafios significativos, como manter o fluxo de informações subjetivas dos clientes e garantir um entendimento mais alinhado entre todos os colaboradores. Neste momento foram importantes as iterações com membros da empresa cliente e as entrevistas complementares para mapeamento de forças e fraquezas específicas.

Benchmark AD DC ND

A pesquisa de benchmark não se limitou à análise de competidores, buscou identificar também soluções análogas e complementares ao contexto, considerando ferramentas que asseguravam o sucesso do cliente e a transmissão mais eficiente de informações. Esse processo ajudou a entender quais boas práticas poderiam se adaptar ao contexto do estúdio.

2. *Digital*

A partir da compreensão quanto ao contexto, o público, o produto e o mercado na etapa Lemme, a etapa digital se concentrou em gerar encaminhamentos mais práticos e alinhados com a realidade da empresa.

Ficha de Persona DC ND

O desenvolvimento de personas envolveu diferentes elementos de pesquisa, combinando entrevistas, levantamento de necessidades das diferentes partes interessadas e análises qualitativas. Os estudantes identificaram quatro perfis principais dentro da empresa: o perfil de produção, que inclui designers e desenvolvedores; o perfil de gerência, composto por gerentes de projetos; o perfil C-level; e o perfil de clientes. Cada persona foi desenvolvida considerando as necessidades específicas desses grupos, garantindo que a solução proposta atendesse às demandas da empresa de maneira operacional e estratégica.

Arquitetura da Informação AD DC

Os alunos mapearam e estruturaram as informações-chave que precisavam estar disponíveis ao longo dos processos da empresa. Buscou-se também a compreensão de quem deveria ter acesso a quais informações, em que momento, e com qual prioridade. O resultado foi uma arquitetura que facilita que as informações certas cheguem às pessoas certas, facilitando ações do dia a dia.

Jornada do Usuário AD DC ND

Nessa etapa, foram comparadas as jornadas *"as is"*, que mapearam as formas de interações atuais das diferentes personas dentro da empresa, e as jornadas *"should be"*, que planejaram como essas interações deveriam ocorrer. Esse mapeamento permitiu planejar melhor a experiência dos *stakeholders*, identificando pontos específicos de melhoria e adaptando o processo para tornar a experiência dos usuários da ferramenta mais eficiente, fluida e satisfatória.

3. *Growth*

Na fase final, o foco foi facilitar a implementação das soluções desenvolvidas, garantindo sua aplicabilidade no contexto da empresa.

Prototipação de Média/Alta Fidelidade AD DC

Os alunos desenvolveram telas detalhadas do produto proposto, sugerindo experiências e interações específicas (UX/UI) que se alinhavam às necessidades identificadas durante o desenvolvimento do projeto. Essas telas não apenas demonstraram o visual e as funcionalidades da solução, mas também refletiram o entendimento das interações e fluxos que ocorrem na empresa.

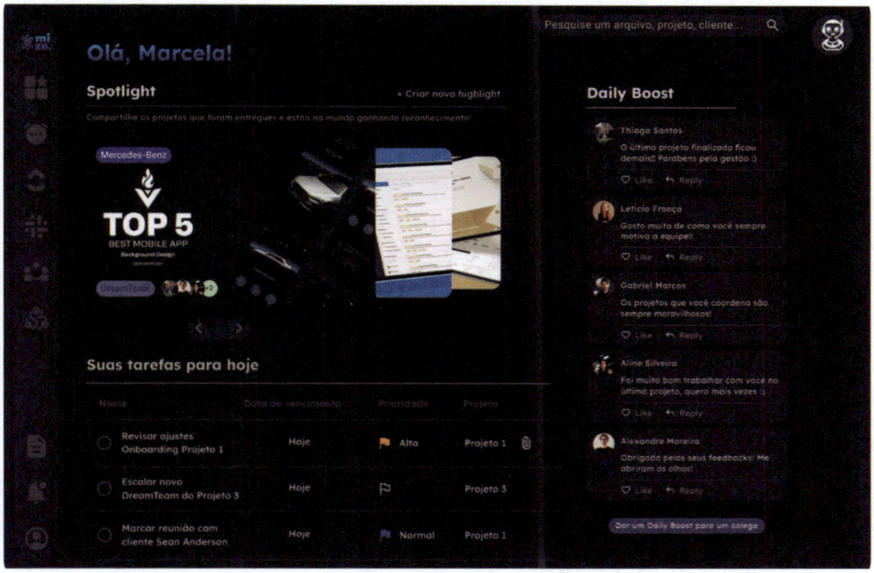

Figura: Protótipo de alta fidelidade do projeto para o estúdio de design.

O plano de ação foi projetado por cada equipe para ser prático e autoexplicativo, objetivando uma implementação sem fricções, mesmo com equipes distribuídas. Considerando os desafios da empresa, a ênfase foi em criar um sistema de fácil adoção, que integrasse com as ferramentas já usadas pela empresa e que fosse de baixa manutenção.

Como resultado, a empresa cliente relatou que os alunos entenderam a essência e os processos, e entregaram soluções que se integram facilmente à dinâmica da empresa. Este caso exemplifica a adaptabilidade do LDG em diferentes contextos: da definição de estratégias de marketing digital até inovação aberta em design colaborativo.

DATA-DRIVEN CX: TRANSFORMANDO A EXPERIÊNCIA DO CLIENTE DE OUTRA FINTECH BRASILEIRA

Em 2024, aplicamos o método LDG em um projeto consultivo desafiador, com um foco mais amplo que o outro caso do setor financeiro, já descrito neste capítulo. Desta vez, o objetivo era transformar a experiência do cliente. Durante 120 dias, concentramos esforços na reestruturação das jornadas e abordagens ao cliente, conduzimos treinamentos e alinhamentos com as equipes de marketing e vendas, e desenvolvemos um framework de dados que estabeleceu a base para uma futura inteligência artificial integrada ao CRM da empresa. Este trabalho exigiu uma visão holística e prática, unindo expertises em Design, Marketing, Vendas, Data Analytics e Negócios Digitais.

Para ilustrar o uso do método em consultorias de CX, selecionamos algumas das etapas realizadas, que serão apresentadas a seguir.

1. Lemme

Briefing DC ND

Nas primeiras semanas, realizamos um diagnóstico imersivo baseado em entrevistas com dez stakeholders da empresa, incluindo desde executivos até operadores de marketing e vendas. Essa análise revelou a necessidade de aprimorar e integrar as estratégias, operações e sistemas de Marketing e Vendas para proporcionar uma visão 360° das necessidades dos clientes.

Análise de Dados AD DC ND

Durante a análise da base, identificamos fragilidades na coleta, armazenamento e integração de dados entre o CRM e a plataforma de automação de marketing. A duplicidade de campos e a falta de uniformidade, especialmente em dados críticos como

CPF e informações financeiras, dificultavam uma visão ampla do comportamento dos clientes, limitando as possibilidades de segmentação e personalização. Ainda assim, com os dados disponíveis, foi possível propor melhorias significativas em segmentações e otimizar as jornadas e operações de marketing e vendas, fundamentando as decisões em insights orientados por dados.

2. Digital

Jornada CX AD DC ND

Essa técnica possibilitou uma investigação das jornadas atuais dos clientes, identificando suas principais barreiras e motivações. O processo resultou em um mapa de dores e ganhos por persona, no desenvolvimento de scripts e na estruturação de um banco de palavras-chave que estão vinculadas às necessidades e às aspirações dos clientes. Essas palavras são identificadas por um framework de dados quando clientes mencionam termos iguais ou similares durante as conversas, que são transcritas em tempo real por uma inteligência artificial.

Após identificar a palavra-chave, o CRM a cruza com o banco de dores e ganhos, onde essas palavras estão associadas, e sugere ao SDR (Sales Development Representative, que neste caso atua de forma similar a um pré-vendedor) que faça uma pergunta-chave. Caso a resposta do lead confirme a dor ou ganho, o sistema identifica essa necessidade e sugere ao SDR o produto mais adequado para atuar como "analgésico" ou "metabolizador" das dores e ganhos do lead.

Figura: elaborada pelos autores do capítulo

3. Growth

Fit de Persona

DC ND

O alinhamento das jornadas, ofertas e produtos com as expectativas e preferências dos clientes permitiu que cada produto fosse apresentado com base nas motivações mais relevantes para cada perfil ou persona. Esse nível de segmentação proporcionou um ajuste mais preciso, orientando a comunicação conforme o contexto e as expectativas dos clientes em cada etapa de sua jornada.

Assim, o score de Fit da Persona por produto foi desenvolvido com base em personas orientadas por dados e em mapas de dores e ganhos metrificados. Atualmente, trabalhamos para que o SDR registre no CRM o quão alinhada a oferta estava às expectativas e necessidades do cliente, visando avaliar, a médio e longo prazo, a efetividade e promover a melhoria contínua.

Estratégia de Funil

DC ND

Aqui o foco foi aprimorar a abordagem por meio de *scripts* específicos para cada persona e etapa do funil. Na primeira conversa com o *lead*, logo no início do processo de vendas, o CRM foi ajustado para reconhecer palavras-chave que representassem as necessidades dos potenciais clientes durante o seu discurso, seguidas de perguntas-chave que confirmassem, por meio de questionamentos diretos, se o *lead* realmente percebia a dor ou o ganho mencionado em sua fala. Essas perguntas foram idealizadas para intensificar a dor (ou ganho), conduzindo o *lead* a reconhecer, por si mesmo, que o produto ou serviço oferecido era a melhor solução para aliviar tal dor (ou maximizar tal ganho).

As estratégias incluíram técnicas de quebra de objeções, tanto as mais racionais quanto as mais emocionais. Quando essas objeções fossem identificadas nas transcrições das conversas, a proposta previa que o CRM oferecesse respostas superá-las. Os SDRs foram incentivados a avaliar (no próprio CRM) a eficácia das palavras e perguntas-chave, dos produtos sugeridos e das técnicas de quebra de objeções. A validação prática tornaria a estratégia mais confiável, o que é fundamental antes do treinamento da futura IA. O exemplo a seguir ilustra o processo:

DOR: O LEAD NÃO TEM TEMPO PARA ACOMPANHAR O MERCADO FINANCEIRO. *Dor recorrente nas personas 1, 2 e 3*					
	PALAVRA-CHAVE	PERGUNTA-CHAVE	PRODUTO OU SERVIÇO	OBJEÇÃO EMOCIONAL	QUEBRA DA OBJEÇÃO
Estratégia	**Tempo** OR **tempo livre** OR **tempo por dia** OR **tempo por semana**	Quanto **tempo por dia/semana** você pode dedicar aos seus investimentos? **Foco:** levar o *lead* a perceber a assessoria como solução para a sua falta de tempo.	Assessoria financeira	*"Meus assessores anteriores eram muito ruins"*	*"Eu imagino como foi frustrante. Porém, nossa abordagem é diferente e focada em resultados. Vamos agendar uma reunião com o nosso assessor para que possa perceber a diferença. Prefere manhã ou tarde?"*
Validação prática	A palavra-chave estava realmente relacionada à dor?		O produto ou serviço sugerido era adequado?	O CRM identificou a objeção corretamente?	A quebra de objeção funcionou?

Fonte: elaborado pelos autores do capítulo.

Como resultado, remodelamos as operações comerciais com KPIs voltados para uma gestão mais eficiente via CRM, ampliando o engajamento e a retenção tanto da equipe interna quanto dos clientes. Para isso, ajustamos o funil comercial e suas estratégias, aprimorando a personalização de ofertas, produtos e serviços financeiros.

A experiência consolidou a eficácia do método LDG em consultorias, demonstrando como uma abordagem estratégica pode gerar *insights* e decisões que impulsionam o crescimento e fortalecem a marca.

Este livro foi impresso nas oficinas gráficas da Editora Vozes Ltda.,
Rua Frei Luís, 100 – Petrópolis, RJ.